戦うことに意味はあるのか

［増補改訂版］

平和の価値をめぐる哲学的試み

弘前大学出版会

戦うことに意味はあるのか［増補改訂版］／目　次

序　章　増補改訂版への衣替えについて

横地　徳広

この世界に生まれ落ちたのは、誰にとっても偶さかのことである。
他でもありえたのに、なぜかこうして生きるわれわれが、
その世界で自分と戦い、他人と戦い、あるいは超越者とさえ戦う。
社会や技術、物と戦うこともあろう。
これらの戦いなしに、われわれは偶さかの生を祝することはできないのか?
われわれ人間は、戦いから逃れえないのか……。

上記は、持田睦、横地編著『戦うことに意味はあるのか——倫理学的横断への試み』(弘前大学出版会、二〇一七年、完売、増刷なし)の最初におかれた言葉である。この旧版では、学際的観点から戦いと平和の関係を問い、その多義性を確かめるなか、思索の共通地平がいかほどかは示されることが狙われた。すなわち、歴史に名を残す「見者(voyant)」たちが、「世界一般(die Welt überhaupt)」へのア

スペクト知覚を介してその「意味（Sinn）」を閃き、「或る政治世界（eine Politkwelt）」を開きながら、そのなかで諸々の出来事を理解していく様子をいくつかの分野で確認した。

今回、増補改訂版をだすにあたり、「真・善・美」に「正」を加えて根源的価値にまつわる思索さまざまを吟味する「哲学四部作」二番目の書名は『戦うことに意味はあるのか［増補改訂版］——平和の価値をめぐる哲学的試み』へと変わる。二〇一九年に新メンバーの信太光郎と遠藤健樹を迎え、「そう配分すべき」を意味する「正」の具体形を政治に問う哲学研究プロパーの論集へと衣替えすることが決まり、本書はその観点からまとめ直されることとなった。このとき、意味から価値へと問いは変化したように見えるが、それは、意味連関全体を導く意味的極化として政治的価値をとらえることへの重心移動であり、あるいはそもそものところ、価値を政治に問いうるのか、この点からあらためて吟味することへの重心移動であった。

古代から現代までの政治思想を吟味しながら、戦争と平和、敵対性と共同性の意味とその多様性をあらためてあらわにし、とはいえ、解釈学的徹底の果てにそれらが破綻する場所を開き、意味を問うことでは隠されてしまっていた事象までをも本書では垣間見せた。つまりは哲学史二五〇〇年を規定したプラトンの根本思想を指摘してその限界を暴いた信太光郎「誰が死ぬのか——ポレモスとオイコスをめぐる試論」を第一章に置き、その打開性を本書の基調低音とするなか、哲学史を彩る見者たち、すなわち、アウグスティヌス、マイスター・エックハルト、カール・シュミット、カール・レーヴィット、エリック・フェーゲリン、マックス・シェーラー、イマニュエル・カント、マルティン・ハイデガー、エマニュエル・レヴィナス、スタンリー・カヴェル、ラルフ・W・エマソン、マーティン・L・キング・ジュニアらがみずから政治的生の急所をつかんで思索するさまを各章、各コラムでは描き出し、その有機的連関を示している。

とはいえ、あらためて強調するが、ことは単純ではない。

本書の諸論考は実に多彩にして根源的あるいは脱底的である。

一方では、第二次世界大戦の渦中にあって剥き出しのままにユダヤ的生を生きたレヴィナス。そして、「ホッブズ的人間」の理性が諜報化して「衝動」を支配する事態、これに直面したシェーラーや、ありふれた日常がありふれたものになりえなかった共同性に晒され、それを克服したキング牧師たち。彼らの思索を辿りつつ、戦争と平和、政治にまつわる具体的事象をまなざすなか、その生起を導いた諸価値をあらわにする論考が本書の軸の一つをなす。

他方、人びとのただなかに生きる政治的動物、つまりは「人-間」の根源的な敵対性や共同性が出来することそれ自体からを問うなか、件の諸価値に煽られて戦いはむしろ人間を超えた過剰へと変容しかねない真相を見抜くレーヴィットたち。その過剰化を封じるべく、人間一人一人がみずからに等身大の人間でいるためにこそ、戦いのトポスを開き、戦いに「然り（Ja）」と肯づくシュミット。これらがまた一つの中心的論考である。

この意味で本書は、二つの中心をもつ楕円のなかで各章、各コラムがその布置をなしている。

ただし、それは静的なものではなく、執筆者たちのあいだで、さらには読者と執筆者たちのあいだで活性化する思索的動性のなかで確認可能な布置であり、同時に、その布置をつねにみずから打ち破る潜勢力をも秘めている。読者のみなさんには、その様子をご高覧いただきたい。

[付記1] 本論集の出版に至るまで、弘前大学出版会の方々、弘前大学図書館の方々には、さまざまにたいへんお世話になりました。記して感謝します。

[付記2] 旧版『戦うことに意味はあるのか――倫理学的横断への試み』所収の論考から本論集に再録され、あるいは増補改訂された幾つかにかんしては、その旨、当該論考の[付記]に記した。また、持田睦と佐藤香織は、旧版に関連するUTCPワークショップにトーク・ゲストとして招かれたが、その様子は、「戦争の語り方」(梶谷真司、佐藤麻貴、中里晋三、八幡さくら、山野弘樹、渡邊京一郎『〈哲学×デザイン〉プロジェクト――コラボレーションの記録』、ヒューマニティーズ・センター・ブックレット、Vol. 14、二〇二二年、https://hmc.u-tokyo.ac.jp/ja/booklet/)にて確認可能である。わけても、旧版におけるストーロブ=ユイレ論は、持田が監督本人と会って執筆した貴重な論考である。所蔵図書館でお読みいただきたい。

[付記3] 二〇二二年二月下旬に起きた、ロシア軍によるウクライナ侵略にかんしては、本論集で吟味された「戦争と平和の意味」が原理的次元から参考になるはずである。特に第一章の信太光郎「誰が死ぬのか――ポレモスとオイコスをめぐる試論」は、解釈学の彼方で「戦い」という事象とその人間的意味を直につかみとる哲学的論考であり、併せて読者のみなさんは、大学出版部協会「ウクライナ情勢を読み解く 大学出版部の書籍」の一冊(https://www.

ajup-net.com/ウクライナ情勢を読み解く%e3%80%80大学出版部の書籍.html）横地徳広『戦争の哲学——自由・理念・講和』（東北大学出版会、二〇二二年）を手にとることが可能である。『戦争の哲学』では、解釈学の徹底による内破のもとで「戦い」という事象が論じられているが、ウクライナ防衛にいかなる政治的正当性があるのか、プーチン支配のロシアがいかなる全体主義国家か、この点を理解する一助となる。

第1章　誰が死ぬのか

――ポレモスとオイコスをめぐる試論

信太　光郎

もう去る時です。私は死ぬべく、あなた方は生きるべく。

（プラトン『ソクラテスの弁明』）

報せの者　人が死にました。生きている人のせいで。

コロスの長　で、殺したのは誰だ。倒れたのは誰だ、言ってくれ。

（ソポクレース『アンティゴネー』）

序　「問い」としての死――ポレモス的なものをめぐって

ソクラテスは、みずからの刑死が確定した裁判の弁明を次のよう締めくくる。「もう去る時です。私は死ぬべく、あなた方は生きるべく」[1]。われわれが今日「哲学的思考」と呼んでいるものは、プラトンの描くこの場面に決定的なものを負ってきたように思われる。この場面でプラトンは、ソクラテスがある問いのただなかに立っている姿を描き出している。そしてソクラテスに言わせている最後の言葉は、さしあたり、それに対する答えを与えているようにみえる。つまりソクラテスは、「誰が死ぬのか」という問いに対して、自身が死んでアテナイ市民たちが生き残るだろうと答えている。しかしわれわれは、プラトンがそのまったく別のことを教えようとしていたことを知っている。プラトンによれば、ソクラテスは死ぬのではなく、むしろ不死なるイデアの世界へ赴くのである。重要なことは、プラトンはこうして、「誰が死ぬのか」という問いに答える身振りをしながら、それを「問い」としては無効にしていることである。

今日まで続く哲学的思考の伝統を、プラトンのイデアの思考にまでさかのぼることは一般的である。それは、現実世界の背後にある普遍的な「不死なるもの」を、「真理」として志向する思考（形而上学）として定式化しうるだろう。しかし、厳密に言うならば、哲学的思考がプラトンに負っているものは、そうした不死なるものの形而上学そのものよりむしろ、誰が死ぬのかという問いに答えないことの正当化、つまり、その「問い」を無効にする身振りだったのではないか。この身振りにこそ、哲学的思考の成り立ちを考えるための核心的な事態がひそんでいると思われる。それ以降、まさにその「問い」から超然と自らを守ることこそが、すなわち「思考」の超越性の特徴となっていったのではないだろうか。

哲学的思考の成立とは、いわば「誰が死ぬのか」という「問い」の場所を、まるごと「真理」のために譲ることにあった。そうした哲学的思考の固有の身振りの意味を明確化するために、『弁明』においてソクラテスが立っていた場所にあらためて注目していかなければならない。周知の通り、誰が死ぬのかという問いがソクラテスに対して突きつけられていた（あるいはソクラテス自身がその問いを市民に対して突きつけていた）法廷という場所は、当時ギリシア諸国を戦場としていた戦争、つまり、ペロポネソス戦争およびその後のアテナイの内戦の処理に関わるものであった。そこで、問題提起として次のように問うてみたい。ソクラテスが立っている法廷という場所と戦場という場所との関わりはいかなるものであったか。また、ソクラテスにおいて問われている死と戦死との関わりはいかなるものであったか。

結論からいうと、プラトンの描くソクラテスの立っていた場所は、もはや戦場ではなかったし、ソクラテスの死は、もはや戦死ではなかった。なぜなら、ソクラテスにおける死とは、まさに戦死から死一般へと、そして、戦場というすぐれた死の場所から、ロゴスの真理といういわば非場所へと乗り越えることが目論まれたところであったからである。死はこれ以降、戦死であろうと、病死であろうと、事故死であろうと、人間に普遍的に訪れるものだとされていくことになるだろう。こうして死が普遍化され、非場所化されていくことこそは、死が決定的な仕方で「思考」の対象となったしるしなのである。

本稿の課題は、このように「思考」の対象となってしまう手前の死の経験として、戦争と死に関わる場所の経験を解明していくことである。それは次のような議論になっていく。戦争と死の経験の本質、すなわち、以降われわれがポレモス的なものと呼ぶものが、すぐれてトポスの経験として（戦場として）捉えられねばならないのは、人間が死に関してもつ原経験が、いわば、殺し、殺されるというあり方をもつからである。[2] 人間たちが、生き残るものと先に死ぬものとして分割され、そこで互いに対立しつつ遭遇するという構造が、すなわちポレモス的なもののトポスである。こうした議論は、戦争の暴力性を捨象し抽象的な図式に還元しようとするものではない。むしろ、こうしたポレモス的なもののトポスの経験の次元に立ち戻ってはじめて、とりわけ二〇世紀以降の「世界大戦」において顕わになった、戦争の暴力の本質が明らかにされていくのである。

　ともかく、人間がこのポレモス的なトポスに出で立つということが、すなわち、「誰が死ぬのか」という「問い」にその「生」を曝すことなのである。人間の生は、殺すか殺されるか、生き残るかそれとも先に死ぬかという「可能性」（本稿二節参照）へと宙吊りにされている自覚において、はじめて「誰」かのものと言える。死が「思考」の対象として、一般的なもの、普遍的なものと捉えられる手前で、こうして「誰が死ぬのか」という「問い」が各人に突きつけられ、直に生きられている次元を、人間の死すべき生の根本の構造として認めなければならないのではないのかというのが、本稿の基本的な問題意識である。

　ソクラテスも、冒頭で引用した言葉を言ったとき、確かにこのポレモス的なトポスに開かれていたのである。しかし、そこでのソクラテスの「問い」の経験は、プラトンによって、ソクラテスの死すべき「誰」の現れる場所ではなく、哲学的「思考」の超越性を基礎付ける普遍的なロゴスのあり方として読み替えられていった。プラトンはここに、普遍的なロゴスに与る人間の生を、すぐれて「不死なるもの」として構想したのだが、しかし先に確認した通り、この場面で哲学的思考の伝統がプラトンに最も負っているのはその構想それ自体ではなかった。決定的だったのは、そこで「死」そのものが、人間の生のあり方（つまりそのトポス）には無関心な一般的なもの、つまり「思考」の対象とされたことである。そして、その一般的な死が、生に対して（否定的に）超越的なものとして位置づけられたとき、そこにはじめて、イデアという不死なるもの＝普遍的なものの構想も可能になったのである。今日まで続く、思考の超越性という哲学の理念を支えてきたのは、つまるところ、死を思考できるということにあったというべきであろう。

しかしそれは、「問い」としての死、すなわち死の「トポス」の経験に対して、自らを閉ざすということの裏返しなのであった。哲学的思考は、「誰が死ぬのか」という「問い」そのものが生きられているようなポレモス的なものの経験を素通りし、死を「思考」することのうちに、自らの可能性を見出していった。われわれは、そうした根強い哲学的思考の伝統を「解体」することによって、はじめてポレモス的な死のトポスの経験に迫ることができるのである。

一　ハイデガーの死すべき生の解釈学とその限界

ハイデガーが人間の死すべき生を「実存」の問題として主題化し、それを哲学的思考の限界線上にふたたび呼び出そうとしたことは周知であろう。そうしたハイデガーの狙いは、確かに、死の経験が人間の生から切り離されて考えられるようになって久しい、西洋の哲学的思考の歴史を「解体」しようということだったのである。しかし結論からいうと、ハイデガーにおいても、ポレモス的な死の経験の次元は見過ごされていくことになる。確かにハイデガーもまた、人間の死すべき生をある「トポス」の経験へと差し戻すであろう。しかしハイデガーはそれを結局、哲学的思考のうちに回収していくのである。そうしたハイデガーの思考のなりゆきを追跡することで、われわれは死のポレモス的な次元を際立たせていくことができる。

ハイデガーは人間の死すべき生のトポスを「現 - 存在」と呼んで分析しているが、それは、哲学的思考の超越的な審級である「真理」を脱構築するという意味合いがあった。ギリシア語の真理の語源(「アレーテイア」=「覆い隠されていないこと」)にさかのぼりながら、古代ギリシア人たち(ハイデガーにおいてそれはすぐれてソクラテス以前の思想家たちであったことは注意が必要である)の原初の真理の経験が、ピュシス的な隠蔽と開示の動性のうちにあることが解明され、それが人間の死すべき生の歴史性(時間性)として示されようとする。真理の経験とは、哲学的思考においては、死すべき生が不死なるもの=普遍的なものによって相対化されることであった。しかしハイデガーにおいては、人間的生が「誕生と死の間」に生起する動的な状態がそのまま、人間がその「誰」において問いかけられ、また開示される(アレーテウエインされる)トポスだとされる。

しかし、そこで問われる「誰」とはどういうものであっただろうか。ハイデガーは人間の死すべき生を、生物学的な一般的概念へと還元してはならないとしていた。今日ほとんど自明視されるそうした概念が、不死なるものの形而上学へ通じていることをハイデガーは警戒していたのである。しかし、同時にハイデガーにとって人間の死すべき生は、意味を欠いたものであってもならないのである。ここでいう意味とは、一般性へと還元されない、各人の生の固有性であり、ハイデガーはそれを「実存」とよぶ。ハイデガーによって人間の「誰」への「問い」が位置づけられるのはここである。そこでは「誰が死ぬのか」という「問い」は、「誰」という「意味」、すなわち、「誰として死ぬのか」をめぐる解釈学になるのである。

さて、ハイデガーはその人間の死すべき生の意味を、日常性を支配する意味の消尽点に探ろうとする。日常性という現象は、ハイデガーの時間性の理論においては、不死性の形而上学と一体のものと考えられていた（「世人」は死なない）。だからこそ、日常性の意味をなす用具的な有用性（「〜のために」）の消尽点において、哲学的思考によって覆い隠されてきた死すべき生の意味が探られるのである。ハイデガーはそれを、用具的な存在者性とのコントラストにおいて「無」と概念化する。この「無」を生の「運命」として引き受け、決断するとき、人間の死すべき生はその意味（可能性）の「全体性」に達する。まさにそこに、存在者的なものを超越した、「存在一般の意味」が開示されるというのが、ハイデガーの議論である。

ここでわれわれにとって重要なことは、ハイデガーにおいてもまたこうして、哲学的思考の伝統を迂回しつつ、死が超越化されていくことになったということである。確かにハイデガーは、死すべき生の意味を、不死なるものの形而上学に対抗する原理としようとしたのである。とはいえ、死を超越化することそれ自体が、哲学的思考の本質的圏域へとハイデガーをつなぎとめている。

だからこそ、ハイデガーの死すべき生の解釈学が、「誰」という「意味」を求めて、その全体性を統べるものを「ロゴス」として求めることは必然であった。ハイデガーにおいてロゴスは、確かに、概念の普遍性に結びつくものではない。それは死すべき生の意味を集約する働きだとされ、「良心の呼び声」として実存に到来するものと考えられ、やがてそれは、死すべき人間がそれへの「応答」することのうちに、「言葉」というエレメントのうちに生きることだと論じられていく。

しかし、ハイデガーによるこうしたロゴスの実存論的な（または存在史的な）捉え直しの議論も、哲学的思考が依拠してきた超越性と地続きなものでしかないのである。ロゴスによって意味が集約されるトポス（「現」）を、ハイデガーが「自己」（「自己のため Worum-willen」）と呼ぶとき、そこには、死すべき生をめぐって哲学的思考が哲学以前の問題意識とすれ違ってきた、最もクリティカルな局面が現れている。ハイデガーは、ロゴスの働きは古代ギリシア人（ヘラクレイトス）がいった「ポレモス」の働きと同一なものだと言っている。ハイデガーによると、それらは両概念とも、抗争を通じて「統一」を形成する根源的な働きを言い表すのである。[3] 実際、ハイデガーにとって死すべき生の意味の集約は（日常性への「頽落」、あるいは「存在忘却」に抗して）戦い取られるものであり、そうしてまた、死すべき生に「自己」としての「統一」（「脱自的統一」）を与えるべきものであった。

ハイデガーが人間の「自己」のあり方のうちに、こうしてポレモス的なものを洞察していることは慧眼であった。しかしその関係をハイデガーは、むしろ事態とは逆にとらえていた。哲学的思考において「自己」とはポレモス的なトポスそのものではなく、死すべき生において経験される生と死の根源的な裂け目、つまり、生き残るものと先に死ぬもののポレモス的な対立というトポス（戦場）から、いわば自らを隔離し保護する〝場所〟として必要とされてきたのであった。哲学的思考はさらに、その避難〝場所〟に、自らの超越性の「根拠」として、「同一なもの」の支配を展望してきた。

しかしその〝場所〟とは、人間の死すべき生のトポスそのものからの逃避として、原理的に非場所的なのである。つまりそれは、人間の死すべき生にとって根本的にア・トポスなもの（不埒なもの、常軌を逸したもの、無秩序なもの）を含んでいる。哲学的思考の成立とともに、「自己」におけるこのア・トポスなものが普遍的な真理という美名で覆い隠され、それ以降、潜在的な仕方で人間の死すべき生を脅かしている。だからこそ、ポレモス的なものを根底的に考えることは、このア・トポスなものの危険性を露わにして、それに警戒することをわれわれに教えてくれるはずなのである。われわれは後に、戦争における暴力の本質が、ポレモス的なもののトポスからの逃避に根ざしているという逆説を確認することになるだろう。

二　「政治的なもの」のトポロジー

以上の問題意識を踏まえて、われわれがここで、人間の死すべき生のポレモス的なものに関して集中して考察するべきは、カール・シュミットが『政治的なものの概念』（1932）において展開した理論である。そこではポレモス的なもののトポスが、「友と敵」の対立構造として概念化され正面から問われていく。シュミットはその対立を、「政治的なもの」を一般に標識する還元不能なものだとしており

(Schmitt, 26)[4]、その際、国境を挟んで対立する「国家」のあり方が典型的に念頭に置かれている。しかし、われわれはそれを、人間の「誰」（「誰が死ぬのか」）を主題化する議論として読み解いていくことができるのである。そして「国家」という問題もその観点から捉え直されるべきものであることは、次の章で明らかにされていくはずである。

まずシュミットの次の言葉を参照したい。

> 戦争は決して、政治の目標や目的ではなく、ましてその内容ではないが、ただ戦争は、リアルな可能性（reale Möglichkeit）として、常に存在する前提（immer vorhandene *Voraussetzung*）なのであって、この前提が人間の行動や思考を独特な仕方で規定し、そのことを通じて、特有に政治的な態度を生み出すのである。（Schmitt, 34-35）

ここでは、ポレモス的なものと政治的なものとの関係が簡潔に、しかし根源的に規定されている。ここで言われる「政治的な態度」について、われわれがそれを、戦争という外的な出来事に対して既存の国家や国民があらためてどういう態度で振る舞う（べき）かという議論として解してしまうと、シュミットの友と敵の理論のラディカルな意図が見損なわれる。むしろ趣旨は逆であって、シュミットにおいて国家や国民といった「政治的なもの」は、ポレモス的なものをトポスとしてはじめて現れてくるものなのである。このように、国家の存在を規定し、それに関わって人間の存在を規定するトポロジーを与えるものとして、シュミットの友と敵という概念は理解されねばならないのである。

さて、シュミットにおいて、そのポレモス的なもののトポロジーにおいて捉え直された、人間の死の「リアルな可能性」とはどういうものだっただろうか。ハイデガーの実存論において死が「可能性」と呼ばれたのは、それが人間の死すべき生の究極の「意味」を与えるものだからであった。そしてそうした考え方は、死を超越化する（不死なるものを理念化する）哲学的思考の伝統に本質的に連なっていることをわれわれは確認してきた。まさにこうした死の超越化、あるいは死の意味化に抗することが、ここでシュミットの理論の核心であったと考えることができる。

シュミットは次のようにいう。「戦争はなにも日常的なもの、通常のものである必要はないし、また理想的なものもしくは望ましいものと感じられる必要もない」（Schmitt, 33）。これは戦争（ポレモス的なもの）が、日常的な「意味」とも、超越的な「意味」とも、ハイデガー的な実存論的な「意味」とも関わりなく、人間の生を、生き残るものと先に死ぬものとに「リアル」に対立させ分割するということである。しかしこの「リアル」は、意味と関わらないものだからといって、単に自然的なものというわけではなく、シュミットはそれに、「常に存在する前提」として、いわば超越的な原理に代わる位置づけを与えようとしている。こうして戦争による生と死の対立を、あらゆる有意味なもの（ロゴス）の手前にありながらも人間的なものの「可能性」だと考えるところに、シュミットの「政治的なもの」の理論の核心がある[5]。

したがって、われわれは、シュミットの友と敵という概念については、それが、何らかの「意味」がすでに生きられている既存の人間集合の上に、別の社会政治的な「意味」が重なったものではないということを理解する必要がある。生き残ることと死ぬことをリアルに分割するポレモス的なトポスは、確かに、友に帰属するものと敵に帰属するものを判別する共同体的な手続きを通じて、いわば集団的なアイデンティティー（自己同一性）という意味を作る装置となりうるし、その延長上に、国家の意味の衝突（すなわち「自国のため」という利害の衝突）も生じうる。しかし大切なことは、そうしたことはいずれも、人間それぞれの死すべき生が、意味への関心、ひいてはそれを集約する「自己」への関心によって生きられる手前の次元で、すでに何らかお互いに対して人間として出現する形式をもつことによって可能になっていることを理解することである。シュミットはそうした人間の出現の形式のことを、友と敵の対立として言い表そうとしているのである。

しかし、この場合に問題となるのは「友」という概念の曖昧さであろう。なぜならそれは、ともすると、「自己」への関心、「自己のため」という「意味」を拡張したものと解されうるからである。実際、ここにシュミットの理論を理解するうえで急所があると思われる。しかしシュミット自身もその危うさを自覚していたことは、次のような議論から推し量られる。

シュミットによれば、いわゆる「平和主義者」は、友と敵との対立をエスカレートさせて、「人類の最終戦争」を構想するに至るはずである。ここでいう「平和主義者」とは、「敵」である非平和主義者を根絶することで、「人類」は永遠の平和を達成すると主張するもののことである。『政治神学』の著者でもあるシュミットが、そうした「平和」のイメージが神学から借りられたものであることを念頭においていることは間違いない。つまりシュミットは、「自己のために」＝「友のために」という意味への志向が、いわば「人類のために」という神学的＝人間主義的な意味へと拡張しうることを確認するとともに、「政治的なもの」、つまりシュミットにとってそれこそ真に人間的なものというべきものが、その人間主義によって損なわれることを警戒しているのである。「友」が普遍的人間性という神学的な意味へと昇華されるならば、反対に「敵」は「非人間的怪物」という意味へと格下げされることになるだろう（Schmitt, 36-37）。要するにシュミットは、友と敵の対立のトポスを、人間と人間とが「自己」という意味を介さずに互いに出現し合うトポスと捉えたうえで、そのトポスが塞ぎ立てられる危険性を、ここで「平和主義者」の議論として示しているのである。

そうしたシュミットの問題意識の核心を、われわれの今後の議論に向けて定式化しておくことが有効であろう。シュミットは「友と敵」という概念で、人間が人間たちとして生きるあり方を言おうとしている。「友」というものが、拡張した「自己のために」ではないように、「敵」も、そこから逆算される、利害の他者のことではない。人間は「自己」という意味の手前で、何よりもまず、互いに対して出現し、遭遇し、対立する人間たちであることを、「友と敵」という概念は言い表すと考えられる。そうした人間たちのあり方を、「誰が死ぬのか」というポレモス的な「問い」を生きるあり方として探ることが、シュミットの「政治的なもの」の理論の根本の狙いだった。

ここからシュミットにおける「友」の問題のあり方が見えてくる。「友」とは、人間が敵に対して共同して出現するあり方として探られねばならない。それはまさに、「ゾーオン・ロゴン・エコン」である手前で人間を「ゾーオン・ポリティコン」たらしめているところの特徴として、哲学的思考の伝統的な人間規定、すなわち「自己」という意味との鋭い緊張関係において問われていくことになる。それはシュミットの「政治的なもの」の理論においては、いわば「友」のトポスともいうべき「国家」のあり方をめぐって論じられていくことなるのである。

三　「内」をめぐって——国家と自己

シュミットは「国家」を政治的なものの基本的な単位と考えている（Schmitt, 44）。しかしその問題意識は、いわゆる社会政治的なものというよりも、「友と敵」というポレモス的な対立に即して、「内と外」のトポロジーとして捉え直されているといえる。さしあたりシュミットは、国家というものを定義して、国民に「死の覚悟を、また殺人の覚悟を要求する」ものだという（Schmitt, 46）。ここからわかることは、シュミット的な国家において国民に求められているのは、命を賭けて敵と戦うということ、すなわち、外と対立するものというトポロジカルな「内」の自覚だけであって、何ら国民としての「自己」同一性を生み出すような〝内的なもの〟（集約されたもの）ではないということである。

これはシュミットの理論から当然導かれる結論である。しかし、そうだとしたら、国家というものは、国民が共同して「内」に属していることを、つまり「友」であるということを、ただ外との対立形式（敵の敵であること）からしか保証できないということなのだろうか。ところが、実際の国家というものは、外とのそうした形式的な関係以上ものがなければ、政治的なものの最も基本的な単位となることができないと思われる。この問題をめぐっては、シュミットの国家の理論はやや足踏みをしているような印象を受ける。そこでシュミットの議論は、循環論法か、さもなければ理念的なものに助けを求めざるを得なくなっているように見える。

シュミットが国家の「内」としてのあり方を規定するために持ち出すのが「内なる敵」という論点である。国家が「内」として明確にされるのは、国家権力が「内なる敵」に対したときだとされる(ibid.)。もしこの主張が、敵に内通した裏切りものを排除することで「内」を純化するという趣旨に過ぎないならば、国家を「内」たらしめるものは何かという問題は、そのままそっくり残ってしまうことになるだろう。実際シュミットはそうした議論をしようとしているのではなく、ここで「内なる敵」とは、実は内に対立するものではないのである。つまりそれは正しくは「敵」ではない。そのことは、シュミットが持ち出す次のような観点からはっきり見えてくる。

シュミットによれば、国家には法などの各種規範を行き渡らせ、「平静、安全、秩序」を維持する使命がある(ibid.)。要するに国家の「内」の共同性とは、その安定した体制のことなのであり、そうした体制を乱し、国内に騒乱、危険、無秩序をもたらすものが、すなわち「内なる敵」なのである。しかし、シュミットが「平静、安全、秩序」というとき、形而上学的あるいは神学的な「存在」の理念が天下りに導入されていないだろうか。「国家内平和の必要性」ともいわれるが(ibid.)、シュミットはここで国家を、政治的なもののトポロジーに即して「リアル」に規定することを諦めて、(自らが批判する「平和主義者」のように)いわば超越的なものに統べられた存在として実体化するという危険を犯しているようにも見える。

しかしわれわれは性急に結論づけるべきではないだろう。シュミットの政治的なものの理論の重要なポイントの一つは、友と敵の区別を作り出す権力の主体として、政治的なものの基本単位であるべき国家は、その「内」に別の権力を存在させてはならないという要請であった。もしそうしたものが存在したら、自らが「国家」であることが脅かされていることを意味するだろう。実は「内なる敵」とは、そのことを表現した、確かに誤解を招きかねないメタファーであった。なぜなら、そうしたものが国家から排除されるべきなのは、敵だからではなく、それが国家に形式的に属しながらも、国家の「内」に帰属していることを認めず、それとは別の秩序、別の安定、つまりは、別の「内」を主張する非共同的な存在だからである。言い換えればそれは、政治的なものへと侵入してくる非政治的なものなのであり、それは政治的なもののトポスを掘り崩し、人間の〝国家‐内‐存在〟としてのあり方を曖昧にしてしまうという点で、本来、敵の内通者よりもはるかに警戒されねばならないものなのである。

ここにわれわれは、「自己」という問題を位置づけたいと考える。シュミットにとって問題だったのは、人間が「自己」という「内」にいわば自らの固有の〝領土〟を求めていくことにおいて、国家の「内」と非政治的に対立しているということなのである。それは哲学の開始において、すなわち、ソクラテスの刑死とその後の哲学的思考の伝統において、まさに起こったことであった。プラトン以降の哲学的思考の伝統は、人間の生を、政治的なもののトポスから、不死なる魂としての「自己」の「内」へと救い出そうとしたのであった（だからこそプラトンはその非政治的な「内」に逆説的に理想国家を構想したのである）。それ以来、人間は、まずもって「自己」において生きる存在と考えられてきたのであって、こうして生じた、国家と自己という、人間のトポスとしての「内」をめぐる葛藤が、シュミットの国家の理論が見据えていた、「内なる敵」という問題の本質なのである。

そうだとすれば、シュミットが国家に要請した形而上学的とも見える「存在」の諸理念（平静、安全、秩序）は、伝統的な「自己」存在の理念に対抗するための戦略だったと考えることができるであろう。それは、政治的なもののトポスを、哲学的思考の伝統の支配に逆らって際立たせるという目論見に沿ったものであった。シュミットの政治的なものの理論において、それと拮抗しようとする非政治的な力への警戒が強いのは、人間が政治的なもののトポスから、おのおの「自己」の「内」へと退却していくときには、その非政治的な力が、国家の「内」を蚕食して、国家の政治的な基本単位として機能を空洞化していくからである。そのとき国家は、政治的人間たる「友」の出現する「内」としては機能しなくなり、単に各人が固有の利害をもって存在する「社会」空間に成り下がるだろう。

しかしこれはまさに、国家にある暴力が解き放たれるということにほかならない。このことは、「内なる敵」を問う際にシュミットが念頭においていた「内戦（市民戦争）der Bürgerkrieg」という事態を分析することから、よりはっきりと見えてくる（Schmitt, 47）。「内戦」とは、戦争と呼ばれているとはいえ、友と敵のポレモス的な対立があらためて国家の「内」に持ち込まれたものではない。シュミットの理論に即するならば、その事態の本質は、国家が政治的なもののトポスとしての力を失い、非政治化された、あるいは社会化され平均化された「市民」としての「自己」が、人間において一般的に生きられるようになった状況である。

しかしそれは、友と敵という、人間たちのポレモス的な対立の代わりに、いわば人間が自分で自分を殺すような状況が招来されたこととも言えるであろう。そこでは人間の個別の「自己」は、すでに大きな「同一なもの」の支配に呑み込まれており（これはハイデガーの「世人」、アレントの「大衆」と通じるであろう）、それがもたらす暴力的状況が、すなわち「内戦」なのである。国家とは本来、こうした非政治的な力としての「同一なもの」のもたらす暴力から、人間たちのトポスを保護するものとして、まさに生と死のポレモス的な秩序として構想されるべきだとシュミットは考えていたと思われる。

四 「同一なもの」の暴力——オイコスをめぐって

哲学的思考は一般に、「同一なもの」を「根拠」とすることを、人間が「自己」として生きることだと考えてきた。西洋の思想の歴史において、その「同一なもの」が「自然」として言及されることがあったのには理由がある。なぜなら自然は、人間の生の自己同一性を脅かす深刻な矛盾と見えていたもの、すなわち死を乗り越えるように見えたからである。天体の運動とならんで、生き物の種的な生がイデアのモデルを与えたのは、そこでは個体の死は、より大きな生命（不死なるもの）の円環の契機として組み込まれているからである。

もちろん人間の自己というあり方は、自然に隙間なく現前化した、死の可能性（意味）をもたない動物的な生のあり方からははっきりと区別されねばならないだろう。そこでハイデガーは、人間が単なる動物ではなく、人間として生きそして死なねばならないならば、その「同一のもの」とは、生と死が区別されないア・ロゴスな自然ではなく、生と死の矛盾を「統一」する（レゲインする）働きでなければならないと考える。死すべき生における本来的な自己というその思想は、したがって、このロゴス（言葉）の働きと、（ソクラテス以前の）古代ギリシア人のピュシス（自然）の思想との根本の関連を探っていくことになったのであった。

しかしこうしたハイデガーの議論においては、人間の死すべき生における、生き残ることと先に死ぬことという、生と死の決して「統一」されることのないポレモス的な対立のトポスは問われることがなかった。というよりも、哲学的思考は一般に、フィクショナルな「同一のもの」を根拠として構想するなかで、そうしたトポスに逆らおうとするものであることをわれわれは見てきた。ハイデガーが人間の自己存在の根拠を「無‐根拠（深淵）Abgrund」として論じたときも、そこには、そうした哲学的思考の固有のあり方が問題として視野に入っていたとはいいがたい。ハイデガーが「同一なもの」の形而上学を警戒しつつ、しかし「無」をあくまで超越のロゴスの働きとして見ようとしたとき、われわれが問う「同一なもの」の根本の問題性は見逃されていった。

人間の死すべき生において、「同一なもの」とはなによりも、ア・ロゴスでア・トポスな状況として警戒されるべきものだった。なぜならその同一性とは、生きることと死ぬことの無差別性、生きるものと死ぬものの区別がつかないという無秩序性にほかならないからである。それこそは、ギリシア人たちが死ぬことそのものよりも恐れていた、いわば「人間的なもの」に対する暴力だったと思われる。そうであるならば、哲学的思考（形而上学）による教え、つまり、「同一なもの」を根拠とした「自己」であることの権利において、死は何ら恐れるものではないという教えは、「誰が死ぬのか」という「問い」における、ギリシア人たちの本当の問題意識とすれ違っていたものだったのではなかっただろうか。哲学的思考の伝統を受け継いでいるわれわれ自身もまた見失って久しい、そうした問題意識を、最後にギリシア悲劇を参照して確認していくことにしたい。

　われわれはここでニコル・ロローの研究を参照する。ロローは、ギリシア悲劇の特有の言語表現のうちに、「自己」をめぐる古代ギリシア人たちの問題意識を明らかにしようとしている。そこでは、ソポクレースの『アンティゴネー』における「autos」という形容、あるいは「auto-」の複合語のバリエーションの使われ方が分析される（Loraux, 165）[6]。それらは一般に「自己の」とか「同一の」という意味を担うものだが、ロローの分析でわれわれの議論にとりわけ示唆的だと思われるのは、それらの言語表現の意味と、「オイケイオス（oikeios）」という概念との関わりである（Loraux, 181）。それは一般に「家」を表す「オイコス（oikos）」の形容詞形であり、「家の」とか「家族の」とか「親しい」という意味であるが、しかしなぜそれが「自己」であることにおいて問題にならねばならないのか。

　われわれはまずは、この「オイコス」の概念が言い表すものが、何らかの自己同一性をあらかじめ有する人間たちがあらためて作りあげる〝関係〟の一種ではないということを理解することが大切である。そこではむしろ、自己同一的なものであろうとする人間の生が直面する困難そのものが問われなければならない。古代ギリシア人にとって「オイコス」とは、生と死とを無差別化してしまう「内＝家

（ウチ）」の同一性がもたらす暴力を予感させる語なのであって、実はそうしたア・トポスなものを逆説的な場所（＝舞台）として設定することにおいて、ギリシア悲劇はまさに「悲劇」として成り立っているといえるのである。

ロローが特に注目しているのは、クレオーンの息子であり、アンティゴネーの許婚でもあるハイモーンの死の報せがもたらされる、『アンティゴネー』の終盤の場面である。[7]

報せの者　人が死にました、生きている人のせいで。
コロスの長　で、殺したのは誰だ、倒れたのは誰だ、言ってくれ。
報せの者　ハイモーン様がお果てになりました。手ずから血を流して。
コロスの長　それは父上の手でか、ご自身の手によってか。
報せの者　父上の犯した殺人に憤って、我と我が手によって。

ここには、本稿の扱ってきた「誰が死ぬのか」という「問い」が、オイコス的なものとしての「自己」という問題性を背景にして、最も鋭く際立たせられていると言ってよいだろう。コロスの長が報せの者に尋ねる言葉、「それは父上の手でか、ご自身の手によってか」、において、この「ご自身の手によって（pros oikeias cheros）」というのは、本来は「家族の手によって」とも訳すこともできるものだが、しかしそうすると、コロスの長が父の手との対比で尋ねていることと文脈的に整合しないため、意味上は自分自身の手という意味にとるべきものである。「オイケイオス」という形容を、こうして「自分自身の」という意味で使う用例は悲劇作品では多く見られること、ことに、死（つまり自死）が描かれる文脈でそれが多いことにロローは注意をうながす。このように、死ぬこと、あるいは殺すことにおいて、「自分自身」と「家族」の区別が曖昧になる点に注目して、ロローは次のようにいう。

悲劇の世界を支配している法は、自殺の内実に至るまで、家族という集団が作用を及ぼすことを欲するのである。そして、その集団は、死なせるその一人の身内を通して、まさに彼が自殺するその瞬間に、それ自体を痛めつけるということになるのである。(Loraux, 181-182)

だから、実際はハイモーンの「自死」であったとしても、父のクレオーンがその殺害者だといってもいいのである。さらにいえば、クレオーンは息子ハイモーンを自死に追い込んだことでもって、「自分自身」を殺したとも言えるのである。いずれ「自死」とは、「あらゆる者のうちで一番親しい身内の者(ton pantōn oikeiotaton)」を殺すことだからである (Loraux, 181)。

取り違えてならないことは、ここに問われているのは、自他の区別が未熟であるという意味でのア・ロゴス（インファント）な状態ではないということである。「自己」であろうとするロゴスそのものが、生きるものと死ぬものの区別が曖昧になる、ア・トポスなものの暴力に通じているということが、このオイコスという「内」の問題性そのものである。

ロローはそうしたオイコス的なものの暴力性を、ギリシア語の「血を分けた（homaimos）」という形容のうちにも指摘している（Loraux, 177-178）。「同じ（homo）」と「血（haima）」という語の合成からなるこの形容詞は、一般的には、家族の同質性を表すはずであるが、しかし古代ギリシア人たちにとってこの形容詞は、暴力を想起させず使うことはできなかったはずだとロローは考えている。それは単に、「血」のメタファーが流血沙汰を予感させるというだけのことではない。ここでも、もし家族の血を流すことになれば、それは文字通り、その「血を分けた」自分自身の血を流すことにもなるという、ア・トポスな暴力的状況への警戒こそが、古代ギリシア人にとっては本質的だったのである。

結びにかえて——舞台なき悲劇

古代ギリシア人において悲劇の表現に託されていた認識は、「同一なもの」は、決して人間の死すべき生のトポスにはなりえないということだった。むしろ、そのア・トポスなものを、分割と対立によって秩序づけることによって、「人間的なもの」のトポスは作り出されねばならないのである。『アンティゴネー』の悲劇の前史、アルゴスとテーバイに別れて互いに「敵」として対立し交戦したとみえたのも、実際は、アンティゴネーの「血を分けた」兄弟たち（ポリュネイケースとエテオクレース）である。「血を分けた」という形容は、オイディプスの複雑な血族に関わる物語においては、とりわけ深い問題性を伴っていることは銘記されるべきである。だからこそ、ここで着目したいのは、アンティゴネーの悲劇の発端となった、その「血を分けた」兄弟たちに対するクレオーンによる処置である。共に倒れた両者に対する、露骨に区別した扱い方は、アンティゴネーの反発を招き、それにより結局、クレオーン自らが「血を分けた」息子との関係において、ア・トポスな暴力に巻き込まれていったのであった。しかし見方を変えれば、クレオーンのやり方は、あたかもシュミット的な「友と敵」のポレモス的な対決の秩序を維持しようとしている点で、「内＝家」というア・トポスなものへの警戒に基づいた、「政治的なもの」のトポスをもたらそうとする努力だったと言えるのではないだろうか。

「悲劇」は、こうしたオイコス的なア・トポスなものを舞台として設定することを通じて、当時のアテナイの人々に対して、まさに彼らが生きている「政治的なもの」のトポスを逆照射する力があったと思われる。[8] ギリシア人たちが「内戦（stasis）」のことを「家の戦争（oikeios polemos）」とも呼ぶようになることをロローは指摘しているが（Loraux, 181）、これは何も、国家を「家」と同一視し「戦争」を家族内の争いと見るような、ギリシア人達の前近代的な国家観を表しているわけではない。[9]「内戦」のもたらす脅威は、そのオイコス的な本性のうちにあること、それは生と死を無差別化して、まさに政治的なもののポレモス的な秩序をなし崩しにしてしまうものであるということが、そのギリシア人達の用いた圧縮された表現には端的に示されているのである。

そのオイコス的な同一性の危険は、シュミットの政治的なものの理論においても問われていたといえる。それは実際、「人類」という平和主義者の理念とも表裏一体のものであった。友と敵の対立を、〃人間主義〃的に止揚してしまうその議論は、人間たちの出現のトポスを奪うことにおいて、〃人類同胞〃というオイコス的な美名のもとでなされる、「人間的なもの」への究極の暴力といえるのである。オイコス的な同一性はまた、「市民」的な「社会」の構造としても考えられるものであろう。そこでは、人々の利害をめぐるエコノミー（家政）の思考が支配することで、良くも悪くも生と死の運命が平均化され、誰が死んでも誰が生きても「全体」として問題にならないのが特徴である。しかしそれは、いわば敵ならざる敵（「内なる敵」）として、自分たちが自分たち自身の潜在的な殺害者であるような、全体主義的な暴力の土壌にもなるものであった。

アレントは、第一次世界大戦の戦死者たちが「無名戦士・知られることがない者たち（Unknown Soldier, Unbekannten）」であるのは、世界大戦とはそもそも「誰でもないもの（nobody, Niemand）」の行いだったからだと看破した[10]。それは「誰が死ぬのか」というポレモス的な「問い」が決定的に無効になってしまった、現代のオイコス的な「世界」の不可避の事態であった。これはつまり、古代ギリシア人が舞台上に観ていた「悲劇」を、われわれがいまや、直に生きるようになったということを意味しているように思われる。

凡例

カール・シュミットからの引用および参照は、Schmitt, Carl, *Der Begriff des Politischen*, Duncker & Humbolt, 1932により、本文中に（Schmitt, 26）という形で記す。またニコル・ロローからの引用および参照は、Loraux, Nicole, *La main d' Antigone, in Mètis. Anthropologie des mondes grecs anciens*, vol. 1, n2, 1986. pp. 165-196により、本

文中に（Loraux, 165）という形で記す。

註

1 Platōn, *Apologia sōkratous*, 42A／プラトン『ソクラテスの弁明』（納富信留訳、光文社、二〇一二年、一〇六頁）。

2 これに関しては次を参照。Freud, Sigmund, *Zeitgemäßes über Krieg und Tod*, in. *Gesammelte Werke, chronologisch geordnet, zehnter Band*, S. Fischer Verlag, 1946, pp.344-347／フロイト「戦争と死に関する時評」（『人はなぜ戦争をするのか』所収、中山元訳、光文社、二〇〇八年、七七～八一頁）。

3 Heidegger, Martin, *Gesamtausgabe, Bd.40, Einführung in die Metaphysik*, Klostermann, 1983, pp.66-67／マルティン・ハイデッガー『形而上学入門』（川原栄峰訳、平凡社、一九九四年、一〇六～一〇八頁）。

4 シュミットからの引用および参照に関して、翻訳として『政治的なものの概念』（田中浩／原田武雄訳、未來社、一九七〇年）、および、『政治的なるものの概念』（清水幾太郎訳、『政治の本質』所収、中央公論新社、二〇一七年）を参照した。

5 このシュミットの概念規定の戦略に対する批判的検討としては次を参照。Derrida, Jacques, *Politiques de l'amitié*, Editions Galilée, 1994, Chaitre 5／ジャック・デリダ『友愛のポリティクス』（鵜飼・大西・松葉訳、みすず書房、二〇〇三年、第五章）

6 ロローからの引用および参照に関して、翻訳として、ニコル・ロロー「アンティゴネの手」（吉武純夫訳『現代思想』所収　Vol. 27-9, 青土社、一九九九年、一三〇～一六〇頁）を参照した。

7　Sophoklēs, *Antigonē*, 1173-1174／ソポクレース『アンティゴネー』（中務哲郎訳、岩波書店、二〇一四年、一〇三～一〇四頁）。

8　これに関して、『アンティゴネー』の有名なコロスの次の言葉を解釈するとすればどうなるだろうか。「国の掟と、神かけて誓った／正義とを尊ぶ者は／高邁な国の民となり、不埒にも、／見苦しき行いに染まるものは、亡国の民となる。／願わくは、かかる行いをなす者が、／われらと竈を共にすることなく、／心を同じくすることもなからんことを。」（Sophoklēs, *Antigonē*, 368-375／『アンティゴネー』四五～四六頁。ここでは、「亡国の民（apolis）」すなわちポリス的ならざるものが「竈をともにする（parestios）」ことを望まないと言われているが、ここで「竈」とは、オイコス的なものとポリス的なものが交差する両義的なトポスとして、政治的なものと非政治的なものの差異を開示する、悲劇の舞台そのもののメタファーとなっているといえるのではないだろうか。

この箇所に関してハイデガーは、「ポリス的なもの」とは、端的に人間の歴史的な居場所のことだという。「詩人はただ、しかし現実にそのとき詩人であるかぎりで、思想家はただ、しかし現実にそのとき思想家であるかぎり、僧はただ、しかし現実にそのとき僧であるかぎりで、支配者はただ、しかし現実にそのとき支配者であるかぎりで、すべてポリス的であり、歴史の場所にいるのである。」そして、そうした居場所を「無」から創設する人間は、自体的に「ア・ポリスなもの」にならざるを得ないとして、人間存在の「最も不気味なもの（deinotaton, das Unheimlichste）」の構造とするのである。*Einführung in die Metaphysik*, pp.161-163, p.173（訳はオリジナルだが、上掲の翻訳『形而上学入門』二五〇～二五二、二七〇頁も参照した）。ここからもわかることは、ハイデガーにおいて、政治的なものは最終的に、人間が「誰として」生きそして死ぬかという、生の歴史性の解釈学に回収されるのである。

9　ジョルジョ・アガンベン『スタシス』（高桑和巳訳、青土社、二〇一六年）も参照のこと。アガンベンは、ロローの研究を出発点としつつ、シュミットやホッブズの政治理論を参照しながら、独自の「内戦」論を展開したものとして、本稿の議論も多くの示唆を与えられている。また哲学の誕生とギリシアの内戦（内乱）の関係を扱った、神崎繁『内乱の政治哲学』（講談社、二〇一七年）も参照のこと。

10　Arendt, Hannah, *The Human Condition*, The University of Chicago Press, 1958, p.181; *Vita activa*, Piper, 1967, p.222／ハンナ・アレント『人間の条件』（志水速雄訳、筑摩書房、一九九四年、二九四頁）。ポレモス的な対立（友と敵の対立）そのものを「政治的なもの」のトポスとするシュミットの考えにアレントが単純に賛同することはないだろう。しかし現代の戦争の特徴が、政治的なもののトポスの喪失、人間を画一的なアイデンティティーに囲い込む暴力にあるという問題意識は共通なものであったと思われる。シュミットもアレントも、「世界」大戦という現象を、「政治的なもの」のトポスが失われ、人間の「誰」が出現しなくなった時代の現象として思考していたのである。

第2章　終末論と政治闘争

――エリック・フェーゲリンと カール・レーヴィットにおけるアウグスティヌス受容

遠藤　健樹

序　フェーゲリンとレーヴィットにとってのアウグスティヌス

人間の歴史を振り返ったとき、宗教的言説が政治闘争に与える影響にはある種の両義性が認められるように思われる。一方において、宗教的言説は戦う理由を教え、現世における争いを正当化してきた。しかし他方において、宗教的言説は現世のことわりを超脱するものを垣間見せ、たかだか地上を統べるに過ぎない者たちの言葉を相対化してみせもした。最初のケースでは闘争は限りなく激化しかねないが、後者のケースではそうした危険性は抑止される。ヨーロッパに話を限定するなら、この種の両義性はキリスト教的な救済のドグマと政治闘争の関係に即してとりわけよく認められるだろう。激しい争いが起こるたびに、さまざまな論者が救済のドグマを思い起こし、そこに闘争の激化する理由や平和を促進する手がかりを探し求めてきたのである。本章では、第二次世界大戦勃発の直前から直後の時期にそうした試みに携わっていた二人の人物に注目したい。エリック・フェーゲリン（Eric Voegelin 1901-1985）とカール・レーヴィット（Karl Löwith 1897-1973）である。

フェーゲリンは、ウィーン大学で教育を受けた政治哲学者である。彼は一九三〇年代初頭の段階で、早くも隣国のナチズムに疑いの目を向ける仕事をはじめたため、三八年のオーストリア併合を前にしてアメリカへ亡命しなければならなくなった。その後は米国内のいくつかの大学を転々としながら、ナチズムのみならず共産主義をも対象とする批判的考察を深めていく。一連の考察の成果は、五二年の『新しい政治学』（*The New Science of Politics*）へと結実した。

これに対し、レーヴィットはドイツで生を受けたユダヤ系の哲学者である。彼はハイデガーの高弟であり、戦間期のドイツで研究教育活動を開始したが、出自ゆえに故地に留まることが困難になった。三四年以降、イタリアや日本を経て、最後はアメリカに至る亡命生活がはじまると、彼もまたナチズムの成立を思想史的に問う作業に没頭しはじめる。作業の成果は、四九年の『歴史の意味』（*Meaning in History*）[1]、およびそのドイツ語版である五三年の『世界史と救済史』（*Weltgeschichte und Heilsgeschehen*）[2]としておおやけにされた。

『新しい政治学』と『世界史と救済史』というふたつの著作は、ナチズムと共産主義を一緒くたに退けようとするいわゆる「左右の全体主義」観を念頭に置きながら、救済のドグマについて論じたものとして読むことができる。フェーゲリンもレーヴィットも、全体主義を終末論的構想によって政治闘争に意味を付与する運動と見なしたのである。そのさい、彼らは終末論的な性格を持った全体主義を批判するために、それぞれなりの仕方でアウグスティヌス（354-430）の神学を参照していた。それぞれなりの仕方でというのは、両者におけるアウグスティヌスの参照の方針は若干異なっており、そこから引き出される帰結もおのずと異なっていたからである。第二次世界大戦が終結して間もない時期になされた彼らの理論的努力は、同時代の暴政を宗教との関わりから検討しようとする試みの典型であったが、それに対してアウグスティヌス神学が与えた示唆はどのようなものだったのだろうか。

この問いに答えるため、『新しい政治学』でなされたフェーゲリンのアウグスティヌス読解を整理することからはじめよう（**第一節**）。ついで、『ヤーコプ・ブルクハルト』[3]『世界史と救済史』等でなされたレーヴィットのアウグスティヌス読解を整理する（**第二節**）。これにより、フェーゲリンとレーヴィットの議論における基本的な違いを浮き彫りにできるだろう。そのうえで、両者の違いを更に際立たせるべく、四五年以降に彼らが交わした往復書簡[4]を検討したい。この書簡には、『歴史の意味』出版直後、あるいは『新しい政治学』と『世界史と救済史』の出版直前の時期に、フェーゲリンとレーヴィットがお互いに対して加えた論評が含まれている。こうした検討を踏まえれば、アウグスティヌス神学によって照らし出された二〇世紀初頭の終末論と政治闘争の関係がその独特の姿を現わすはずである。もっと言えば、現代において宗教的言説と政治闘争の関係を問うさいにとるべき姿勢についても、そこからなにがしかの示唆を引き出せるかもしれない（**第三節**）。

一　脱神化と再神化（フェーゲリン）

『新しい政治学』でなされているのは、人間における超越的なものに関する「体験（experience / Erlebnis）」を古代から近代にかけて通覧しようとする特異な思想史研究である。[5] 超越体験に関する思想史がそもそもなにを目指しているのかという点についてはのちほど確認する。さしあたり本節では、同著第三章「ローマ帝国における表象をめぐる闘争」と第四章「グノーシス主義——近代の本性」を手がかりにして、フェーゲリンがアウグスティヌス神学をどのように読み解いたかを整理しておきたい。あらかじめ概要を述べておくと、これらの箇所では、全体主義の成立機序が世俗権力の「脱神化（de-divinization）」から「再神化（re-divinization）」への移行として説明されており、そうした説明を正当化するためにアウグスティヌス神学が参照されている。

まずは、フェーゲリンのいう世俗権力の脱神化から見ていく。フェーゲリンによると、脱神化はキリスト教によって史上はじめて達成された現象である。もともとそれは、ローマ帝国で信仰されていた「国家神学（civil theology）」への批判というかたちをとって登場した。キリスト教によるローマ的な国家神学への批判は、アウグスティヌスがマルクス・テレンティウス・ウァロ（Marcus Terentius Varro B.C.116-27）による有名な神学の三類型論（神秘神学・自然神学・国家神学）について検討した『神の国』[6] 第六巻・第七巻に認められるとされる。神学の三類型のうち国家神学は、「神々と人間たちが歴史的に具体的な国家（civitas）のなかで形成している不可分の共同体、社会秩序における人間的な制度と神的な制度の同時性」（NSP, 88）にもとづくものであるという。これは、人間の作り上げる国家制度が神的な秩序と相即していることを表す宗教的言説と見なすことができるだろう。アウグスティヌスはこうした国家神学に批判的であったとされるが、それは「彼〔アウグスティヌス〕にとって人間存在の秩序が世俗的な歴史を持つ地の国（civitas terrena）と神的な制度を持つ天の国（civitas coelestis）にすでに分裂していた」（NSP, 88）からであるとされる。天の国と地の国は峻別されるべきであり、此岸の政治権力に神性が認められてはならない、というわけである。これこそが、キリスト教によって達成された脱神化の内実にほかならない。

ところで、フェーゲリンはキリスト教そのものが国家神学的な性格を持つようになった事例についても言及している。カエサリアのエウセビオス（263?-339）の執筆した『教会史』がそれである。『教会史』は、イエスの誕生にはじまり、アウグストゥスによってローマ帝国に平和がもたらされ、やがてキリスト教を国教化したコンスタンティヌス一世の治世にまで至る世俗の歴史を、まさに救済史と相即するものとして描き出していた。そのため、本書は確かに一種の国家神学を表明したものなのだが、このキリスト教的国家神学は、ローマ的なそれとは違って、終末論的な言説を含み込んでいたわけである（NSP, 102ff.）。

ところで、ここで注意しておきたいのは、フェーゲリンのエウセビオス評価が一人のカトリック神学者の影響下にあったということである。その神学者とは、戦間期に活躍し、カール・シュミット批判によってその名が知られるようになったE・ペテルゾン（Erik Peterson 1890-1960）である（NSP, 102Anm.）。ペテルゾンは主著『政治的問題としての一神教』（*Der Monotheismus als Politisches Problem*）[7]

（以下、『一神教』）で「政治的一神教（politischer Monotheismus）」という概念を導入し、国家神学化したキリスト教の特徴を明らかにしようとした。ペテルゾンによると、政治的一神教はユダヤ教における神信仰がヘレニズム的に変容したことに由来し、ユダヤの神がギリシャ哲学における一元論的原理と融合したことで成立したものと考えられる。これがローマ帝国の伸張に伴ってキリスト教会に浸透するようになると、神的な君主が統治するという異教における政治神学もまたキリスト教に侵入するに至ったという。しかし、東方のギリシャ教父たちのもとで三位一体論が十分に展開されるようになると、キリスト教に入り込んだ政治的一神教は神学的に解体され、更に西方においてはほかならぬアウグスティヌスがこの解体作業を引き継ぐことにより、くだんのエウセビオスのような発想もはっきり退けられるようになったとされる。[8]『新しい政治学』の検討に戻ると、同著は『一神教』への参照をはっきりと求めながら、以上のような議論をそのまま援用していた。アウグスティヌスが脱神化の最も重要な推進者としてくりかえし言及されたのも、こうした背景があったためである。

次に、再神化について見ていく。再神化とは、近代においてなされた脱神化に対するバックラッシュである。それは、超越の「内在化（immanentization）」ないし「世俗化（secularization）」を表すものとされる（NSP, 119）。[9]具体的には、神や神によって創造された世界秩序が、世俗の支配者や世俗の支配者によって作り出されるユートピア的政治秩序へと姿を変えたことを指す。もともとは現世を超越するものに認められていた何らかの要素が、現世に内在するものへと置き移されたことと言えばよいだろう。したがって、再神化とはいにしえの国家神学がかたちを変えて回帰したものと見なすことができる。

なお、こうした内在化・世俗化を推し進める精神的態度は、「グノーシス（Gnosis）」と呼ばれている。フェーゲリンはグノーシス的再神化に先鞭をつけた神学者として、フィオーレのヨアキム（1138-1202）を挙げた。ヨアキム神学の主要な特徴としては、（1）現世における歴史の進行を三位一体にあわせて三つの時期に区分し、最後の時期に成立する「第三王国（Third Realm）」を救済の成就と同一視したこと、（2）救済の成就のために霊的指導を行う「指導者（leader）」や、（3）新たな時代を約束する「預言者（prophet）」の必要性を掲げていたこと、そして（4）新たな時代に生きる人びとからなる「教団（brotherhood）」の存在を追求していたこと、以上の四点が指摘される（NSP, 111ff.）。それゆえ、ヨアキム神学では、かつて政治的一神教を打ち破るのに役立った三位一体論が、再神化のために利用されているということになるだろう。フェーゲリンがこうした四つの特徴を取り上げたのは、それらが長期にわたって受け継がれ、近代の社会理論や政治体制における自己理解をすら拘束したためである。たとえば、第三王国という概念は、東方の正教世界における「第一のローマ、第二のローマとしてのコンスタンティノポリス、第三のローマとしてのモスクワ」という正統性の移行に関わる三段階説、テュルゴーやコントの想定した「神学・形而上学・科学」という三段階の発展史観、そしてマルクスの念頭にあった「原始共産制・階級社会・最終的な共産制」からなる三段階の発展史観にまで、かたちを変えて受け継がれているという。そして、このような自己理解を獲得した政治体制の極北こそ、国民社会主義にほかならないものとされる。というのも、国民社会主義はみずからを（第一帝国としての神聖ローマ帝国、第二帝国としての帝政ドイツに次いで登場する）「第三帝国（Drittes Reich）」と理解し

(NSP, 113)、精神的指導者にして預言者たる総統の必要性を高唱し、強固なイデオロギー的信念に裏打ちされた党を組織したためである。こうしてフェーゲリンは、グノーシス的な再神化・内在化・世俗化が、再神化された政治体制を追い求める全体主義を産み出したと主張することになる。

われわれの時代の全体主義は、国家神学を求めるグノーシスの探究の旅の終わりとして理解されるにちがいない。(NSP, 163)

以上の整理から、フェーゲリンにとってのアウグスティヌスが全体主義に対する特権的な批判者であったことがわかるだろう。アウグスティヌスと『神の国』は、政治的な千年王国を作り上げようとする全体主義者を、すぐれて非キリスト教的なものとして退ける手がかりを与えてくれるためである。[11]

二　現世の出来事に対する信仰の不可能性（レーヴィット）[12]

天の国と地の国を峻別するアウグスティヌス神学は、三〇年代後半には、ペテルゾンの著作を介して少なからぬ論者に影響を与えていた。本節で扱うレーヴィットも、影響を受けた論者の一人である。そもそもレーヴィットは、三四年以降にローマでペテルゾン本人と友人となり、[13]『政治的一神教』の書評を執筆した[14](SS3, 424ff.)。また、自身の著作で『一神教』をくりかえし援用してもいた。

レーヴィットがはじめて『一神教』に言及したのは、管見の限りでは、三六年の著作『ブルクハルト』第五章「歴史の進行における危機的移行期」においてである。この箇所では、J・ブルクハルトが『コンスタンティヌス大帝の時代』で描き出したコンスタンティヌス一世の統治のありようが祖述されている。それによると、キリスト教はそもそも救世主の再来を待望することで現世を乗り越えようとするドグマを持つが、エウセビオスが祝福したコンスタンティヌス体制下のキリスト教は「国家宗教(Staatsreligion)」と化し、そうすることで一つの政治権力になり果てたという(SS7, 284)。

〔国家権力と教会権力が統一へと向かうという〕こうした展開によって、キリスト教はふたたび宗教上の特権を放棄した。宗教の統べる王国とはこの世ではない。それは、異教ではそうであったように、何らかの特定の国家制度やその文化を導き保証することを課題としないのである。キリスト教的一神教はローマ帝国という政治的単位と結びつき、ついでカトリック教会のなかでそれ自体政治的になり、そしてローマの理念を教皇制のなかに止揚してしまったのである。(SS7, 286)

国家宗教に対してアウグスティヌスが批判的であったことは、『世界史と救済史』ではっきりと指摘されている。同著でのレーヴィットは、全体主義的なイデオロギーの背後に控える近代の歴史哲学がキリスト教的終末論の「世俗化(Säkularisierung)」によって成立したものであるとし、それを証明するべく、ブルクハルト、ヘーゲル、マルクス、ヨアキム、オロシウスらを経て、聖書にまで至るさまざまな人びとの主張を、思想史を遡りながら検討している。その結果明らかになったのは、はじめキリスト教が世俗の歴史と救済史を独立したものと捉えていたのに、そうした捉え方がのちになると緩められ、近代に至ると世俗化というかたちで両者の混淆が生じてしまったという経緯である。特にアウグスティヌスについて取り扱った章では、世俗の歴史と救済史を峻別していた元来のキリスト教の立場がことさら強調されており、「[アウグスティヌスは]原則的にあらゆる世界史的な終末論、言い換えれば、あらゆる政治的な終末論を退けている」(SS2, 182)と指摘される。ここでもペテルゾン的なアウグスティヌス観が顔を出していると言えよう。[15]

以上からすると、レーヴィットとフェーゲリンの議論の近さはおのずと際立ったものに思えてくる。レーヴィットもまた全体主義を超越的なものの内在化・世俗化によって生じたものと捉え、それを打破するためにアウグスティヌス神学を特権視したかに思えてくるのである。[16] しかし、ここであらためて注意しなければならないのは、レーヴィットがアウグスティヌス神学と政治的終末論にわずかながらもある種の共通点を見て取っていたということである。

『世界史と救済史』「あとがき」を参照してみよう(SS2, 218ff.)。この箇所でレーヴィットは、信仰にもとづく救済史と経験的知識にもとづく世俗の歴史を対比し、前者を経験的知識によっては原理的に反駁されえないものとしている。そのうえで、こうした対比を強調するべく、遠からぬ将来にやってくるものとされた救済がやってこなかったときに、初期キリスト教団が「救済は延期された」と主張したことに注目している。経験的知識が問題である場合、予測されていた出来事が生じなかったとしたら、予測そのものが誤りとされるのが普通であろう。この考え方によれば、救済が生じなかったときにも救済史の枠組み自体を撤回するのが当然ということになる。しかし、初期キリスト教団はそうは考えなかった。レーヴィットによると、救済の延期が主張されたのは、救済の実現という出来事が決して撤回されえない信仰に基づいて把握されていたためである。信仰そのものが撤回されない限りは、いかなる経験的知識の積み重ねも信仰に有利なかたちで絡めとられてしまうだろう。その結果が、延期という言い訳じみた主張だということになる。レーヴィットはこの点に注目することで、信仰とは「幻想(Illusion)」であると喝破してみせる(SS2, 219)。

信仰が経験的知識の積み重ねを絡めとってしまうという事態は、五四年の論文「知と信」[17]になると、アウグスティヌスの論考「信の効用(De utilitate credendi)」[18]を参照しながら検討し直された。レーヴィットは、この論考で唱えられた「知識にもとづく理解にとって信仰こそが欠くべからざる前提である」というアウグスティヌスの議論を、おおむね次のようにまとめている。信仰を持たないひとが福音に関する真の知識を学ぼうとする場合、そうした知識を持つ指導者に手引きしてもらうしかない。しかし、なにが福音に関する真の知識かを知らないひとは、どの指導者に手引きしてもらったらよいかもわからないだろう。特定の誰かに手引きしてもらおうとしているなら、このひとはこのひとなりにすでに適当と思われる福音に関する知識を持っていなければならない。ところが、あらためて考えてみると、ひとは福音に関してなにかを知ろうとしはじめた時点で、なにが福音に該当するのかについて不明瞭ながらも理解していたのではないか。そうでなければ、そもそも福音について問い尋ねようとすることすらないはずであろう。この場合、福音に関する知識とは、ひとが持とうと思って持つようになるものというより、むしろ神の権威によって常にすでに与えられた信仰にもとづくものとするのが適当である(SS3, 212ff.)。

このまとめで強調されているのは、先行的に与えられるしかない信仰こそがあらゆる理解の前提であって、理解の積み重ねにより信仰が左右されるわけではないという論点である。どうやらレーヴィットは、信仰の先行性という論点を、ハイデガーのいう「理解(Verstehen)」、および理解を可能にする「解釈学的循環(hermeneutischer Zirkel)」に重ね合わせていたらしい(SS3, 216)。解釈学的循環とは、ひとがなにかを理解するためには常に既に何らかの先行的理解が前提されていなければならないことを表している。そうすると、キリスト者がなす何らかの理解もまた、すべて先行理解としての信仰に下支えされているものと見なされることになるだろう。このことから、レーヴィットは信仰に基づく理解とハイデガー的な解釈学的循環をまとめて批判しようと試みる。すなわち、それらはみずからを下支えしている先行的理解そのものを懐疑に晒すことなく、ただ仕上げることにのみ終始する。しかるに、本来の哲学はこの閉じた循環から継続的な努力を通じて抜け出そうとするものであって、経験的知識に特有の不確実性を引き受けねばならないのである、と。[19] 五四年論文の末尾に見られる次の評言は、経験的知識の不確実性を担い切ろうとした哲学者K・ヤスパースと、揺るがぬ信仰に依拠しようとした神学者R・ブルトマンのすれ違いを念頭に置いたものであるが、レーヴィットの考え方の根本を端的に表したものと言えるだろう。

ヤスパースは、神学者たちとの間には本来の意味でのコミュニケーションがなく、彼らとのあらゆる対話は一定の点までくると不思議にも途切れてしまうと嘆いているが、これに対しては、キリスト教的な信仰に真理を見出したと信じている信心者たちが、際限のないコミュニケーション(grenzenlose Kommunikation)において、哲学の不確実性に対して開かれた態度をとるはずであるなどと期待するのは、実際のところ不可能と言わねばならない。(SS3, 216)

以上の整理からわかるように、レーヴィットは循環のうちに自閉する救済への信仰が、経験的知識をみずからに優位になるよう絡め取ることで、原理的に幻想を追い求めるものにしかなりえないことを疑問視していた。そして、この信仰における志操堅固と言えば堅固な、頑なと言えば頑なな態度が、世俗化を通じて政治的終末論のイデオロギーにまで引き継がれてしまうことを懸念していたのである。レーヴィットからすると、全体主義に含まれる政治的終末論は、キリスト教的終末論の世俗化というありえない経緯を経て成立したものであった。それゆえ、政治的終末論のイデオロギーにおけるいかがわしさは、本来の経験的知識にとっては自明である不確実性の受忍と自然な懐疑を拒否し、救済に類する出来事を政治的に達成しようとする信仰的態度の堅持に求められる。結局レーヴィットにとってのアウグスティヌス神学とは、手放しで賞賛されるべき存在というより、こうしたいかがわしさを解き明かす手引きとして批判的に参照されるべきものであったと思われる。

三　レーヴィット＝フェーゲリン往復書簡

これまでの整理から、フェーゲリンもレーヴィットもアウグスティヌス神学に示唆を受けて終末論と政治闘争の関係について論じていたこと、ただしその着目する点は全く異なっていたことがわかった。それでは、フェーゲリンとレーヴィットはそれぞれの議論に対してどのような評価を下していたのだろうか。双方の評価をそれぞれ確認するために、以下では彼らの取り交わした往復書簡を手短ながらも検討してみたい。

フェーゲリンとレーヴィットは、第二次世界大戦終結以前の四四年から書簡のやりとりをしていた。この時期、彼らはニーチェに関する共著を執筆しようとしていたのだが、徐々に見解の相違が目立つようになり、最終的には計画自体を放棄したらしい。一連のやりとりをつづけるなかで、四五年二月以降になると救済史の問題について立ち入った議論がはじまる。ちょうど二人が『新しい政治学』と『歴史の意味』ないし『世界史と救済史』の執筆に取り組んでいた時期だったこともあり、やりとりは間欠的ながら鋭い対立を示すことになった。

さしあたり彼らの立場の違いは、本稿第二節で確認したレーヴィットにおける信仰と経験的知識の区別、あるいは神学と哲学の区別をどう評価するかに即して先鋭化している。フェーゲリンはこうした区別を認めようとはせず、五〇年一月九日付の書簡でレーヴィットに次のように問いただしていた。

あなた〔レーヴィット〕はご自身の本〔『歴史の意味』〕の一八七ページ〔邦訳二三七頁〕で次のよう

に書いておられますね。「経験的に言えば、イスラエルおよびキリスト教会の歴史は、ほかの出来事と同じように、世俗の歴史におけるある特定の時代に含まれる出来事であるが、〔救済という〕重要な出来事を準備し充足する救済史の一段階ではない」、と。このテーゼに対して（……）、私は別な哲学上の立場から、以下のような帰結を引き出さなければならないでしょう。すなわち、あなたが従っている言葉づかいは「経験的（empirisch）」と「世俗的（säkular）」を等置し、それに対立するものとして救済史を置いています。この言葉づかい（と、それが含意している理論）は、私には哲学的に不十分であるように思われます。というのも、この言葉づかいは、信仰に従う歴史の意味づけ（たとえばアウグスティヌス的な聖なる歴史）としての救済史を、超越体験の分化（Differenzierung der Transzendenzerlebnis）としての救済史と混同してしまうのですから。救済の体験とは、歴史における事実です。「信仰」（……）とは、事実的に存在している体験なのです。もろもろの希望されたり目に見えないものは、信仰の認識（cognitio fidei）を通じて、現実的なものとして明らかにされるのです。（Brief, 785）

フェーゲリンによるレーヴィット批判の趣旨を補足しながらまとめると、次のようになるだろう。

（ⅰ）まずフェーゲリンは、レーヴィットが経験的なもの＝世俗的な歴史と非経験的なもの＝救済史を峻別したことを正しく見てとっている。加えて、レーヴィットがアウグスティヌス的な救済史を非経験的な救済史の代表例と見なし、歴史に対して信仰によって意味づけを行うものだとしていたことも適切に指摘している。

(ii)しかるに、フェーゲリンはこうしたレーヴィット的区別を不適切なものとして退け、世俗の歴史と救済史を同じように捉えるための基盤を、事実的に存在している体験概念に求めようとする。それと同時に打ち出されるのは、救済史そのものを「超越体験の分化プロセス」として捉え直そうとする姿勢である。ここで言われている超越体験とは、さしあたり超越的―神的存在に関する事実的な体験を指すものとしておけばよいだろう。[20]信仰は、こうした体験の一種に数えられている。そのうえで、フェーゲリンは超越的―神的存在に関する体験の変遷を分化プロセスと称した。すでに本稿第一節では、『新しい政治学』が超越体験に関する思想史を描き出そうとしていたことに触れておいたが、同著が描き出そうとしていたものこそ、ほかならぬこの分化プロセスだったのである(cf. NSP, 79f.)。そこでは、超越的―神的存在についての事実的な体験が解釈を経て「象徴(Symbol)」を形成すること、あらゆる政治制度はこうした象徴を含み込むことではじめて成立しうること、そして最後に、古典ギリシャからキリスト教的世界を経てグノーシス的近代へ至るまで象徴的な政治制度は大きな変容を見せたことが論じられていた。[21]

(iii)それゆえ、レーヴィットに対してはさらなる批判が投げかけられるだろう。なぜなら、『世界史と救済史』「あとがき」末尾では、非経験的な救済史と対比するかたちで経験的な世俗の歴史が掲げられており、これが古代ギリシャにおいて自明視されていた「はじめも終わりもない運動」を前提するものであるとされていたからである。「無限な連続的運動」を認めることによってはじめて、あの経験的知識に特有な不確実性のもとで歴史を捉えることが可能になるというのである（SS2, 221f.）。ここにレーヴィットの古代ギリシャ贔屓の姿勢が如実に表れているわけだが、フェーゲリンからすると古代ギリシャにおいてもキリスト教同様の超越体験は存在していたのであって、両者のあいだに決定的な質的区別は認められないということになる。

あなた〔レーヴィット〕は古典的な世界観とキリスト教的な世界観について語っておられます。そのうえで、古典的な世界観だけが現実の「世界観」であると考えておられます。なぜなら、信仰に基づくキリスト教的な立場は、「見えないもの（ungesehen）」あるいは「隠れたもの（unsichtbar）」に依拠しているからです。（Brief, 786）

しかしながら、

〔普遍的に人間的なものと解される、聖なるものの体験（Heilserlebnis）の歴史的展開を、たとえ歴史学的には非常にプリミティブではあっても、まことに特徴的に経験的に叙述したもの〕こそが「救済計画」なのであって、これは経験的に把握可能なプロセスとして、ギリシャ的思考のなかでも見出されるものなのです。（Brief, 787）

ただし、フェーゲリンはレーヴィットの注目していた循環的世界観の有無について表立った反論を加えていないので、ここでは両者における古典ギリシャ観の相違が強調されているに過ぎないことに留意しなければならない。

いずれにせよ、以上のことから、フェーゲリンが国家神学や政治的終末論を退けるさいに、信仰ないしキリスト教と経験的知識ないし哲学との質的区別に依拠するレーヴィットの立場を意識的に拒絶したこと、また信仰と経験的知識に共通する体験という水準において議論を組み立て直すべきとしたことが確認できた。『新しい政治学』の議論は、このような水準で思想史研究を行った結果、敢えてアウグスティヌス神学における脱神化を特権視する点で、レーヴィットへの明確な対抗軸を含意していたということになるだろう。[22]

以上のようなフェーゲリンの批判に対するレーヴィットの応答は、非常にそっけないものであった。五〇年二月十一日付の書簡では次のように述べられている。

信仰の認識は、信仰なしの認識がそうであるような「認識（cognitio）」では全くありません。またあなたが、救済史は「事実上（faktisch）」救済史になったとおっしゃる場合、あなたが「事実上」ということで前提されているものは、私が「経験的」ということで前提しているものと異なってさえいます。それに、われわれは、明瞭な（evident）（あらわな（sichtbar））なものと明瞭であったり確信がもてるわけではないものの区別から、私の〔認識と信仰の〕区別も、アウグスティヌス的な聖なる

歴史を批判的‐歴史的に修正するあなたの〔認識と信仰の〕等置も、引き出すことはできません。(Brief, 789)

レーヴィットの反論は、(ii) でフェーゲリンが事実的な体験としての信仰という考え方を導入するために用いた「信仰の認識」「事実的な救済史」といった概念を単純に退け、経験的知識と信仰の峻別を再確認するものである。これは要するに、概念上の定義の違いに訴えることで、「信仰の侵入が歴史的に理解されうるのかどうかは疑わしい」(Brief, 790) とする自身の姿勢を正当化抜きに提示し直したものに過ぎない。レーヴィットの反論の趣旨を明確にして両者の対立点をよりはっきりさせるためには、フェーゲリンにおける体験概念そのものについて立ち入った分析を行わなければならないだろう。しかし、これは本稿における課題の範囲を超えるので、ここで一旦検討を閉じることにする。

四　結びに代えて

最後に、これまでに明らかになったことを再確認し、若干のコメントを付して結論に代えたい。

フェーゲリンにとって、宗教と政治の結合はキリスト教のドグマと原則的に相容れず、全体主義に特有な政治体制の再神化をもたらすものであった。再神化された政治体制である「政治宗教 (politische Religion)」をキリスト教の立場から告発可能なものと捉えるフェーゲリンの議論は、全体主義研究の動向に対して現在に至るまで無視しえない刺激を与えているが、その根底にはアウグスティヌス神学への評価が潜んでいたことがわかる。[23] これは大変興味深い議論である。しかし、同時に注意しなければならないのは、フェーゲリンのような議論の枠組みを採用すると、何らかの善の構想（具体的にはキリスト教以外の宗教的ドグマ）を政治的共同体の行動方針に反映させようとする人びとが、一律に全体主義的であると非難されかねないことである。このような非難の妥当性は、こんにちでは特に慎重に問われなければなるまい。[24]

他方レーヴィットにとって、キリスト教的終末論の世俗化により成立する政治的終末論は、前者を下支えする信仰由来の問題を引き継ぐように思われた。それゆえ、アウグスティヌス神学もまた、評価の対象としてではなく、本質的に疑義を呈されるべき対象として扱われたのである。こうした議論は、第二次世界大戦以降、宗教的信仰が持つ政治的効果に一定の意義を認めようとする論者を、ながらく脅かすことになった（たとえば、C・シュミットとその弟子たちが代表例である）。ただ、ここでもやはり注意しなければならないのは、信仰から経験的知識を峻別しようとするレーヴィットの議論が、信仰に依拠する市民と世俗的な信念に依拠する市民との相互行為の可能性をひとしなみに排除しかねないということである。

フェーゲリンとレーヴィットがアウグスティヌス神学からなにがしかの示唆を受けて引き出した議論は、宗教的言説と政治闘争が結合したさいに引き起こされる暴力的帰結を退ける点では、一定程度有効であろう。とはいえ、二一世紀の「ポスト世俗的社会」を生きる者たちは、キリスト教的な背景を持った人びとと非キリスト教的な背景を持った人びとの共生とか、信仰と世俗的信念のあいだのよりよき相互性を見出すことにこそ関心を抱いているように思われる。本稿で検討してきた二人の哲学者の議論をこうした関心に応えるものとして読み返そうとすると、原理的な困難をどうしても避けられないだろう。とはいえ、二〇世紀の暴政の記憶を引き継いだうえでなければ、こうした新たな課題に取り組むことには意味がない。そうである以上、『新しい政治学』と『世界史と救済史』というふたつの著作は、今後批判的に立ち戻るべき出発点として重要性を失わないのではないだろうか。

凡例

引用にさいしては、以下の略号を使用し、頁数を付す。なお、レーヴィットからの引用は基本的に全集版から行い、略号のあとに巻号を付しておく。

NSP: E. Voegelin, *The New Science of Politics*, The University of Chicago Press, 1952.

SS: K. Löwith, *Sämtliche Schriften*, J. B. Metzler, 1974ff.

Brief: Karl Löwith, Eric Voegelin Briefwechsel, Sinn und Form 59, Akademie der Künste, 2007.

註

1 Löwith, *Meaning in History*, University of Chicago Press, 1949.

2 Löwith, *Weltgeschichte und Heilsgeschehen*, Kohlhammer, 1953.『世界史と救済史』（信太正三・長井和雄・山本新訳、創文社、一九六四年）。本稿では主にドイツ語版を分析対象とするが、凡例のとおり直接的には全集版を参照する。

3 Löwith, *Jacob Burckhardt: Der Mensch inmitten der Geschichte*, Vita Nova, 1936.『ヤーコプ・ブルクハルト』（西尾幹二・瀧内槙雄訳、ちくま学芸文庫、一九九四年）。

4 フェーゲリン＝レーヴィット論争を扱った研究としては、B. Godefroy, Eternity and Crisis: Eric Voegelin and Karl Löwith on Human Temporality, *Politisches Denken Jahrbuch* 23, Duncker & Humblot, 2013. H. Syse, Karl Löwith and Eric Voegelin on Christianity and History, *Modern Age* 42, 2000. シセは（H・ブルーメンベルクの示唆に従い）、フェーゲリンとレーヴィットがともに近代の「正統性（legitimacy）」を退けたものとしており、両者の違いにあまり注目していない。

5 フェーゲリンの政治哲学に関する日本語の研究としては、寺島俊穂『政治哲学の復権』（ミネルヴァ書房、一九九八年）。野口雅弘『闘争と文化』（みすず書房、二〇〇六年、一四五頁以下）。

6 アウグスティヌス『神の国』上・下（金子晴勇訳、教文館、二〇一四年）。

7 E. Peterson, *Der Monotheismus als Politisches Problem*, Jakob Hegner, 1935.

8 Peterson, *Der Monotheismus als Politisches Problem*, S. 97f.

9 五〇年代初頭、さまざまな論者が全体主義成立の機序をキリスト教の世俗化によって説明しようとしていた。こうした論調に真っ向から反対したのが、H・アレントである。アレントは五三年七月二十日からハーバード大学で開催された会議に参加し、共産主義を一種の政治宗教として取り扱うべきかどうかについて議論した。彼女はその準備過程で世俗化概念を批判し、その結果フェーゲリンの全体主義論と真正面から対決することになる。この間の事情は、最近刊行されはじめた『批判版全集』所収の草稿から跡づけることができる。Arendt, *The Modern Challenge to Tradition: Fragmente eines Buchs, Kritische Gesamtausgabe* Bd.6, Wallstein Verlag, 2018, S. 188ff., 667ff. S. Courtine-Denamy, The Revival of Religion: a Device against Totalitarianism?, *Occasional Papers* 88, Voegelin-Zentrum, 2011.

10　グノーシス概念は、もとは三八年の『政治宗教』（*Politische Religionen*）で提示された「政治宗教（politische Religionen）」概念の代わりに導入されたものであった。M. Henkel, Eric Voegelin, Hannah Arendt und der Totalitarismus, *Disput über den Totalitarismus*, Vadenhoeck & Ruprecht, 2015, S. 90.

11　ただし、フェーゲリンのいう脱神化がリベラルな政教分離と異なることには注意が必要である。脱神化は、フェーゲリンの想定するキリスト教的秩序、すなわち、教皇によって代表される教会と皇帝によって代表されるライヒからなる秩序のうちに留まる。これに対してリベラルな政教分離は、こうした秩序が崩壊したあとにはじめて登場し、「政治における世俗的な領域を、教会がもはや関与してはならない形成物の領域へ還元してしまう」ものとされる。Voegelin, Die geistige und politische Zukunft der westlichen Welt, Occasional Papers 1, Voegelin-Zentrum, 1996, S. 34f.

12　以下の議論は、拙稿「世俗化テーゼと政治神学――カール・レーヴィットとカール・シュミットの対決」『社会思想史研究』三九、社会思想史学会、二〇一五年と部分的に一致する。

13　Löwith, *Mein Leben in Deutschland vor und nach 1933*, S. 93f.『ナチズムと私の生活』（秋間実訳、法政大学出版局、一九九〇年、一五一頁以下）。

14　Löwith, Alois Dempf, *Kierkegaards Folgen*. Leipzig (Jakob Hegner Verlag) 1935. Erik Peterson, *Der Monotheismus als politisches Problem.* Leipzig (Jakob Hegner Verlag) 1935. Benedetto Croce, Ultimi Saggi. Bari (Laterza) 1935. Luigi dal Pane, Antonio Labriola. Rom (Edizioni Roma), *Zeitschrift für Sozialforschung* 5, Librairie Felix Alcan, 1936.

15 『神の国』研究においてレーヴィット的な読みを参照しているものとしては、柴田平三郎『アウグスティヌスの政治思想』(一九八五年、未来社)。

16 『世界史と救済史』「付録I」でのレーヴィットが、アウグスティヌスによる政治的終末論批判へのバックラッシュの一例として、ヨアキムに発しA・メラー・ファン・デン・ブルックにまで至る怪しげな第三帝国概念の変遷史を辿り直していることも注目に値する(SS2, 269ff.)。というより、ここでレーヴィットが整理した変遷史に示唆を受けて、フェーゲリンはヨアキムについて論じはじめたのかもしれない。フェーゲリンがヨアキムについて論じるさいには、『世界史と救済史』を参照しているためである。ただし、フェーゲリンが天の国と地の国の峻別という論点に則してアウグスティヌスに注目したのは、三八年の『政治宗教』にまで遡る。Voegelin, *Politische Religionen,* Wilhelm Fink Verlag, 2007, S.35.

17 Löwith, Wissen und Glauben, Wissen Glauben und Skepsis, Vandenhoeck & Ruprecht, 1956.『知識・信仰・懐疑』(川原栄峰訳、岩波書店、一九五九年)。

18 アウグスティヌス「信の効用」『アウグスティヌス著作集』第四巻(赤木善光訳、教文館、一九七九年)。

19 レーヴィットがハイデガーの解釈学的循環を正しく理解していたかどうかは一考の余地があるが、M・リーデルが指摘するように、「彼にとっては解釈学的循環に入り込んでいくことではなく、適切な時点でそこから抜け出すことこそ重要であった」(M. Riedel, Karl Löwiths philosophischer Weg, *Heidelberger Jahrbücher* 14, 1970, S. 127)ことは間違いないだろう。

20 フェーゲリンの超越体験に関する主張については、戦前に彼が取り組んだ現象学研究との関係から詳細に検討を加える必要があるが、ここではそれができない。参考になるものとしては、H・ワーグナー『アルフレッド・シュッツ』（佐藤嘉一・森重拓三・中村正訳、明石書店、二〇一八年、二九一頁以下）。

21　フェーゲリンの関心が超越体験の分化にもとづく歴史哲学の構想であったことについては、P. Opitz, Karl Löwith, Eric Voegelin Briefwechsel: Vorbemerkung, *Sinn und Form*, 2007, S. 765.

22　したがって、脚注４で触れたシセのように、フェーゲリンとレーヴィットの立場を同じものとして扱うことはできない。

23　フェーゲリンは戦後ミュンヘン大学に招聘され、この地で研究活動に従事した。そのため、ミュンヘン大学にはフェーゲリン研究の拠点が置かれ、政治宗教的な全体主義批判が引き継がれることになる。特にH・マイアーによる研究がその最たるものであろう。H. Maier, *Polotische Religionen*, C. H. Beck, 2007.

24　フェーゲリン学派の近傍にある研究者は、全体主義的であるかどうかの基準を、国家が特定の善の構想（あるいは宗教的ドグマ）を採用するか否かに求めがちである。この基準に照らしたとき、西洋流の聖俗の分離に馴染まないイスラームはただちに全体主義的であるとされ、イスラモフォビアに論拠を与えかねないという問題が出てくる。「ポスト世俗的社会」については、ハーバーマス「公共圏における宗教」『自然主義と宗教の間』（庄司信・日暮雅夫・池田成一・福山隆夫訳、法政大学出版局、二〇一四年）。最近のハーバーマスは、信仰と知の関係を問い直すなかでレーヴィットらの世代の世俗化論を再検討しており、興味を惹かれる。特にレーヴィットについては、J. Habermas, *Auch eine Geschichte der Philosophie* Bd.1, Suhrkamp, 2020, S. 52ff.

［付記］本稿は、JSPS 科研費20H01176の助成を受けた成果の一部である。

第3章　無へと向かう日常的共同の気遣いについて

――エックハルトと超越論的ハイデガーのあいだで

横地　徳広

序

創造主ヤハウェに伍する力をもつ悪魔が、義人ヨブに苦難のかぎりを与え、彼の信仰を試す。『ヨブ記』の話である。その許可は、悪魔がヤハウェからもらっている（『ヨブ記』、一章、二章）。そうした試しの果て、ヨブはとうとうヤハウェへの疑念を発してしまう……（『ヨブ記』、七章、三一章）。とはいえ、「無からの創造」の場面にヨブは居合わせなかったことをヤハウェは指摘してヨブの疑念を戒める。

いわく、「地の基いをわたしがすえたとき君は何処にいたのか」（『ヨブ記』、三八章）。

『ヨブ記』は従来、神の「義（*dikē*）」を問う「神‐義論（Theo-dizee）」として検討されることが多かったが、別の道を辿ることも可能である。というのも、『ヨブ記』でヤハウェが示した問いを自分なりに受け止める先哲たちは、有限的人間として無を思索し、無にかかわる仕方を思索してきたからである。

これに対してヨブ自身は友人たちと論争を重ねはするが「眼の人」であり、無そのことの思索に赴いていない（『ヨブ記』、四二章）。悪魔による過酷な試しを受けてヨブは一族や富、健康を失うも（『ヨブ記』、一章）、被造物の有限性をヤハウェから指摘されて悔い改め、赦されて新たに一族を形成し、そうして繁栄する（『ヨブ記』、四二章）。これは、ヨブと共に「三義人」の一人であるノアとその息子たちにヤハウェが「産めよ、増えよ、地に満ちよ」（『創世記』、九章）と命じたように、あらためてヨブにそう命じたと解釈できる。ヨブは無そのことの思索に与かることなく、形としては元の生活にもどったわけである。

では、いかなる先哲が無を思索できたのだろう……。

マイスター・エックハルト、そしてマルティン・ハイデガーである。[1]

じっさい、ラテン語著作『創世記』註解[2]で「無からの創造（*creatio ex nihilo*）」を緻密に解釈したエックハルトは、ドイツ語説教でこう問うている。「最良にして最高の徳のおかげで人間がもっとも多く、もっとも近くで神と結びつくとすれば、また、その徳によって恩寵から人間が神にそもそもの本質存在になりうるとすれば、あるいは、神が被造物どもを創造する以前、神のなかで人間と神のあいだで何の区別もなかったときにこのなかで存在した像にその徳を通じて人間がもっとも調和した状態にあったとすれば、そうした徳はいずれのものか」（DW II, S. 434）。「無（*nihil, niht*）」は、このように「無差別（Indifferenz, *indistinctio*, indistinction）」概念の吟味を介して思索されていく。

本章では、エックハルトのこうした無の思索を「超越論的ハイデガー」[3]が彼なりの仕方でわかちもち、二人は次のことを思索しえたことを明らかにする。つまり、有限的人間は、日常のなかで本来的他者と共に諸物へとかかわりながら、「死」ではないが本来的な人間的無の一つと言える〈誰でもない者（Niemand）〉へと変容し、世界一般は日常におけるそのアスペクト的限定から解放され、そうして本来的かつ全体的に存在する人間には「神性の無」あるいは「世界の無」があらわになる、このことである。

本章では、まず**第一節「ライル『存在と時間』書評・再考」**でハイデガーの初期フライブルク講義から超越論的哲学までの思索的連続性に注目し、エックハルトと共有可能な「無差別」概念のいくつかを確認しつつ（cf. Onishi, pp. 7-11）、「本来態」＝「本性性」と「非本来態」＝「非本来性」の動的関係や「自己」、「他者」、「世界」の動的関係を考察する。つづいて**第二節「エックハルトとハイデガーのあいだ」**では、ハイデガーとエックハルトそれぞれのアウグスティヌス解釈を手がかりに二人がわかちもちえた無差別概念の極まるところを見定める。最後に**第三節「ハイデガー的エックハルトの思索」**では、エックハルトの「気遣い（Sorge）」概念を取り上げ、マルタが日常においてイエスと共に〝諸物のもとに共同存在すること（Mitsein bei den Dingen）〟の無限で全体的な本来態を「もっとも高貴な認識」によって成就する仕方をハイデガー的に解き明かす。

一　ライル『存在と時間』書評・再考

のちに「日常言語学派」を代表することになる若きギルバート・ライルは、ハイデガー『存在と時間』が刊行されてすぐの一九二八年、英国で短くはない書評を記していた。そこでライルは現象学史を辿りながら、アウグスティヌスの“cura”概念以来の「志向性」概念の系譜に連なるものとしてハイデガーの気遣い概念を読み解き、『存在と時間』「本来性分析」の核心的場面でエックハルト哲学の姿を見つけてしまう。実はエックハルトもその聖書解釈において「世事への気遣い」という事象に注目しており、イエス、姉マルタ、妹マリアの三者関係を例に、「共同存在」、「～のもとでの存在」、「神性」という「無」の連関を説明していた（DW II, SS. 220-228）。

まずはライルの指摘を確かめる。こうある。

こうして死に限界づけられる全体性には、良‐心（con-science, 共‐知）――私がそうなるかもしれないことの確実性――と、罪過もしくは負い目の感覚――私は私がそうであったかもしれないものではないことの確実性――が属する（ハイデガーは〔日常性を問う〕重要なアウグスティヌス・テーゼをここで復活させており、これは、本書『存在と時間』〔第一部〕第二編が**現象学の衣をまとった一種のエックハルト哲学**とならないだろうかという疑いを読者に抱かせる）[4]。

「ここで」とは、「死への先駆的覚悟性」、「良心（Gewissen）」、「負い目（Schuld）」が論じられ、現存在が非本来態から本来態へと実存的に変容する仕方を解き明かす本来性分析のなかでも際立った場面のことである。ライルは『存在と時間』をオーソドックスに読み、「実存論的《独我論》」（SZ, S. 188）を解釈するが、その場面で日常性を問うために掲げた「アウグスティヌスのテーゼを復活させて」しまうと、本来性分析を担う『存在と時間』第一部第二編「現存在と時間性」が「現象学の衣をまとった一種のエックハルト哲学」と化す可能性を指摘したわけである。

一二六〇年頃から一三二八年までを生きたドイツ神秘主義者エックハルトは、民衆への布教活動のなかで初めてドイツ語で哲学したと言われる。[5] ライルの目には、エックハルトのその哲学的思索が六百年の歳月を経て『存在と時間』の核心的部分で生きつづけているかに見えた。とはいえ、こうした現象学的エックハルトを、つまりは超越論的ハイデガーのエックハルト的思索を本来性分析に見出す可能性は、ハイデガー『存在と時間』に内在した解釈としても成り立ちうる。

まずハイデガーの高弟ハンス・ゲオルク・ガダマーが、初期フライブルク講義から超越論的ハイデガー以前までの思索を思い返して述べるに、「ハイデガーの思索の本来的なモティーフ」は「生の動きそれ自体の本質を構成する解決不可能な両義性にある」けれど、それはのちに「本来態」と呼ばれる「傾向（Neigung）」と「頽落」と呼ばれる「転落（Ruinanz）」が織りなす両義性のことであった。[6]

また、『ニヒリズム』でハイデガーによるヘーゲル的思索の可能性を問う渡辺二郎が『存在と時間』に対して疑念を示すところ、「……『本来性』と『非本来性』とは、平行的に対立しながらも、しかも絡み合い、交差するといったふうになっていると言わざるを得ない」（渡辺、二七九頁）。「……実存の本来性は、具体的には、非本来性と交差し合い、非本来性に陥ってはそこからおのれを取戻し、おのれを取戻してはさらにまた非本来性へと入りこむという、真理と不真理の絶えざる交錯のなかにあるということになるであろう」（渡辺、二七九頁）。

いわばヘーゲル的ハイデガーが思索しえた実存にまつわるこの動性は、ガダマーに回想された両義性の思索と響き合いながら、エックハルト的ハイデガーの思索可能性を解き明かす手がかりを提供してくれる。つまり、世界一般の無があらわになる本来態と、特定の状況世界にあって用具、物、他者への「存在者的超越」（*GA26*, S. 194）に限定される非本来態との交差運動を「基礎存在論」における実存の相互制約的動性として超越論的ハイデガーは暗に深化させていくなか、その構成主義的実存概念では構成しえない「全体的な存在者（das Seiende im Ganzen）」（*GA26*, S. 199）、つまり、現存在によっては規定されずにおのずから存在するものの全体性という事柄にあらためて直面し、[7]「時間性一般は脱自的に地平的な自己企投そのものである」（*GA24*, 443f.）と言うに至る。こうして時間性それ自体の動性は世界一般の側からあらわになって現存在の他者となり、現存在の超越論的構成主義は破綻してしまう。現存在自身と世界一般の底が抜けた深淵を超越論的ハイデガーは『存在と時間』を公刊した一九二七年にすでに目撃していたわけである。

超越論的ハイデガーがエックハルトとわかちもちえた思索可能性をこうした動向において理解するのに役立つのがブラッドリー・オニシの論考「エックハルトとハイデガーにおける無差別としての超越（Transcendence as Indistinction in Eckhart and Heidegger）」である。このなかでオニシは一九二一年夏学期講義『アウグスティヌスと新プラトン主義』(*GA60*) から超越論的哲学に至るまでの思索的連続性を確かめながら (Onishi, §3)、二人が共有しうる無差別概念を指摘していた。

本節では、ガダマーや渡辺、オニシの以上のようなハイデガー解釈をふまえつつ、本来態と非本来態の動的交差を通じて共同なき本来的共同が成就する仕方を確認したい。

一方でライルが言うアウグスティヌス・テーゼだが、これは「日常性の解釈学」を遂行するための哲学的手法を述べたもので、他方、本来性分析の手法は実存論的《独我論》であり、これをオーソドックスに解釈すれば、現存在の存在全体を思索するための通路はキルケゴール的な「単独化」となる (*SZ*, S. 187)。他人に迎合して自身に固有なことを忘れ、世間に埋没する「ひと (das Man)」の「日常性」は〝打開されるべき (entschloßen werden sollen)〟非本来態であり (*SZ*, §52)、現存在が本来態へと変容するための通路にはならない。というのも、日常にあって現存在は情態的で解釈的な了解 (=広義の「アスペクト知覚」) を介して世界一般という可能無限的な意味ネットワークの全体性を特定の状況〈として〉取り囲み[8]、そのなかで日常的な他者と共に日用品のもとで存在するかぎり、みずからの実存全体を見渡しえないからであった。

とはいえ本章では、現存在の本来態と本来態が動的に交差するなか、日常的共同がそのままに共同なき本来的共同と化していく通路の有無とその成り立ちを問うている。実存論的《独我論》にまで及ぶ超越論的「構成主義[9]」でもなく、後期の思索のように、「在る」が「物」を介して「死すべき者ども」にかかわる仕方でもなく (*GA7*, "Das Ding")、有限的人間が本来的他者と日常をわかちもちながら、物のもとに共同存在することの本来態へと変容する仕方が問題である。

確認のため、『存在と時間』の自己他者関係論をふりかえると、他者への「顧慮（Fürsorge）」は『存在と時間』における本来性と日常性の対比にそくして二つに区別された（SZ, S. 122）。一方で非本来的な顧慮は「尽力して支配する（einspringend-beherrschend）顧慮」と呼ばれ、役割連関が行き渡った共同体のなかで他者の手に余ることを私が世話し（sorgen）、「他者から『心配（Sorge）』を除去する」ことでその他者を巧く自分の支配下におくことを指した（SZ, S. 298）。他方、他者への本来的な顧慮は、他者を「率先垂範して自由にする（vorspringend-befreiend）顧慮」と呼ばれ（SZ, S. 298）、「死への先駆」（SZ, S. 384）と「良心の呼び声」（SZ, S. 276, S. 295ff.）によって自身の「本来的全体性」を成就すべく「覚悟した現存在」が、「共同存在する他人たちを彼らにもっとも固有な存在可能において『存在』せしめる」ことであった（SZ, S. 298）。こうして「他人たちの『良心』（SZ, S. 298）となる覚悟的現存在は、他人たちと共に存在を思索して気遣いにそなわる時間的動性の存在論的構造を本来的に理解し、このなかで他人たちもまた覚悟的現存在となりえた（vgl. GA24, S. 407f.）。

この確認を念頭に考察すべきは、ハイデガーとエックハルトのあいだで共通性を確認可能な無差別概念である。これにオニシが注目した。

まず『存在と時間』で区別されたのは「本来態」と「非本来態」という「二存在態」だけではなく、「それらの様相的無差別」も登場していた（SZ, S. 53, S. 232）。このことにかんして渡辺は『ニヒリズム』でこう述べる。

「平均的日常性」の「無差別」に手懸かりを求めたとき、その「無差別」とは、元来、「本来性」にも「非本来性」にもともに通ずる、現存在の「形式的」な存在構造のことであったろうと思われる。だから実際、例えば「気遣い」は、さきにも挙げたように、現存在の存在論的な構造全体の「形式的」に実存論的な全体性、なのであった。しかしこの「形式的」な「無差別」は、「さし当たり大抵」は、「平均的日常性」における、「無差別」となって現われ、それは、「実質的」には、非本来的であることが、ほとんどなのである。(渡辺、二七六頁)

「ほとんど」だということは、そこからもれた例外があるわけだ。

現存在の本来態と非本来態の絡み合いを、ヘーゲル的な生成運動として解釈したい渡辺は(cf. 渡辺、二八〇頁)、もちろん超越論的ハイデガーによるエックハルト的思索の可能性を検討してはいないが、上記の指摘は重要である。というのも、エックハルトに言われる神性と人間の無差別はありふれた「生活」の「もっとも高貴な認識」が向かう先だったからである (vgl. DW II, S. 210)。このあたりの事情を気遣い概念の観点から明らかにするため、次節ではまずハイデガーとエックハルトのアウグスティヌス解釈を確認し、そのうえで両者に共通する無差別概念の極まるところを見定める。

二　エックハルトとハイデガーのあいだ

件のアウグスティヌス・テーゼだが、おそらく『存在と時間』第九節の次のものである。

> アウグスティヌスは「しかし、私自身にとって自分ほど近いものがありましょうか」と問い、「私はといえば、主よ、じっさいこの問題で骨を折り、しかも自分自身の問題で骨を折っています。私にとってまさにこの自分自身が、多くの困難と汗を要する畑となってしまったのです」と答えなければならなかった。このことは、現存在が存在者的、前存在論的には見通しえないことに当てはまるだけでなく、さらにいっそう存在論的課題に当てはまる。すなわち、現存在というこの存在者を**現象的にもっとも身近なその存在様相**において逸することなく、のみならず、積極的な特徴づけにおいてその存在者に近づくという存在論的課題である。(SZ, S. 43f.,『告白』、十巻、十六章、vgl. SZ, S. 427)

その「現象的に身近な存在様相」とは日常性のことであった。

私自身や私に生きられる時間のように、私にとって当たり前のことをあらためて問おうとすると、その事象自体が私から逃げてしまう。これは日常性の存在論的構造を哲学的に問うときも同じであり、そうした事象は「現象学的解釈学」にもとづいて吟味されなければならない。このようにアウグスティヌスを参照してハイデガーが強調したことをライルは『存在と時間』第一部第二編「現存在と時間性」にも見出し、それを「現象学の衣をまとった一種のエックハルト哲学」と呼んでいた。

つづいて考慮すべきは、エックハルトもまたアウグスティヌスの思索を独自の仕方で解釈し、いわば魂の実存的変容を指摘した点である。つまり、アウグスティヌスが注目した「大いなる深み」(『告白』、四巻、十四章)を魂のうちに見出し、エックハルトは自身の「突破」概念を示すが (DW II, S.

262, vgl. DW I, S. 562)、それを説明して彼は、有限的人間が魂の奥底で神をその「本質」において受容することだと述べる（DW II, S. 260）。ハイデガー的に強調すれば、魂の奥底でこそ、その「脱底（Abgrund）」という出来事が生起するわけだが（vgl. SZ, S. 152, GA26, SS. 270-272, DW I, S. 554）、エックハルト的に言えば、人間の魂は何も介さずに神を認識し、「神との一体的なあり方のうちにみずからがあるのを見出す」なか、「みずから自身を脱却しさえする」[10]。

「認識は真理と善性を突破し（durchbrechen）、純粋な存在へとみずからを投げこみ（vellen ûf lûter wesen）、名もなき神にふれる」（DW I, S. 92, vgl. S. 550, DW II, Predigt 71）[11]。「純粋な存在」となった人間のもっとも高貴な認識もまた、「父なる神」が「自己自身によって自己自身を脱底的に（abgründig）完全認識する」、この構造をそなえうるかぎり[12]、もっとも高貴な認識を遂行する魂の脱底的動性において人間は、神性という無へと離脱する。

神的人間が誕生する、その純粋な存在は無なのである[13]。

> この無（niht）に人間が導かれるのは純然たる離脱（abegescheidenheit）のなかにおいてであり、それ以外にない。このことにかんして、われわれはまたアウグティヌスが話した言葉を取り上げうる。つまり、「魂は神的本性への密かな或る通路をもつが、それは物一切が魂にとって無になるところであった」。この通路は地上にあって純然たる離脱にほかならない。（DW II, S. 454）

エックハルトにとって「無」への「離脱」[14]は「神性への密やかな通路」だが、超越論的ハイデガーにとっても、「存在と時間」の「と」を問うための通路は、一種の無である、みずからの死を可能的に了解し、世界の無に晒されることであった。「世界はそれがいかなる存在者でもないという意味で無である」が（*GA26*, S. 272）、「不安の無という明るい夜のなか」（*GA9*, S. 114）、個々の存在者すべてからその意味は脱け去り、世界それ自体が意味集合の可能無限的なコンテクスト全体性という裸形であらわになるとき、いかなる存在者のことも解釈的に了解しなくなった現存在は何者〈として〉も存在せずに〈誰でもない者〉となると同時に、自分に問うべき本来的な〈誰〉は自分に固有な存在可能性一般を指している。

「日常的な相互的共同存在」（*SZ*, S. 125）の場合、「現存在は誰か」という問いへの答えである「ひと（*das Man*）」（*SZ*, S. 126）は自分に固有なことを見失い、世間に埋没して取り替えのきく役割的存在者であるが、それゆえにむしろ「誰でもない者」（*SZ*, S. 128）であった。これに対して、覚悟的現存在は本来的に〈誰でもない者〉であると同時に、本来的な意味での〈誰〉である。[15]本来的に〈誰でもない者〉のその無はもちろん死とは異なるが、「不安の無という明るい夜のなか」、やはり或る種の人間的無でありつつ、本来的現存在は自身に問うた〈誰〉の意味が自身に固有な存在可能性一般であることを覚めて悟る。

このことを「時間性」の観点から言えば、世界一般が開かれる場の現存在は、「死」を自身に「将来する」最果ての「可能性」として了解するとき、「原事実」である「誕生」以来、これまで存在してきたことがあらためて「とらえ直され」、こうして死から誕生までの実存全体を見渡す「瞬間」を生きるということになる（SZ, § 72）。本来的に〈誰でもない者〉と化した現存在のその存在こそ、逆にむしろ、自分だけが与かりうる実存可能性一般の固有性を意味する本来的な〈誰〉をあらわにし、こうした本来的現存在が他なる本来的現存在と共同存在する。時間性の「脱自連関」の観点から言えば、"Ek-sistenz"を動性と静性の二契機で意味づける"Ek-stase（脱 - 自態）"に含まれた"Ek（外へ＝脱出）"という動的契機によって「現存在は将来的なものとしてその既在的な存在可能へと、既在的なものとしてその既在性へと、現持するものとして**他なる存在者**へと脱け出している（*ist … entrückt*）」（GA24, S. 377）が、本来的他者の存在も、脱自連関において「瞬視（Augenblick）」が際立つ仕方でみずから時熟する時間性から了解される。ハイデガーはこう述べる。

> 瞬視は覚悟して実存することの様態であり、その様態において現存在は世界内存在としてみずからの世界を眼差しのうちに収め、とどめておく。さてしかし、現存在は世界内存在として、同時に**他なる現存在との共同存在**であるから、実存する本来的な相互的共同存在もまた第一次的に単独化の覚悟性から規定されなければならない。覚悟する単独化からはじめて、そのなかではじめて、現存在は汝に対して本来的に自由であり、開かれている。（GA24, S. 407f.）

こうして本来的他者とのかかわりを意味づける仕方を含みながら、現存在がその存在全体をまなざす仕方を超越論的ハイデガーが提示できたかぎり、「これにもとづいて、結局は現存在の実存の本来態と非本来態の全体が可能になるゆえんを解明しており、そこには、現存在のあり方全体を見直す姿勢が認められる」（渡辺、二七三頁）。渡辺はこうした「本来性と非本来性の全体」を両者の「様相的無差別」と解釈するが、ここで思い起こすべきは、オニシが超越論的ハイデガーとエックハルトに共通する無差別概念を指摘した点である。オニシが『存在と時間』刊行直後の講義『現象学の根本問題』（*GA24*）から引用したのは、「自己と世界は、主観と客観のような二つの存在者でもなければ、我と汝のようなそれらでもなく、世界 - 内 - 存在の構造的一性にあって現存在自身の根本規定である」（*GA24*, S. 422）という一文であった。これを説明していわく、「世界は現存在が超越する先であり、現存在は世界と別々に実存するのでない」（Onishi, p. 10）。「こうしてハイデガーにとって現存在は世界と無差別であり、つまり、実存と無差別である」（Onishi, p. 10）。

渡辺が取り上げた本来態と非本来態の無差別と、オニシが取り上げた実存と世界の無差別とは、世界の無において本来的に〈誰でもない者〉にして本来的な〈誰〉という仕方で重なり合い、覚悟的現存在たちの出会いが生起しえた。次節では、その具体相を明らかにするため、ハイデガー的エックハルトの観点からイエスとマルタの高貴な日常を考察する。

三　ハイデガー的エックハルトの思索

覚悟的現存在たちの出会いにおける気遣いにかんしてハイデガーが思索しえた事柄は、マルタが、ナザレのイエスが口にする〝食事を気遣う（für das Essen sorgen）〟場面に見出せる。「共同存在」概念と「～のもとでの存在」概念が連動する様子が確認可能な場面である。こうある。

それは、愛しいマルタ、そして彼女と共に神の友である人びとすべては、気遣いにとらわれている（in der sorge）のではなく、気遣いをもっている（mit der sorge）ということであった。このとき、時間的行為（das zîtlich werk）は、何らかの仕方で神に沈潜することと同様に高貴（edel）である。というのも、この行為のおかげでわれわれは、われわれにわかちもたれうる最上なことと同じくらいに近しいことへと沈潜するからである……。（DW II, S. 220）

マルタと共にいる「キリストは、だからこそ、『汝は諸物のもと（bî）、気遣いのもとに立っている』とマルタに言い、彼女が卑近な思案でよく悲しみ憂慮していると思った」（DW II, S. 220）。妹のマリアと異なり、「彼女は、それゆえ、精神的甘美さ（süez）のなかで自分を甘やかすことはなかった」（DW II, S. 220）から、イエスと共に日常生活において諸物のもとに共同存在する本来態へと変容しえた。マルタは「なぜ汝は汝の行為をなすのか」と問われれば、「私はなす、そのことゆえに（dar umbe, das）なす」と答える以外になく、「汝はなぜ生きるのか」と問われれば、「私は生きる、そのことゆえに生きる」と答える以外にない（DW II, S. 70）。

イエスと日常生活を共にするマルタは「真理に与かる人間」であり、「なぜなしに（âne warumbe）

生きる」(DW II, S. 70)。

こうして有限的人間のマルタはイエスと共に諸物のもとで本来的に共同存在しながら、神性の無という無差別へと離脱していく。ハイデガーならば、本来態と非本来態の無差別、また、世界の無であらわになる実存と世界の無差別を読み取りうる場面である。エックハルト的に言えば、これは、日常生活のもっとも高貴な認識によって成就される無限にして全体的な無差別であった。次のように説明される。

マルタは、マリアがマルタを知るよりも、マリアのことを知っていた。それは、彼女は長いあいだ充分に生活してきたからであり、生活は**もっとも高貴な認識**(daz edelste bekennen)を与えてくれるからである。生活は喜びあるいは光よりも優れて認識するが、人間が神を除いてその生活に身をゆだねることとすべてを認識できる。(DW II, S. 210)

イエス・キリストは、僧侶的ではない日常に生きるマルタにむけて「汝、多くのことを悲しむ」と言い、「一つのことに悲しむ」とは言わなかった(DW II, S. 222)。神との共同なき本来的共同と言える本来的無、つまりは神的人間の無差別への通路は一つではない。「もっとも高貴な認識」を「生活」から受け取ったマルタも、その通路を保持している。エックハルトは、マルタのほうが一つのことに専心するカソリック僧よりも神性への通路は封じられにくいかもしれないとまで言う。

「時間的行為のおかげでわれわれは、われわれにわかちもたれうる最上なことと同じくらいに近しいことへと沈潜する」が、神へのマルタ的**エク**スターゼに含まれた**エク**の動性が可能にするのは、受肉したイエス・キリストという絶対的他者へとマルタは存在者的かつ存在論的に超越し、とはいえ**自分自身からも離脱すること**であった。同時に、マルタ的エク**スターゼ**に含まれた**スターゼ**の静性は、**マルタがマルタでなきマルタでいること**、言い換えれば、**最たるマルタでありつつマルタではないこと**を保持してもいた。

現世で死して神の永遠のなかにいるのではなく、なぜなしに生きて神性という無へと離脱するマルタにとっての通路は、イエス・キリストという本来的他者と共に食事や食器、食材といった世間的事物のもとに共同存在する日常生活のもっとも高貴な認識であった。

田島照久が指摘するように、エックハルトの「～のもとに（bî）」の意味は両義的であり[16]、物のもとに本来的に存在することも可能だが、このとき、本来的他者とのかかわりでは「汝のもとに（bî dir）」いるのではなく（DW II, S. 212）、「汝と共に（mit dir）」にいるのでなければならない（vgl. DW II, S. 246）。「汝のもとに（bî dir）」存在することに対応する「気遣いにとらわれて（in der sorge）」存在し、「諸物にとらわれて（in den dingen）」存在することにあっては（DW II, S. 214）、世界のアスペクト知覚を通じて限定された日常的状況に埋没する「頽落」となってしまうけれど、これに対して日常生活のもっとも高貴な認識にあって共同なき本来的共同という無は、「気遣いをもって（mit der sorge）」「汝と共に（mit dir）」「諸物のもとに（bî den dingen）」共同存在する仕方で生きるマルタの脱底的魂で生起しうる。

それゆえ「汝は気遣う（dû bist sorcsam）」という彼イエスの御言は、汝は諸物のもとに（bi den dingen）あるが、とはいえ、諸物は汝のなかにあるのではないことを意味した。気遣いをもつ人びとは妨げられることなく、この人びとになされたことすべてに与かる。妨げられることのない人びとは永遠の光を模範にしてその行為すべてを秩序正しく方向づける。（DW II, S. 214）

「神の御業すべてにあって神は縛られずに自由であり、正しい愛（minne）から御業をなす」が、「神と一つになった人間もまた同じようになす」（DW II, SS. 12-18）。

神的人間の自由である。

ここで思い起こすべきは、「覚悟する単独化からはじめて、そのなかではじめて、現存在は汝に対して本来的に自由であり、開かれている」（GA24, S. 407f.）という超越論的ハイデガーの指摘である。これは、ハイデガーという現存在自身のことをも論じている。方向を変えて言えば、たとえばガダマーは椅子に座りながら、他なる覚悟的現存在であるハイデガーとかかわるなかでみずから覚悟的現存在となり、「存在と時間」の全体連関を問うことができる。エックハルトならば、そうした出来事を説明して「われわれは時間において理性的になされたことから神に近づき、似ていく」（DW II, S. 216）と言うはずだが、それは、ガダマーがハイデガーと共に存在の思索へと歩み寄り、ハイデガーに似ていくということであった。

時間のなか、食材や食器のもとでイエスの食事を気遣うマルタがもっとも高貴な認識に与かるとき、それゆえに「……魂最上の力は物一切を離脱し、いかなる物とも共通なことを含まないが、この力はまさしく神自体を存在の広がりと充溢において受容する」(DW II, SS. 260-262)。「離脱は……無たることを求める」が(DW II, S. 438)、それは、瞬間的永遠における[17]「その無のうちに最大の受容性があるからであった」(DW II, S. 452)。マルタにとって「いかなることも、喜びと満足において、この合一、突破、至福に匹敵しえない……」(DW II, S. 260)。

イエスを気遣う日常生活のもっとも高貴な認識を通路にしてマルタの魂が突破していく先は、共同なき本来的共同をはらむ神性という無であった。これは、エックハルトと超越論的ハイデガーがわかちもちえた思索からあらわになった事柄である。

凡例

原書の *italic* による強調には傍点を付した。太字による強調と〔〕の補足は引用者。参照のさい、以下で示した略号をもちい、文中に(略号、参照頁)を付した。慣例に従い、文中の敬称は省略した。ご寛恕を請う次第である。

DW: Deusche Werk I & II, in: *Meister Eckhart Werke I & II*, Texte und Übersetzungen von Josef Quint, herausgegeben und kommentiert von Niklaus Largier, Deutscher Klassiker Verlag, 1993(1936).

GA: Martin Heidegger, *Gesamtausgabe*, Vittorio Klosterman.

Onishi: Bradley Onishi, Transcendence as Indistinction in Eckhart and Heidegger, in: *Religions*, MDPI, 2017.

SZ : Martin Heidegger, *Sein und Zeit*, 17te Auflage, Max Niemeyer, 1993(1927)

『ヨブ記』：『旧約聖書　ヨブ記』、関根正雄訳、岩波文庫、一九七一年。

『告白』：アウグスティヌス『告白』、山田晶訳、中公文庫、二〇一四年。

渡辺：渡辺二郎『ニヒリズム――内面性の現象学』、東京大学出版会、二〇一三年。

註

1 Vgl. Ernst F. Sauer, *Deusche Philosophen, von Eckhart bis Heidegger,* Musterschmidt Verlag, 1968. 有限的人間の側から「無からの創造」を理解すると、アダムが「最初の人間」と呼ばれたように必ず時間的順序が関係するが、その関係から離脱する仕方が問題である。順序すべてがありつつもない永遠に人間が或る時点でかかわったとき、その或る時点の順序性が消える仕方のことである。これは、説教五二「三つの内なる貧しさ」解釈の問題だが、「超越論的ハイデガー」の内的破綻をいっそう豊かに徹底しうる「超越論的エックハルトの可能性」への問いとなる。経験ではない経験の超越論的経験論において、この問いに答えることは稿を改めて論じる。

2 『エックハルト　ラテン語著作集Ⅰ　創世記註解／創世記比喩解』（中山善樹訳、知泉書館、二〇〇五年）の各所を参照。

3 Steven Crowell, Jeff Malpas, *Transcendental Heidegger,* Stanford University Press, 2007.

4 Gilbert Ryle, Heidegger's *Being and Time,* in: *Mind,* No. 38, 1928, p. 367.

5 Cf. Bernard McGinn, *The Harvest of Mysticism in Medieval Germanany (1300-1500),* Herder, 2005, Chap. 4.

6 Hans G. Gadamer, "Erinnerungen an Heideggers Anfänge" (1986), *Gesammelte Werke, Bd. 10*, Mohr Siebrek, 1995, S. 11.

7 「全体的な存在者」にかんしては、古荘真敬『ハイデガーの言語哲学——志向性と公共性の連関』（岩波書店、二〇〇二年）の第五節「存在者としての存在者」を参照。「全体的な存在者」とアリストテレスの"*kath'auto*"概念の関係や、ピュシスとロゴスの関係にかんしては別稿で論じる。

『存在と時間』、「根拠の本質について」、「形而上学とは何か」における「無と形而上学」の関係をハイデガー『哲学への寄与』の観点から解釈したものとして、前掲書の第八五節と第一四四～一四六節を参照（*GA65*, SS. 171-174, SS. 264-268）。

8 世界のアスペクト知覚にかんしては、拙稿「カテゴリー、純粋直観、図式——全体性の諸相をめぐって」（東北大学哲学研究会編『思索』、第五三号、二〇二一年）を参照。

9 この点は、『ブリタニカ草稿』関連の「ハイデガーからフッサールへの手紙」（メスキルヒ、一九二七年十月二二日、in: Edmund Husserl, *Husserliana, Bd. IV*, Nijhoff, 1968）を参照。

10 嶺岸佑亮「マイスター・エックハルトにおける認識の問題——語り得ないものを語るということ」（東北大学哲学研究会編『思索』、五二号）の一一〇頁以下を参照。嶺岸氏からは、註12を含め、エックハルト解釈にかんして多くのご教示を受けた。記して感謝します。

11 もっとも高貴な認識による突破は、以下を参照。Bernhard Welte, *Meister Eckhart, Gedanken zu seinen Gedanken*, 1992, in: *Bernhard Welte Gesammelte Schriften II/1*, Herder, 2007, Chap. 7.

12 Meister Eckhart, *Deusche Predgten und Traktate*, Herausgegeben und übersetzt von Josef Quint, Carl Hanser Verlag, 1963, S. 418. この説教五七は偽書の可能性があり、Deutscher Klassiker Verlag 版では採用されていないが、同版

でも「脱底」概念自体は、離脱によって神性という無を受容する魂の「貧しさ」を論じた説教五二に登場する。Vgl. DW I, S. 554.

13　第二主著『哲学の寄与』の他者論にもかかわる仕方でハイデガーが述べるに、「在る (Seyn) の本質には無 (Nicht) が属しているので (性起における転回としての成熟、**最後の神**を参照)、無には存在が属している」と述べられていた (*GA*65, §146, S. 267, vgl. §§142-145)。

14　「離脱」が晩年のハイデガーとヴェルテとの対話で話題となったことは、以下を参照。Bernhard Welte, "Erinnerung an spätes Gespräch", in: *Erinnerung an Martin Heidegger*, Neske, 1977.

15　本来的に〈誰でもない者〉については安部浩『「現」／そのロゴスとエートス——ハイデガーへの応答』(晃洋書房、二〇〇二年) の第一章「「本来的自己」とは我々のいかなるあり方か」を参照。本来的な〈誰〉概念にかんしては、本書第一章の信太光郎「誰が死ぬのか——ポレモスとオイコスをめぐる試論」の第一節「ハイデガーの「実存」について」を参照。

16　この点は、田島照久「エックハルトにおける離脱の教説——意志からの自由という観点から」(ハイデガー・フォーラム、第十五回大会、オンライン、二〇二〇年九月十三日) を参照。

17　Vgl. DW II, S. 274. 併せて田島訳『エックハルト説教集』(岩波文庫、一九九〇年) の二七五頁、注十八を参照。

コラム1

正戦論と永遠平和論
——中世からカントへ

宮村　悠介

人類が遠い昔から絶えず戦争を行なってきたこと、そして現代においても戦争がなくなってはいないことは、動かしがたい事実である。この事実を受け入れつつも、しかしそれに居直ることなく、戦争と平和をめぐって倫理学的にあるべき方向性を探るさいに、今日でも繰りかえし参照されている哲学的思考の伝統が主に二つあるように思われる。一つは「正戦論」と呼ばれる思考の伝統であり、ここでは事実として存在してしまっている戦争について、それが「正しい」ものと見なされうる条件が論じられる。こうした「正しい戦争」をめぐる議論はヨーロッパで古くから積み重ねられてきたもので、ヨーロッパの中世の神学、とりわけトマス・アクィナスの『神学大全』での議論に原型が求められることが多い。もう一つは、絶えざる戦争の存在という人類にとっての現実を克服し、永遠の平和という理想を実現するための方途を探る思考の伝統である。とりわけ冷戦終結以後にあらためて注目を集めているのは、カントの『永遠平和のために』で展開された平和論である。

中世哲学を扱う第三章と、近現代ドイツ哲学を取りあげる第四章のあいだに置かれたこのコラムでは、以上の正戦論と永遠平和論という二つの伝統を代表する、中世におけるトマスの議論と、近代ドイツにおけるカントの主張を、後者に軸足を置いて概観してみたい。

トマスの正戦論

トマスは『神学大全』の第二部第二第四十問で戦争を論じている。有名な正当な戦争の三つの条件は、その第一項において、「或る戦争は許されうるか（utrum aliquid bellum sit licitum)」という問いに答えるかたちで示されている。以下がその三つの条件である。

①君主の権威。戦争を引き起こすのも戦争のために人々を招集するのも、私人(persona privata) に属す事柄ではない。「国家を保護する」役目を委ねられている、君主の命令によって戦争は遂行されるのでなければならない。

②正当な原因。罪のない人々を攻撃するのは正しい戦争ではない。攻撃される人々が何らかの罪を犯しており、戦争はその罪を罰するために遂行されるのでなければならない。

③正当な意図。①と②の条件を満たしていてもなお、「歪んだ意図のために戦争が非合法的なものになることもありうる」。善の促進や悪の回避を意図して、戦争は遂行されるのでなければならない。

このトマスの三条件の特徴としては、現代の正戦論の枠組みで言えば、戦争の開始に関する正しさ（jus ad bellum）に議論が集中し、戦争中の戦闘行為の正しさ（jus in bello）は論じられていないことが、しばしば指摘される。同じ第四十問の第三項では、戦争中に策略を用いることの是非が問題とされてはいるものの、具体的な戦闘行為に対する制約は話題になっていない。その背景には、当時の戦争の規模や武器の破壊力が今日と比べればごくささやかなものであったという事情などもあるのであろうが、ともかくトマスは戦争を始めるさいの条件に議論を集中し、これが現代の"jus ad bellum"の議論にとっても一つの原型となっているのである。

このトマスの戦争論の『神学大全』における文脈にも注意が必要である。トマスが戦争を論じる第二部第二第四十問は、「平和に対立するところの罪」を考察する一連の問題のなかに位置し、戦争は他者との不和や争論などと並ぶ、平和に対立する罪の一つである。さらに平和の考察は、信仰、希望、愛という対神徳のうちの、愛という徳（caritas）の問題系に属する。つまりトマスにとって戦争は、正義や法の領域というよりは、究極的には愛と徳の領域に属する問題なのである。

カントの永遠平和論

これに対しカントの戦争と平和の議論は、もっぱら法の問題として論じられる。カントの最終的な実践哲学の枠組みにおいて、他者に対する「愛の義務（Liebespflicht）」も含めた、徳の義務を論じる「徳論」は、もう一つの「法論」からはっきりと区別される。平和は後者の中心問題である。『倫理の形而上学・法論』の「結び」によれば、私たちの実践的理性は打ち消しえない声で「戦争はあるべきではない」と語り、普遍的で永続的な平和を確立することこそが、「単なる理性の限界内の法論の全究極目的」をなすのである。この永続的な平和を創設するための具体的なプロセスを論じたのが、カントの『永遠平和のために』という作品である。

この『永遠平和のために』は、「補説」や「付録」を除けば、戦争の果てしない連鎖を防ぐための条件である六つの「予備条項」と、平和を揺るぎなく確立していくための方途である三つの「確定条項」からなる。後者については次のコラム2で詳しく見ていくことにして、ここでは「予備条項」の内容を確認しておきたい。以下がその六つの条項である。

①将来の戦争の種をひそかに保留して締結された平和条約は、決して平和条約とみなされてはならない。

②独立しているいかなる国家も、継承、交換、買収、または贈与によって、ほかの国家がこれを取得できるということがあってはならない。

③常備軍は、時とともに全廃されなければならない。

④国家の対外紛争にかんしては、いかなる国債も発行されてはならない。

⑤いかなる国家も、ほかの国家の体制や統治に、暴力をもって干渉してはならない。

⑥いかなる国家も、他国との戦争において、将来の平和時における相互間の信頼を不可能にしてしまうような行為をしてはならない。

以上の各条項は、秩序もなく列挙されているようにも見える。六つの条項を区分したり、これらのあいだに何らかの秩序を見出したりしようとするさまざまな試みがすでに存在しているが、ここでは平和の問題を愛や徳の問題としてではなく、あくまで法の問題として考察するカントの永遠平和論の視点に留意して、その特色を洗いだしてみたい。

カントにとって法とは、「ある人格の他の人格に対する外的な、それも実践的な関係」に関わるものであるが（『倫理の形而上学・法論』「法論への序論B」）、「予備条項」でも人格と人格の関係の規制という観点が随所で表面に現われている。たとえば第三予備条項の常備軍の廃止については、常備軍の存在が軍備の拡大競争の刺激となるという政治的な理由とともに、「人を殺したり人に殺されたりするために雇われること」は、人間が道具として用いられるということを含み、「私たち自身の人格における人間性の権利とおよそ調和しない」という理由が挙げられる。また第二予備条項では国家も一つの「道徳的人格」であるとされ、このゆえにある独立国家を他国が所有することが禁じられる。ある独立国家が所有されるならば、「道徳的人格である国家の存在を廃棄し、道徳的人格を物件にしてしまうこと」になるからである。こうした個々の人間という人格と国家という人格のアナロジーは第五予備条項にも見られる。「一般に、ある自由な人格が他の人格に悪い実例を示しても、それは他の人格を傷つけることにはならない」のと同じように、ある国家の内部における騒乱は、他国がその国家に軍事介入する正当な理由とはならないのである。

のちに言及する第四予備条項も含めて、これらの第二〜第五予備条項は戦争に至る原因をあらかじめ取り除こうとするものであるが、人格としての人間／国家という視点が、これらの条項に政治的な技術論に尽きない哲学的な議論の奥行きを与えている。なおトマスが議論の原型を与えた“jus ad bellum”について、カントは『倫理の形而上学・法論』の「国際法」第五七節で論じているが、当然のことながら永遠平和論の枠内では、戦争開始をめぐる正当性は問題とならない。ただトマスが主題的には論じなかった“jus in bello”にあたる内容は、『法論』のみならず永遠平和論の枠内でも論じられ、戦時中の卑劣な戦略の使用を禁ずる第六予備条項がそれにあたる。ここでもそうした戦略使用の是非は、人格と人格のあいだの問題として考察される。暗殺者の雇用や裏切りの教唆は、戦闘行為の最中にも残っているはずの「敵の志操に対する信頼」を根こそぎにし、平和の締結を不可能に、殲滅戦争を不可避にする。戦争のただなかにあっても、国家という人格と人格のあいだの信頼関係は維持されなければならないのである。また「戦争中の権利（Recht im Kriege)」の問題として同様の戦闘行為の禁止を説く『倫理の形而上学・法論』「国際法」の第五七節によれば、たとえ攻撃に対する防衛のためであれ、スパイや毒殺者の使用といった卑劣な手段を用いることで、永遠平和を確立するための信頼関係を破壊する国家は、自分自身を「国際法に従う国家関係において、一つの人格としてみなされるに値しないものにする」。またカントは明言していないものの、ある個人がスパイや暗殺者として雇用されることも、「私たち自身の人格における人間性の権利」と両立しえないであろう。このようにカントは戦争と平和の問題も、人間および国家という、人格と人格のあいだの問題として論じるのである。

二つの伝統を貫くもの

これまで見てきたトマスの正戦論とカントの永遠平和論を比較するならば、それぞれの議論の時代背景や性格に由来する、"jus ad bellum" と "jus in bello" に関する議論の分量の配分の違いなど、さまざまな違いが指摘できるが、ここではまず人格という観点に注目したい。

トマスは正当な戦争の第一の条件として、公の事柄にかんして何の権限もない「私人(persona privata)」ではなく、国家の守護者である君主の命令によるものであることを挙げていた。ここには中世的なヒエラルキーにもとづく人間観が認められるが、もちろんこうした君主への信頼をカントはトマスと共有できない。むしろ永遠平和論では、君主の好き勝手な戦争遂行を制限することが重要な問題となる。第四予備条項で対外戦争のための国債発行の禁止が求められるのは、「戦争遂行の気安さ」が「権力者の戦争癖」と結びつくのを恐れてのことである。また次のコラムで確認する第一確定条項では、共和的ではない国家体制において、元首は国民に賛同を求めることなく「取るに足らない原因から戦争を一種の遊戯のように決定し」うるから、各国家に共和制が必要であるとされる。

そして人間の何らかの階層や職分の観点からではなく、徹底して「目的それ自体としての人格」という観点から戦争と平和の問題も論じようとするカントの永遠平和論には、カントの哲学の基本的発想が、さらには近代ヨーロッパの基本的な人間観が認められるであろう。戦争準備のため人びとを招集しようとする君主の権威を、人を殺すための道具や手段として扱われてはならない個々人の人格の尊厳が凌駕するのである。さらにカントは、一つの道徳的人格であると見なす国家と国家のあいだの問題も、人格としての人間と人間のあいだの問題と類比的に論じていく。こうした国家を一つの人格として捉え、個々人と類比的に論じるカントの発想には批判もあるが、第三章で見るようにホッブズも国家を人格と見なしており、カントの人格概念を援用した平和論には、近代的な人間観とともに近代的な国家観も認められるといえるかもしれない。

さて戦争と平和が人格と人格のあいだの問題として論じられるのは、戦争と平和が法の領域に属するからであった。この点にトマスと比較しての、カントの議論の制限があるかもしれない。トマスは戦争が正当なものであるための条件として、正当な意図を挙げていたが、これは現代の標準的な"jus ad bellum"の議論にも引き継がれている。これに対しカントの「法論」は、行為の動機も問題にする「徳論」に対し、動機には立ち入らず外的な人格と人格の関係に関わるものにすぎない。そのためカントの戦争と平和をめぐる議論においては、戦争を遂行するうえでの動機や意図をめぐる考察は乏しい。"jus ad bellum"の議論が登場しない『永遠平和のために』はもちろん、"Recht zum Kriege（戦争への権利）"が論じられる『倫理の形而上学・法論』「国際法」の第五六節でも、問題になるのは各国が所持している戦争への「権利」だけであって、その権利を行使するさいの意図は話題にならない。もちろん正しいはずの意図が、悲惨極まりない結果をもたらすこともあり、正当な意図が行為を神聖化するものであってはならない。とはいえ戦争も人間の行為である以上、その意図はつねに重要な問題であるはずである。

ただ戦争と平和の問題をめぐって、カントに人間の内面に対する視点がまったく欠けているわけではない。平和実現のための個々の方策ではなく、そもそも平和など実現可能であるのかという問いの次元において、人間の主体的なあり方がカントの議論の視野のなかに入ってくる。とりわけ宇都宮芳明によるカントの平和論解釈が着目していたように、『理論と実践』においてカントは、戦争の克服も含めた人類全体の道徳的改善を、理論的に可能性を判定すべき問題としてではなく、「私の生得的な義務」として論じていた。そして同じ『理論と実践』の末尾でカントは、あらゆる国家が同じ国際法に従うことによる、国家間の戦争状態の克服と平和の実現の途を示したのちに、そのような提案は「実践には向かない」とする、現実主義者を気取る者からの反論を想定している。こうした想定された反論に対してカントは、「権利と義務に対する尊敬」がまだ生きているという、人間の本性を持ち出す。さらに人類がいつまでも戦争という悪のなかに沈んでいるとは「私は考えることはできない、もしくは考えることを欲しない（halten kann oder will）」と応答している。ここには『基礎づけ』での不完全義務を例とする定言命法の説明に見られた、「意欲することは不可能である（unmöglich, zu wollen）」に通じる発想が認められるが、カントにとって永遠平和の可能性は、究極的には技術や政治理論の問題には尽きず、人間の主体的な意欲にもとづく問題なのであった。

そして人間が必然的に平和を欲する存在であるということは、正戦論の古典的な論者たちにも共通の見解である。トマスによれば、「すべて欲求する者は平和を欲求することが必然的」であって、現実に存在する戦争も、戦争自体を目的として戦われているのではない。「すべて戦争する者は、戦争を通じて、さきに有したものよりもより完全な平和に到達することを追求している」のである（『神学大全』第二部第二第二九問第二項）。こうしたトマスの見解は、ヨーロッパの正戦論の源流ともみなされる、アウグスティヌスにまで遡ることができる。アウグスティヌスによれば、人間の本性をわずかでも観察した者ならば、「よろこぶことをのぞまない者はだれもいないように、平和を得ることをのぞまない者はだれもいない」ことを認めるであろうし、人が戦争を欲するときにも、戦争自体を究極の善として欲しているのではない。むしろ、「人はたたかうことによって栄光ある平和に至ることを切望しているのである」（『神の国』第十九巻第十二章）。

戦争と平和の問題を考えるにあたって、戦争が今も昔も絶えず存在してきたことは、目を背けることのできない基礎的な事実である。しかしこの事実ばかりを強調するだけでは、現実への居直りしか生まれないかもしれない。正戦論と永遠平和論の古典的な論者たちにとっては、戦争の存在だけでなく、人間の平和への希求も、同じく否定しがたい根源的な事実であった。こうした人間の本性に根ざした希求は、現代において私たちが戦争と平和を正しさや倫理の問題として考察するときにも、見失われてはならない原事実であるように思われる。

参考文献

アウグスティヌス『神の国（五）』（服部英次郎・藤本雄三訳、岩波文庫、一九九一年）
トマス・アクィナス『神学大全　第十七冊』（大鹿一正監訳、創文社、一九九七年）
カント『永遠平和のために』（宇都宮芳明訳、岩波文庫、一九八五年）
山内進編『「正しい戦争」という思想』（勁草書房、二〇〇六年）

宇都宮芳明『カントの啓蒙精神』（岩波書店、二〇〇六年）
加藤尚武『戦争倫理学』（ちくま新書、二〇〇三年）

［付記］本コラムは、持田睦、横地徳広編著『戦うことに意味はあるのか——倫理学的横断への試み』（弘前大学出版会、二〇一七年）からそのコラム２を今回の増補改訂版に再録したものである。

コラム2

もう一つの永遠平和論
——カントから二十世紀へ

宮村　悠介

カントの『永遠平和のために』が出版されたのは一七九五年のことであり、翌年の一月には、フィヒテがその書評を発表している。I・E・フィヒテ版では十頁ほど（Bd. VIII, SS. 427-436）の、これまであまり注目されてきたとは言えないこの書評が、近年になってしばしばとりあげられ検討されている。この書評が発表された四ヶ月後には、すでに前年に書きあげられていた、フィヒテの『知識学の原理による自然法の基礎』（以下『自然法論』と略記）の第一巻が公刊されており、この書評の視点はフィヒテの自然法論によって裏打ちされている。さらに、先立つ『全知識学の基礎』などの知識学に関する作品群との関係が問われうるとともに、以降の国家論や政治哲学につながる発想も確認することができるこの書評は、フィヒテの知識学の国家論や政治哲学への展開のなかで重要な位置を占めるものと見ることができる。またカントの『永遠平和のために』の観点から見てもこの書評は、当時の思想界における一つの反応として興味深いし、当時すでに自立した思索者としての地盤を構築していた哲学者による、カントとは別のもう一つの永遠平和論の構想としても、今日省みられるに値する意義を備えているように思われる。

このコラムではフィヒテのその書評、「カントの『永遠平和のために』論評」（以下『永遠平和論』論評」と略記）を中心に、カントの永遠平和論に対するフィヒテの反応と、フィヒテによるもう一つの永遠平和論の構想を概観する。ただこのささやかなスペースでは、フィヒテの平和論の構想の諸論点を満遍なく見渡すことはできない。先のコラムおよび第四章と同様の視点、つまり人格と戦争・平和という観点を中心に据えて、カントとフィヒテの平和論の構想を比較対照し、さらには第四章でとりあげたシェーラーの時代までを展望してみたい。

「予備条項」をめぐるカントとフィヒテ

『永遠平和論』論評」は、簡単な前置きのあと、六つの「予備条項」と三つの「確定条項」、そして「補説」と「付録」という、カントの『永遠平和のために』の順序に従って、それぞれ基本的な内容の紹介やフィヒテによるコメントが記されていくという構成になっている。

『永遠平和のために』の「予備条項」の内容は、先ほどのコラムで確認した通りであるが、この「予備条項」に関しては、フィヒテは自説の展開よりもカントの議論の紹介に徹しているようにも見える。ただ先ほどのコラムで注目した、「人格としての人間と国家」というカントの視点が、フィヒテの紹介では完全に拭い去られていることが注目に値する。カントは第三予備条項で常備軍廃止の理由の一つとして、兵士として雇われることは、人格としての人間が道具として使用されることを含むという理由を挙げていたが、フィヒテはカントの第三予備条項について、常備軍の存在が「それ自体で戦争の原因となる」という政治的な理由しか紹介していない。またカントは第二予備条項での国家の取得の禁止についても、国家は売り買いされてはならない、一つの「道徳的人格」であるという理由を挙げていたが、この論点もフィヒテは完全に素通りしている。永遠平和との関連においては、或る国家による他の国家の取得が、多くの戦争の原因であることを指摘するだけである。

後者の点についていえば、カントや第四章でとりあげたシェーラーとは異なり、フィヒテはそもそも国家を一つの独立した人格とは考えていない。一七九七年に公刊されたフィヒテの『自然法論』の第二巻によれば、「国家自体というのは、抽象的概念として、なにものでもない。市民そのものだけが、現実的人格である」のである(『自然法論』「第二補論」第四節系)。またフィヒテは『自然法論』の第一巻において、法の原理を道徳の原理から独立に、ひたすら自己意識の成立条件としてだけ「演繹」していた。そしてカントの『倫理の形而上学』「法論」が発表される以前の、『自然法論』第一巻や『永遠平和論』論評」の時点のフィヒテにとっては、『永遠平和のために』こそがカントの「法論」であった。カントの『永遠平和のために』で話題となる、兵士としての雇用や道徳的人格の売買という、戦争にまつわる非倫理的な人格の尊厳への冒涜について、フィヒテがまったく言及しないのは、法の領域を道徳の領域から独立に確立しようとする、『自然法論』でのフィヒテの立場と努力のゆえであるのかもしれない。

「確定条項」をめぐるカントとフィヒテ

『永遠平和論』論評」においてフィヒテの踏み込んだ発言が見られるのは、『永遠平和のために』の「確定条項」をとりあげる部分においてである。カントは『永遠平和のために』で、平和を確立するための積極的な方途として、以下の三つの「確定条項」を掲げていた。

①各国家における市民的体制は、共和的でなければならない。
②国際法は、自由な諸国家の連合制度に基礎を置くべきである。
③世界市民法は、普遍的な友好をもたらす諸条件に制限されなければならない。

これらの三つの条項のうち、①の第一確定条項はそれぞれの国家の体制のあり方に、②の第二確定条項は諸国家のあいだに形成される体制のあり方に、そして③の第三確定条項は同じ「世界市民」としての、所属する国家を異にする人びとの関係のあり方に関わる。

第一確定条項での「共和的」な国家体制とは、カントにおいては立法権と執行権が分離された体制であり、両者が区別されない「専制的」体制と対比される。カントによれば前者こそが、「永遠平和への期待にそった体制」なのである。また第二確定条項に関してカントは、「一つの世界共和国という積極的理念」ではなく、その消極的な代替物であるとされる、国家間の「連合（Bund）」に、現実的な永遠平和のための国家間の体制を求める。第三確定条項ではよく知られている、すべての人間に属するという、外国への「訪問の権利」が論じられることになる。

これに対しフィヒテは、第一確定条項での立法権と執行権の分離に関しては、執行権に対比されるべき権力について「より詳しい規定」が必要であると指摘する。『自然法論』「緒論」の、「カントの法論」（この時点のフィヒテにとっては『永遠平和のために』のこと）に言及する箇所によれば、カントは「国家において法を保証するためには立法権と執行権を分離すれば十分である」と想定しているように見えるが、この区別は実行不能であるし、必要不可欠なものでもない（『自然法論』「緒論」Ⅲ）。『永遠平和論』論評」でも論じられるように、執行権力による法の運用に縛りをかけるためには、人民の自由と権利が危険にさらされた場合に「執行権を弾劾するために人民を招集する」、監督官の制度を設ければよいとフィヒテは考える。このフィヒテの国家論に特有のアイディアは、『自然法論』における「公共体の概念の演繹」の論脈で、積極的に展開されることになる。

また第二確定条項に関する国家間の体制については、フィヒテは「カントによって提起された平和の維持のための諸民族の連合」は、一つの中間的状態にすぎず、諸国家が戦争状態から抜け出すためには、諸国家が「多民族から構成される一つの国家に統合する」しかないと説く。永遠平和の実現の方途として、積極的な世界国家を採るべきか、それとも消極的な国家間の連合を選ぶべきなのかは、現代でも議論されつづけているカントの永遠平和論をめぐる重要な一争点であるが、フィヒテは『永遠平和のために』の刊行直後の時点ですでに明確に、前者の選択肢を支持していた。この論点における見解の相違に、論理的一貫性を強く志向するフィヒテの理想主義と、カントの現実主義という、両者の基本的な思考の特質の違いを確認することもできるだろう。

第三確定条項についてのフィヒテの言及は簡単なものにすぎないが、他国に入るというだけで「敵対的に扱われることがあってはならない」という、訪問の権利をめぐるカントの主張を紹介したうえで、国内法の原則からいえば、国家は外国人を敵対的に扱う「完全な権利を持っているであろうが」、とただし書きをつけている。特定の国家に依存しない、「世界市民」の次元におけるカントの議論に対するフィヒテの態度はかなり冷淡であり、こうした世界市民的な視点の欠如が、今日的な観点からすると、フィヒテの永遠平和論の魅力をかなり減じているように見える。ただ他方で、カントは『永遠平和のために』の「補説」において、戦争とは両立しえないという国境をまたぐ商業精神が、諸国家に平和を促進するように強いるであろうことを、永遠平和の保証の一つとして挙げていたが、今日から見るとこの点でカントは楽観的に過ぎたかもしれない。カント以降の時代における、軍需産業が商売のために国家を戦争へと駆り立て、また経済活動のグローバル化と現代的な戦闘行為が結びつく、商業と戦争をめぐる現実を今日のわれわれは知ってしまっているからである。これに対しフィヒテは「『永遠平和論』論評」で、カントの説く商業精神の世界平和への寄与の可能性に対しては、懐疑的な見解を示している。商業活動は世界平和に寄与するどころか、他の諸民族や諸大陸の抑圧という不正を生んでいるのが現状である。そうした不正な商業活動によって外国のものを収奪することよりも、「自分たちの占有しているものを確かなかたちで保持することのほうをより好むようになるとすれば」、他国への侵略を望まない、法と理性にかなう国制が生まれるはずなのである。こうしたフィヒテのアイディアは、他国との通商交易を閉鎖した「閉鎖商業国家」を実現することで、戦争の原因となる国家の拡張欲を、ひいては戦争そのものを克服しようとする、一八〇〇年の『閉鎖商業国家』での議論につながっていくことになる（『閉鎖商業国家』第三篇第三章）。

永遠平和と「真の戦争」

このように「永遠平和」への方途をめぐる、カントとフィヒテのあいだの小さなものにも見える意見の相違の背後には、決して小さくはない両者の思考の特質の違いがある。特にカントの世界市民主義とフィヒテの国家という枠組みに強く依拠した発想の対立は重要であろう。そしてその後の歴史は、両者の違いを際立たせるように作用することになった。

カントとフィヒテに共通の、同時代的な世界史上の出来事は何と言ってもフランス革命であった。カントは最晩年の『諸学部の争い』において、フランス革命は「悲惨と残虐行為に満ちており」、その行く末は定かではないが、この革命があらゆる観客のうちに共感を呼び起こしたことを指摘する。そしてこの特殊な利害や党派的な関心から自由な普遍的な共感は、その原因としての「人類のうちなる道徳的素質」の存在を推測させる。それゆえこの「私たちの時代の出来事」は、人類のよりよい方向への進歩の、またその進歩を妨げる「戦争（すべての禍と道徳の腐敗の源泉）を防止」することの、証拠とみなしうるのである（『諸学部の争い』第二部6）フランス革命を永遠平和が実現することの保証と見る点では、『『永遠平和論』論評』のフィヒテも変わらない。革命後のフランス共和国という「ヨーロッパにおける大いなる共和国の成立」は、他の諸民族にとってもよき国家体制の創出への歩みのきっかけとなり、そうした諸国家のあいだには「諸民族の法の関係、永遠平和がおのずから実現されよう」と、一七九五年頃のフィヒテは考えていた。

ただその後のフィヒテは、ナポレオンによるドイツへの侵攻とヨーロッパの支配という、フランスに由来する困難な政治的状況に直面することになる。そのなかでフィヒテの国家と政治をめぐる思想も、ドイツの独立という現実的な問題のほうへ傾いていくことになる。ここでは最晩年(一八一三年)の『国家論』講義だけに簡単に目を向けておくと、この講義でも『永遠平和論』論評」と同様に、中間的状況にすぎない消極的な諸国家の「連合」ではなく、積極的な諸民族からなる世界国家による平和の実現という構想は維持されている。「地上の人間種族全体が、内的に結合した唯一のキリスト教国家によって包摂され」ることで、世界における「永遠の平和と永遠の同盟」が実現されるのである(『国家論、すなわち、原国家と理性の国との関係について』第三篇末尾)。とはいえナポレオンに対する戦争は、永遠平和を望むからといって回避することは許されない、「真の戦争」あるいは「本来の戦争」である。ナポレオンによる支配下のように、民族の自立と自由が脅かされるときには、「誰でも、人格をかけて、代理ぬきに(für Person, ohne Stellvertretung)……生死を賭けた戦争が課せられる」のである(同講義第二篇)。

そして第四章の主人公の一人であったシェーラーもまた、フィヒテと同様の、ドイツの危機とヨーロッパ全体を巻き込んだ戦争の時代に、ドイツの戦争を擁護していた。シェーラーは第一次世界大戦の初期に、ドイツの戦いを擁護する文章を執筆し、『戦争の精神とドイツ戦争』というタイトルの著作を刊行している。この作品の冒頭によれば、このたびの戦争は「フランス革命以来でもっとも崇高」であるという、「道徳的世界における唯一無二の出来事」である。そしてこの書でのシェーラーの正戦論を支えているのは、第四章でも論及したシェーラーの西欧近代への批判である。シェーラーはアプリオリな価値の秩序において、本来もっとも低次の有用価値を、生命価値等の他の価値以上に重視するのが、資本主義の進展に伴う西欧近代の深い錯誤であると考えるが、『戦争の精神とドイツ戦争』では、この価値の錯誤の原因である資本主義そのものが、ドイツの敵国であるイギリスに投影される。このたびの戦争は「さしあたりそして究極的にドイツとイギリスの戦争」であり、この戦争の世界史的な意義は「かの新資本主義的な世界様式一般からの解放を目指す」ことにある。この時期のシェーラーが説くところでは、イギリスに対する戦争はただちに、「資本主義とその生長一般に対する戦争でもある」のである（『戦争の精神とドイツ戦争』「戦争の精神」2）。

その後シェーラーのドイツ擁護の論調は弱まっていき、第四章で確認したような、キリスト教の精神に基づくヨーロッパの協調や、「調和の時代」における全世界的な交流といった論点が前面に出てくることになるものの、シェーラーが一時期自分の価値論によって、ドイツの戦争を擁護しようとした事実自体は動かせない。先のコラムの末尾で指摘したように、われわれの平和への深い希求は、戦争と平和をめぐる倫理学的思考がつねに立ち戻らなければならない、一つの原事実であるだろう。ただ他方では、切迫した現実である戦争を、倫理や価値に関わることば――「正しい戦争」であれ「聖なる戦争」であれ「真の戦争」であれ「資本主義に対する戦争」であれ――によって擁護しようとする傾向も、同じくらい深い人間存在の欲求であるのかもしれない。われわれ現代に生きる人間も、フィヒテやシェーラーの時代に比べて、そうした欲求からより自由になったわけでは決してないだろう。そうであるならば、「正戦論」だけではなく、フィヒテやシェーラーによるドイツの戦争の議論もまた、現代のわれわれ自身の問題でもあるのではないだろうか。

参考文献

フィヒテ『フィヒテ全集　第六巻　自然法論』（藤澤賢一郎／杉田孝夫／渡部壮一訳、哲書房、一九九五年）※「カントの『永遠平和のために』論評」も収録している。
フィヒテ『フィヒテ全集　第十六巻　閉鎖商業国家・国家論講義』（神山伸弘／柴田隆行／杉田孝夫訳、哲書房、二〇一三年）
カント『カント全集　十八　諸学部の争い・遺稿集』（角忍／竹山重光他訳、岩波書店、二〇〇二年）
ジェームズ・ボーマン、マルティアス・ルッツ‐バッハマン編『カントと永遠平和　世界市民という理念について』（紺野茂樹、田辺俊明、舟場保之訳、未来社、二〇〇六年）
新川信洋『カントの平和構想――『永遠平和のために』の新地平』（晃洋書房、二〇一五年）
栩木憲一郎「カントの『永遠平和のために』とフィヒテの書評」（千葉大学大学院人文社会科学研究科編『千葉大学人文社会科学研究』第二三号所収、二〇一一年、一四八〜一五九頁）
栩木憲一郎「フィヒテにおける永遠平和に向けた政治思想の展開について」（千葉大学大学院人文

社会科学研究科編『千葉大学人文社会科学研究』第二四号所収、二〇一二年、七八～九四頁）

［付記］本コラムは、持田睦、横地徳広編著『戦うことに意味はあるのか――倫理学的横断への試み』（弘前大学出版会、二〇一七年）からそのコラム３を今回の増補改訂版に再録したものである。

第4章　ホッブズ的人間のゆくえ

——人格の倫理学のために

宮村　悠介

序

近代ヨーロッパの深刻な危機を告げる出来事となった、第一次世界大戦の開戦から百年以上が過ぎている。さまざまな近代ヨーロッパ由来の価値観や人間観が、ますます遠い過去のものとなりつつあるようにも感じられるなかで、或る近代ヨーロッパ由来の人間観だけは、今日不気味なほどリアリティを増してきているように思われる。それはホッブズの「闘争する人間」という人間観である。今世紀の初めからつづくいわゆる「低強度紛争」は、いまだにこの世界の全体を覆い尽くしており、日本人も本人の意識に関わらず否応なく、その「低強度紛争」の当事者として攻撃されうることは、近年の北アフリカや中東でのショッキングないくつかの事件が思い知らせた事実である。この国の周辺でも、国境の島々をめぐる隣国との緊張は日々のニュースの一部となり、まるで開戦前夜であるかのような言説も人目を驚かすものではなくなってしまった。「万人の万人に対する戦争」は、ホッブズの時代に劣らず現代においても、人と人のあいだをめぐる否定しがたい根源的な事実であるようにも見える。[1] 今日でもなおひとは、ホッブズの人間観を受け入れるしかないのだろうか。

本章ではそうしたホッブズの人間観を、同じく近代ヨーロッパに由来し、今日の社会にも息づいているように思われる、「人格としての人間」というもう一つの人間観との関係において再考してみたい。ひとを「人格として尊重すること」は、今日の社会の基本的なルールの一つであり、また誰かの「人格を傷つけること」は、とりわけ厳しく非難されるふるまいである。本章でものちに簡単に触れるように、ホッブズもその政治哲学のなかで独特な人格論を展開しているが、倫理学の観点から考える場合に興味深いことに、それぞれ独特な人格概念を中核に据えて倫理学の古典的な作品を残した、近代ドイツのイマニュエル・カントと二十世紀ドイツのマックス・シェーラーが、ホッブズの人間観に対して対照的な態度をとっている。この二人の倫理学者の、ホッブズの人間観に対する態度を比較検討する作業を通じて、「人格としての人間」とホッブズ的な「闘争する人間」という、主に西洋近代に由来する二つの人間観を、今日的な観点から再考することが本章の課題である。

シェーラーの主著『倫理学における形式主義と実質的価値倫理学』（以下『形式主義』と略記）には、「ホッブズの人間」と「カントの実践理性」が互いを前提としあう関係にあることを指摘する、シェーラーの文章のなかでは比較的よく知られた一文がある。[2] 本章が考察の出発点とするのは、この箇所での「ホッブズの人間」と「カントの実践理性」をめぐるシェーラーの認定である。

世界がまず粉々にされて感覚の寄せ集めとなり、同様に人間も……諸々の衝動のカオスとなるなら、もちろん自然的な経験の内実へと帰還させる、活動的な組織化する原理が必要である。端的に言えば、ヒュームの自然は、現に存在するためにカントの悟性を必要とするだろうし、ホッブズの人間はカントの実践理性を必要とするだろう。両者が自然的経験の事態へとふたたび近づくべきであるかぎり、そうなのである。とはいえヒュームの自然とホッブズの人間という、この根本的に誤った前提がなければ、先の仮説は必要ないし、それとともにまた、アプリオリなものをそうした組織化する活動の「機能法則」と解釈することも必要ないのである（G. W., II 85）。

ここで批判されているのは、ばらばらな多様を結合し組織化する、自発的な思惟の活動の成果として「アプリオリ」を理解するカントの発想である。シェーラーはそうした「アプリオリ」の理解の前提に、自然を諸感覚の寄せ集めに、人間を諸々の衝動の寄せ集めに還元して考える、イギリス経験論とカントに共通の発想があることを指摘する。ホッブズ、ヒューム、そしてカントらが思考の前提としたように、自然や人間がばらばらで秩序を欠く諸々の要素から成り立つものであるなら、何ほどか秩序を備えた自然や人間についての通常の経験が可能となるためには、諸要素を結びつけ秩序立てる、カントの悟性や実践理性が必要となる。だがそもそも自然や人間が無秩序な諸要素からなるとする前提を採らなければ、カントの悟性も実践理性も必要はない、とシェーラーは主張する。

ここではヒュームの自然とカントの悟性の問題には立ち入れないが、「ホッブズの人間」と「カントの実践理性」についてのシェーラーの指摘は、本質なところを突いているように思われる。カントの実践哲学、とりわけその政治哲学の根底には、闘争する人間や戦争状態としての自然状態という、ホッブズ的な発想が一貫してある。それどころか『純粋理性批判』のカントは、ホッブズ的な自然状態の理解をもとに、理性批判という「法廷」の必要性を訴えてすらいる。「ホッブズの人間」は、カントの実践理性ばかりでなく、いわば理性批判を遂行する理性をも必要とするのである。

このようにカントによるホッブズの人間観の受容はかなり深く、その影響はさまざまな文脈に及んでいる。そのうえでカントは、自然状態では避けがたい全面的な闘争の状態を克服すべく、政治においても哲学においても「永遠平和」の途を模索する。これに対し、「ホッブズの人間」も「カントの実践理性」も採らないシェーラーの場合には、カントとはまた異なった、人と人のあいだ、国家と国家のあいだの平和や協調への展望が示されることになるはずである。そしてこうした「ホッブズの人間」と平和をめぐる異なった思考の道筋の根底にあるのは、両者の「人格としての人間」と、人格と人格のあいだをめぐる哲学である。[3]

一　カントにおける「ホッブズのイデアール」

くりかえしになるが、カントによるホッブズの人間観の受容は、おそらくシェーラーが考えていたより深く、その影響は「理性批判」のプロジェクトも含めた、カント哲学のさまざまな文脈に及んでいる。まずそのカントにおけるホッブズの人間観と自然状態論の受容の様子を確認しておきたい。[4]

自然状態をホッブズ的なものと考えることは、比較的早くからのカントの発想である。『純粋理性批判』に十年以上先立つ一七六〇年代の「覚書」ではすでに、「自然状態（der Stand der Natur）」という語が「ホッブズのイデアール（ein Ideal des hobbes）」と言いかえられている。ここで「自然状態」とは「単に自然的な、つまり粗野な人間の外的関係についてのイデアール」を意味するが、この「ホッブズのイデアール」においては、「事実ではなく、自然状態における権利（das Recht）が考察される」（A. A., XIX 99f.）。このようにカントは早くから、自然状態をホッブズ的なものと考え、しかもそれを実際に過去に存在した歴史的段階ではなく、法や権利を考察するための一つの「イデアール」として捉えていたようである。こうしたホッブズ的な自然状態のイメージは、これから見るように『純粋理性批判』でも重要な箇所で活きているのだが、とりわけ一七九〇年代のカントのテクストで表面化する。たとえば一七九三年の著作『単なる理性の限界内の宗教』（以下『宗教論』と略記）でカントは、「人間の自然状態は万人の万人に対する戦争である」という「ホッブズの命題」を取り上げ、このホッブズによる自然状態の理解にほぼ全面的に賛同している。カントが「ホッブズの命題」の修正すべき点として挙げているのは、現実の敵対行為だけでなく武装の必要がある敵対状態まで含めるために、「万人の万人に対する戦争（*bellum*）」ではなく、「戦争状態（*status belli*）」と改めるべきであるという（A. A., VI 97 Anm.）、注意深く理解すればそもそもホッブズの自然状態論にも含まれていた論点だけである。[5] 同様の指摘は一七九〇年代の実践哲学関係の講義録である「ヴィギランティウスの倫理の形而上学」にも登場し、ここでもホッブズの “bellum omnium contra omnes” の冒頭を、“status belli” と変えることを（お節介にも?-）提案したうえで、これが「理念における自然状態」であると説いている（A. A., XXVII 591）。

このようにカントの自然状態の理解には、「万人の万人に対する戦争」というホッブズ的なイメージが一貫して認められる。[6] そしてこうした戦争状態は、国家設立以前の人と人のあいだにだけ見られるのではない。前段落で言及した講義録の文脈で「戦争状態」とされていたのは、「諸国家の相互の現在の状態」であり（ibid.）、国家と国家のあいだにもホッブズ的な「戦争状態」は見出される。公刊著作では『倫理の形而上学・法論』の「国際法」の部分において、国家はその相互関係においては「非-法的な状態」にあり、この状態は「実際の戦争」ではないにしても、やはり「戦争の状態」であるとされる。それゆえ諸国家はここから脱し、「根源的な社会契約の理念」にかなう国際的な連合に参入しなければならないのである（A. A., VI 344）。さらに、こうしたホッブズ的な戦争状態としての自然状態から、法が支配する状態（=市民状態）への移行という論理は、法と倫理というカントの実践哲学における根本的な領域の区別を越えて、『宗教論』では倫理の場面にも導入されている。『宗教論』の「第三編」では、「法に関する市民（政治的）状態」に対応する状態として、「倫理に関する市民状態」という概念が導入され、[7] これらの法と倫理に関する市民状態に、それぞれ「法律に関する自然状態」と「倫理に関する自然状態」が対置されている。こうした自然状態は、法的な意味でも倫理的な意味でも、「戦争状態」であらざるをえないとカントは考える。「法律に関する自然状態が万人の万人に対する戦争状態である」ように、「倫理に関する自然状態」も、個人と個人が自分のうちなる悪で「絶えず攻撃しあう状態」であり、人間たちは「たがいに相手の道徳的素質を腐敗させあう」。法に関する自然状態と同様、倫理に関する自然状態からも「自然的人間は、できるだけすみやかに」脱しなくてはならないのである（A. A., VI 96f.）。

このように法論（国内法および国際法）と道徳論というカントの実践哲学の両部門にわたって、ホッブズ的な人間観と自然状態のイメージはくりかえし登場し、こうした状態を克服するために、人びとと諸国家は共通の法が支配する状態に移行しなければならないとカントは説く。カントのテクストにおいてはおよそこのような形で、「ホッブズの人間」が「カントの実践理性」を必要としている。

そしてこれまでも何度か言及してきたように、こうしたホッブズ的自然状態の克服という課題は、カントの実践哲学の領域に限定されたものではなく、理性批判というプログラムの核心にすら関わる。「法廷モデル」や「根源的獲得」といった法学的発想が、カントの批判哲学の志向を根底的に特徴づけうるものであることはすでに指摘されているが[8]、ホッブズ的な「自然状態」のイメージも、理性批判という課題の必要性と密接に関わっている。『純粋理性批判』「超越論的方法論」の第一章「純粋理性の訓練」によれば、「純粋理性の批判」が「純粋理性のすべての係争にとっての真の法廷」であり、この理性批判という法廷を欠くなら、「理性はいわば自然状態にある」。法や倫理に関する自然状態と同様に、理性の自然状態も、カントにとっては抜け出すべき不法の状態である。つまり、「ホッブズの主張するように、自然状態は不法と暴力の状態である」のだから、ひとは「この状態を捨て去り」、共通の法的強制のもとに服従すべきである。強制を欠く理性の自然状態においては、純粋理性の係争事をめぐって、哲学上の諸立場が自分たちの要求や主張を認めさせようと争いあう。争いの場となるのは絶えずくりかえされる「戦争」であり、いつまでも安定した平和は望みようもない。これに対し、理性批判という法廷が設立する「法律的状態」において、係争の場は戦争ではなく「訴訟」であり、「永遠の平和」を保証する「判決」が係争を終結させるのである（以上、A 751f. / B779f.）。そもそもカントは『純粋理性批判』第一版の「序文」で、内乱や懐疑論者の侵攻などによりいつまでも争いがつづく、形而上学という「果てしない抗争の戦場」の戦史を語り、ついに「純粋理性そのものの批判」という「法廷」が求められるに至る状況を描き出すことで、この大著を書き起こしていた（A VIII-XII）。こうして理性批判という課題を設定するカントの念頭には、「方法論」の「訓練」章で示された、人間理性のホッブズ的な「自然状態」から、理性批判が創設する「法的状態」へ、という移行の論理があったはずである。

このようにカントは個人と個人の法的／道徳的関係も、国家と国家の関係も、さらには哲学の諸立場のあいだの関係をも、ホッブズ的な戦争状態から共通の法が支配する状態への移行という論理で捉える。ホッブズ的な闘争する人間というイメージは、理性批判と定言命法の哲学者の思考に、相当に深く根付いているのである。

二 「ホッブズの人間」と西欧近代のエートス

このようにホッブズ的な人間観を深く受容したカントに対し、シェーラーは「ホッブズの人間」も「カントの実践理性」も絶対的な前提ではなく、歴史的に制約されたものにすぎないとして、ともに退ける。この節ではシェーラーのそうした批判を見ていきたい。

本章冒頭で引用した『形式主義』の一文では、自然も人間も無秩序な諸要素の集まりに還元して考える、イギリス経験論とカント哲学の共通の前提という議論の枠組みで、「ホッブズの人間」と「カントの実践理性」の密接な連関が話題になっていた。『形式主義』以外の文脈では、こうしたホッブズからカントへの流れについてのシェーラーの批判は、より大きな精神史的な枠組みのなかに位置づけられている。たとえば一九一四年に発表され、その後『価値の転倒』に収録された「ブルジョアと宗教の力」という論考では、シェーラー特有の西欧近代文化の批判という文脈において、無秩序な衝動の集まりにすぎない「ホッブズの人間」と、これに秩序を付与する「カントの実践理性」の組み合わせへの言及がなされる。この論考の主な関心は資本主義の生成とプロテスタンティズム、とりわけカルヴァン派の関係であるが、「あらゆる人間的な結びつきを外面的な法律上の契約と利害関係の結びつきに還元する、人間の人間に対する原則的な不信」という、カルヴァン派に典型的に見出されるという歪んだ心的な傾向に、「資本主義の精神の根」が見定められる (G. W., III 381)。そして同様の西欧近代に特有の（カトリックにはない）心的傾向がピューリタニズムに指摘される文脈で、「ピューリタニズム的・イギリス的革命の精神」を体現する哲学者として、ホッブズが取り上げられる。シェーラーの見るところでは、ホッブズの哲学においては「極度にまで高まった自然的人間に対する不信」が、人間の自然的衝動のうちに合目的的なものがあることを否定する。それゆえ内的な秩序をもたず「まったく『カオス的な』ものと見なされる自分の衝動の束」を、「諜報組織と警察組織」にすぎない理性が監視し取り締まるという、調和や信頼を欠いた衝動と理性の関係が想定されることになる。そしてカントが「自分の倫理学の基礎に据える」のも、シェーラーの見るところではこうしたホッブズと同様の「理性と衝動の関係」なのである（G. W., III 376）。第一次世界大戦中のある論評でもシェーラーは、「カントは自分の倫理学におけるのと同様に、自分の法論においても、ホッブズの『人間』から、つまりはじめから自分の恣意を無際限に拡張する傾向をもつ、（虚構的な）意志の主体から出発する」と指摘している（G. W., IV 574）。

無秩序で制限を欠く衝動と、それを監視する諜報組織としての理性からなる「ホッブズの人間」という人間観は、シェーラーの見るところでは資本主義と同様に、西欧近代の特殊な歪んだ心的傾向、つまり人間と世界に対する憎悪を宿した「ルサンチマン」の産物である。そしてホッブズ的な自然状態もまた、あらゆる国家の設立を説明するための普遍的な図式でも必然的な「イデアール」でもなく、一つの歴史的産物であるにすぎないとシェーラーは考える。「ブルジョアと宗教の力」と同じく『価値の転倒』に収められた「人間の理念に寄せて」という論考でもシェーラーは、ホッブズやルソーらの「人間の自然状態」についての教説は、「その都度の現代人の関心の政治学から生じた恣意的な像」にすぎないと、それほど独自性があるとはいいがたい自然状態論の批判を展開しているが（G. W., III 174）、第一次世界大戦後にはシェーラー自身の世界観学や知識社会学の観点から、自然状態論への批判がなされるようになる。たとえば一九二六年の『知識形態と社会』によれば、ホッブズの「万人の万人に対する戦争」およびルソーやマルクス主義などの「自然状態」論は、実は彼らが正当化しようとした「将来の利害関心の政略的な引き立て役と背景」であるにすぎない。これに対しシェーラーの構想する知識社会学は、「絶対的に恒常的な自然的世界観という従来の概念」を拒絶し、また「人間『の』唯一的で恒常的な自然的世界観はそもそも存在しない」と教える。そして政治学における「自然状態」と同様、認識論においても、西洋近代に特殊なものを絶対的に恒常的なものと考える発想は相対化されねばならない。シェーラーが同調する、シュペングラーの『西洋の没落』の一文が指摘するように、「カントのカテゴリー表は、ヨーロッパ的思考のカテゴリー表にすぎない」のである（以上、G. W, VIII 60-62）。こうした「絶対的に恒常的な」自然状態の想定のもとで展開される議論に代わるべきものとして、シェーラーが導入するのが、文化ごとに内容を異にするが、それぞれの文化で「自明なもの」と見なされているさまざまな信念からなる、「相対的に自然的な世界観」の比較研究である。[9]

このようにシェーラーは「ホッブズの人間」も「カントの実践理性」も、さらにはホッブズの自然状態論もカントのカテゴリー表も、西欧近代の特殊な精神的傾向に由来するものにすぎないとして、これを相対化する。[10] こうした議論の前提の違いは、平和の形や平和への道筋についても、ホッブズ・カントの発想とシェーラーのそれのあいだに大きな違いを生むことになる。

三　「契約する人格」を超えて

ホッブズとカントはともに、自然状態における人間たちが戦争状態に陥るのは不可避であると考え、その前提のもとで戦争状態を克服する方途を考える。そうした両者の思考の論脈において重要な役目を果たすのが、「人格」という概念である。

ホッブズの場合にはその人格の理論が、戦争状態を終結させる国家創設の理論のカギとなっている。

人間論から国家論への移行の位置にある、『リヴァイアサン』第一部の最終章で、その人格論は展開されている。ここでホッブズは、もともとは「面」を意味したギリシア語の「プロソーポン」や、「仮面」や「覆面」を意味したラテン語の「ペルソナ」という、英語「パーソン」の言葉の由来を辿りつつ、人格を「俳優」や「代表者」として、つまり「その言葉や行為が、彼自身のものか、あるいは、『真に』または『擬制的に』帰属する他人や他のものの、言葉や行為を代表していると考えられるような人」と定義する。[11] ホッブズによれば擬制（フィクション）によって他の人物に代表されることで、知的能力が十分ではない子供などの人間も、また病院や橋などの無生物も、つまりロック的な意味では「人格」ではありえない存在も、「人格化」されうる。そしてこれと同様に群衆も、「一人の人間または一つの人格によって代表される」とき、それが全員の同意にもとづくならば、「一つの人格となる」。[12] 国家の設立もこうした「一つの人格」への人びとの結合によって説明されることになる。人びとが「自分たちの人格を担う一人の人間、あるいは合議体を任命し」、そして「万人が万人と契約を結ぶことによって、すべての人間が一つの同じ人格にリアルに結合される（real unity of them all, in one and the same person）」ことで国家が、つまり「かの偉大なるリヴァイアサンが誕生する」のである。[13]

カントはこうした人びとの「一つの人格」への結合として、国家の設立を説明することはないが、カントにとっても国家は一つの「道徳的人格」である（A. A., VI 343）。また全面的な戦争状態を克服する方途は、ホッブズの場合と同様にカントの場合でも、人格と人格のあいだの契約に求められる。個人と個人のレベルでは、「万人の万人に対する戦争状態」である自然状態から脱けだすために、人びとは国家を設立しなければならないが、「国家」へと「国民（Volk）」がみずからを構成するはたらきが、「根源的契約」である。この根源的契約において、ひとはみずからの「野蛮で無法則な自由」を全面的に放棄し、法的状態という「法律に従属したあり方」において、自分の自由を「ふたたび見いだす」。そしてカントにとってはこの原初的な契約も、ホッブズ的な自然状態と同様に一つの理念、つまり「それに従ってのみ国家の正当性が考えられうる理念」である（以上、A. A., VI 315f.）。同様の発想は、人格としての国家と国家の関係が主題となる国際法の次元にも一貫している。第二節でも確認したように、国家はその相互関係においては「戦争の状態」にあるが、諸国家はこの状態を抜け出して、「根源的な社会契約の理念に従って必然的である」という、国際的な連合に参入しなければならないのであった（A. A., VI 344）。戦争状態を終結させ平和を創設するものは、個人レベルでも国家レベルでも、人格と人格のあいだの契約なのである。

これに対しシェーラーは、ホッブズとカントが共有する「ホッブズの人間」という人間論や自然状態論だけでなく、契約による秩序の創設を絶対視する発想も退ける。人格と人格の「契約」ではなく「連帯」が、シェーラーにとってもっとも根源的な共同体の原理である。『形式主義』第二版の「序言」で、各人格の「共同責任」や「連帯性の原理（Solidaritätsprinzip）」の理論を含むシェーラーの「人格主義」は、「個人主義」を意味するものでは決してないと断るなど（G. W., II 15）、「連帯性」はシェーラーの人格論の中心的な発想の一つである。[14] そして『形式主義』終盤の人格論では、この「連帯性」の観点から、「契約」を原理とする共同体の形が相対化されている。ここではまず「契約」が、近代的な「利益社会（Gesellschaft）」にとって構成的な原理であることが指摘される。この利益社会においては、「万人の万人に対する無根拠で原初的な不信」が根本的態度をなし、「万人のために一人が」や「一人のために万人が」といった真の連帯性は存在しない（G. W., II 518）。そしてシェーラーによれば西欧近代のエートスは、宗教においても国家においても経済においても、圧倒的に利益社会的なエートスであったが（G. W., II 530）、こうした全面的な相互不信にもとづく利益社会にシェーラーが対置するのが、教会という共同体である。この教会という共同体では、（ゲマインシャフトの場合のように）個々の人格が共同体に解消されることなく、とはいえ（利益社会＝ゲゼルシャフトの場合のように）連帯性が消え去ることもなく、置き換えのきかない個々の人格が、すべての他の置き換えのきかない人格と連帯し、共同の責任を負う。契約ではなく連帯性の原理が創設する、教会という「有限的諸人格の国」は、利益社会や民族の枠組みを超えて全人類を、いや死者たちや人類以外の有限的人格も含めた、あらゆる人格を「ともに包摂する」（G. W., II 535）。シェーラーによれば、こうした教会が共同体の最高の形態であり、また連帯性の原理こそが、そもそも契約を守るべきだという義務すらも基礎づけるのである。

『形式主義』において、人格論や倫理学の原理論としてあくまで理論的に展開されたこうした共同体論は、その後の論考では、第一次世界大戦後のヨーロッパの再建と平和的秩序の確立という、差し迫った現実の課題へ展開されている。第一次世界大戦中に書かれた「キリスト教の愛の理念と現在の世界」という論考でシェーラーは、すべての共同体は契約にもとづく「かのように」見なされなければならないとする、エピクロスからカントに至る共同体理論（G. W., V 375）や、崇高な連帯性の原理を見失い、共同体といえば国家や社会の「偶像やリヴァイアサン」を知るにすぎない、西欧近代のエートス（G. W., V 377）を批判する。そして第一次世界大戦によって崩壊しようとしつつある西欧近代ののちの、新生ヨーロッパの秩序と協調の可能性は、教会というキリスト教の共同体理念に託されることになる。「神聖な教会とそれによってのみ正しく理解され支配された、キリスト教の共同体理念への復帰のみがヨーロッパを……いまでも救うことができる」のであり、哲学や科学や芸術などあらゆる精神生活に真の協働の精神を吹き込む「キリスト教の文化共同体理念」が、戦前の非キリスト教的な文化理念にもとづく人間結合が瓦解したのちに、「人びとの心のうちに生じた空位にとって代わるべきである」。これこそが「共同体生活の再建のための、私たちのもっとも本質的な課題」なのである（G. W., V 390-92）。

前節で見たようにシェーラーは、「ホッブズの人間」と「カントの実践理性」という組み合わせが登場してくる背景として、「人間の人間に対する原則的な不信」という西欧近代の歪んだエートスを指摘していた。そしてホッブズにおいてもカントにおいても認められる、「契約」によって戦争状態を克服し、共同体を創設しようとする発想の背後にも、「万人の万人に対する原初的な不信」というエートスが指摘されるのである。シェーラーは『形式主義』で、カント的な「人格の自律」という概念が「倫理的な『あらゆる人格の連帯性』の原理」を必然的に排除すると批判していた（G. W., II 488）。契約にもとづく共同体ではなく、人格と人格の連帯性にもとづく「教会」という共同体の理念に、第一次世界大戦ののちのヨーロッパ全体の再建と再生の可能性を求めたシェーラーの発想の根底には、カントの自律的存在としての人格概念とは異なる、「連帯する人格」という独特な人格概念があったのである。

四　「調和の時代」へ

ただ教会という共同体の理念は、ヨーロッパに限定されない協調と平和を考えるための図式としては問題があるし、今日ではこの理念のもとでヨーロッパの協調と平和を考えることすら難しいかもしれない。ホッブズやカントらの「契約する人格」に対するシェーラーの批判的視点は重要であるように思われるが、世界的な協調と平和に関する今日の観点から学ぶべき論点は、もう少し別のシェーラーの発想に求める必要があるだろう。最後に、一なる教会に対し、本質的に多であるとされる「文化共同体」と、さまざまな文化のあいだの「調和（Ausgleich）」についてのシェーラーの議論に注目してみたい。

前節でも取りあげた『形式主義』の人格論・共同体論では、もっとも高くもっとも分割化不可能な、聖なるものの価値に関与する共同体である教会は、「その本質からしてただ一つでのみありうる」し、教会の統一性は「アプリオリな命題である」と指摘されていた。そしてこの教会の統一性と対照されるのが、文化共同体の多様性である。文化と文化共同体が多数あることは、「文化理念そのものの本質」に根ざした事態であり、一つの「世界文化（Weltkultur）」という理念は、「ユートピア的」な目標であるどころか「背理的な」理念であるとされる（以上、G. W., II 542）。前節で言及した戦中の論考「キリスト教の愛の理念と現在の世界」でも、教会の理念にもとづく「キリスト教的な真の世界市民主義」

では、多様な文化集団が地上に存在していることを尊重して、偏狭な「選民」の理念とともに「均一的で唯一の、いわゆる世界文化という荒廃した単調な理念」を憎むとされていた。たしかに教会はあらゆる人格を統一しようとするのだが、だからといって本質的に多様な「精神的文化を直接的に指導するべきではないし、そう欲してもいない」のである（G. W., V 387）。

『形式主義』や論考「キリスト教の愛の理念と現在の世界」といった戦前から戦中にかけての作品では、国際的な平和と協調をめぐるシェーラーの議論の軸は、一なる教会にもとづくヨーロッパの協働と再建にあり、教会の統一性と対照的な、文化の多様性を積極的に評価する方向での主張はあまり見られない。この文化の本質的な多様性にもとづいて、ヨーロッパを超えた全世界的な協調が説かれるようになるのは、晩年の比較的よく知られた「調和の時代（Weltalter des Ausgleichs）」という主題においてである。このテーマが主題的に展開された最晩年の論考「調和の時代における人間」によれば、当時の世界は、過去においてはキリスト教の成立とゲルマン＝ローマ民族の出現しか比較しうるもののないような、世界史の大きな転換期、あるいは「人間そのものの転換」（G. W., IX 147）の時代を迎えている。新たな世界史の段階とは、民族や文化といった人間集団の差異のうえに成り立つ「調和」の世代であり、また人間そのものの転換の先にある人間像とは、「理性的動物」や「工作人」や「超人」といった、従来のあらゆる一面的な人間像を調和させる「全人（Allmensch）」である。シェーラーによれば第一次世界大戦は、「人類」というものが初めて現実的に体験され、「ここで初めていわゆる人類に共通な一つの歴史が始まる」ような出来事であった。そしてこの世界戦争以後においては、互いに解消できない差異をもつ人間集団がひとつの歴史を共有し、そこで互いに他の集団から学び自己の集団の一面性を矯正していく「調和」が、人類の避けられない運命となる。ここで調和とは、たとえば「大きな文化圏、とりわけアジアとヨーロッパの調和」であり、また男性と女性の調和、青年と老人の調和、専門科学と教養の調和、さらには「資本主義と社会主義の、そしてそれとともに上下両層の階級的論理、階級的状態および階級的権利の調和」である（以上、G. W., IX 152）。第三節で見たようにシェーラーは、カオス的な「衝動」の束を、「諜報組織」としての理性が監視し取り締まるという「理性と衝動の関係」を、ホッブズとカントに共通の想定として指摘していた。理性や精神と衝動のあいだにも、支配や反抗という関係ではなく、「調和」が成り立つのでなければならない。新たな時代の理想的な人間像である「全人」とは、「精神と衝動、理念と感性」の両者を、「秩序づけられた仕方で、調和的に融合する」人間のことである（G. W., IX 158）。

そしてとりわけ規模の大きな調和は、「イスラーム世界を媒介とする、ヨーロッパとアジアの三大中心であるインド、中国、そして日本のあいだの調和」であるが、シェーラーの時代においてすでに、ヨーロッパとアジアの関係は一方的なものではなくなりつつあるという。これまでヨーロッパはアジアに諸技術と諸科学を伝達してきたが、自国の産業を育成し始めたアジアは一方的な受容者ではなくなりつつあり、またヨーロッパもアジア古来の生活や修行の技法から多くを学ぶようになりつつある。古代文化、キリスト教、近代科学を育んだヨーロッパと、インド哲学や仏教や中国および日本の知恵を含みもつアジアが、互いの文化を深く取り入れて協調しあう時代が到来しつつあるのである。近代ヨーロッパ的な合理主義や世界観による世界の画一化を目指すのではなく、あくまで諸文化間の差異を尊重しつつその「調和」をはかる、「真に世界市民主義的な世界哲学が生成しつつある」のだ（G., W., IX 159f.）。

以上のようにシェーラーは、「ホッブズの人間」と「カントの実践理性」のセットや、あらゆる共同体の根底に「契約」を想定する共同体論を、西欧近代の特殊なエートスに由来する発想として相対化し、西欧近代的な闘争と契約という原理とは別のかたちでの、人格と人格のあいだ、文化圏と文化圏のあいだに実現されるべき平和と協調を志向した。契約よりも深い次元に根をもつ人格と人格のあいだの「連帯性」の原理にもとづく教会と、差異と多数性にもとづく文化圏と文化圏のあいだの「調和」が、「ホッブズの人間」を「カントの実践理性」が統御することでもたらされるものとは異なる、シェーラーがその可能性を示した平和の形なのである。

結

本章は現代世界におけるホッブズ的な人間観のリアリティを認めるところから出発して、それぞれ人格概念に中心的な位置を与える倫理学を展開しながらも、ホッブズの人間観を深く受容するカントと、これを批判するシェーラーの、戦いと平和・協調をめぐる思想を検討してきた。あらためて冒頭の問いに戻るなら、今日でもひとは「ホッブズの人間」を受け入れざるをえないのだろうか。

これまで見てきたように、シェーラーはホッブズの人間観や、人と人の結びつきと共同体の原理を「契約」にのみ見るカントらの共同体論を、西欧近代にのみ特殊な歪んだエートスに由来する発想にすぎないとして、相対化し批判する。ただその後の世界は、人格の連帯性や教会によるヨーロッパ諸国の協同を説き、また価値観や人間観を異にする人間集団相互の「調和」の時代が到来しつつあると見た、第一次世界大戦の戦中から戦後にかけてのシェーラー自身の主張とは、反する方向に進んでいった。シェーラーの死後にはナチスの台頭と支配があり、また悲惨なもうひとつの世界大戦があった。その戦後の世界も、東と西、北と南のあいだの根本的な相互不信と対立からなる、およそ「調和」には程遠い世界であった。

そして冷戦後にあらためて脚光を浴びたのも、人格と人格の連帯性や文化と文化の「調和」によってではなく、「契約」にもとづく国際的な連合によって平和を実現すべきことを説く、カントの永遠平和論であった。そしてこうしたカントの発想のかなり深い層には、これまで見てきたように、ホッブズの人間観と自然状態論があった。自然状態では全面的な戦争状態は避けがたく、この状態を抜け出すためには、契約の原理にもとづいて、個々の人間および諸国家という人格たちが属する法的な共同体を創設しなければならないのである。ホッブズの人間観と同様、こうしたカントの提言も、西欧近代という過去の一時代のものであるどころか、シェーラーの主張よりも現代の世界においてリアリティをもっているのかもしれない。国際協調と平和のための、国連よりも有効な現実の機構はいまだ存在しないし、文化の違いが人間集団と人間集団を「調和」に導くどころか、むしろ葛藤や対立をエスカレートさせる方向に向かっているのが現代の世界の現実である。国際的な平和や協調のためには、シェーラーの説いた連帯性や調和のまえに、まずカント的な「契約」にもとづく国際的秩序を維持していくことが、現実的な方策たらざるをえないように思われる。シェーラーは「契約」にもとづく共同体論の背後に、「万人の万人に対する不信」というエートスを指摘していたが、こうした相互不信は今日の世界の現実でもありつづけているのである。

ただ、だからといって、シェーラーの提言も今日的な観点においてまったく無意味ではないはずである。「契約」を原理とする西欧近代の利益社会に対するシェーラーによる批判の論点の一つは、「契約原理はその根を連帯性の原理のうちにもっている」こと、つまり契約を守るべきだという義務は契約自体によっては基礎づけられず、より深く根源的な人格と人格の関係、つまり人格間の「連帯的な義務づけ」によってしか基礎づけられない、というものであった（G. W., II 520）。このようにシェーラーが「連帯性」と呼んだ、「契約」をはじめて可能にする人格と人格の根源的な関係のあり方は、哲学的倫理学に固有の考察の対象であるはずである。カントならば事実的な「契約」を初めて可能にするものとして、「根源的な社会契約」といった理念的な契約行為をもちだすであろうが、現実の契約行為を初めて可能とする次元での人格と人格のあいだの関係をも、「契約」と呼ぶことは果たして適切なのだろうか。むしろそこには何か、「連帯性」とでも呼ぶしかないような結びつきがないだろうか。こうした点にあらためて考え直すべき論点があるように思われる。

またそうした「契約」を支える次元に位置づけられる「連帯性」とともに、文化に関して人間集団が多であることを尊重する「調和」についてのシェーラーの提案も、いかに現実には困難であるとはいえ、今日でもなお十分魅力的ではないだろうか。戦争と平和はおそらく政治や国家の次元だけの問題ではなく、より根源的には文化の問題でもあるはずである。カントは戦争と平和をもっぱら「法論」に属するところの、法や権利の問題として論じた。これに対し、世界戦争を通じてであれ世界が一つに結びつき始めた時代に展開された、文化の違いにもとづく「調和」をめぐるシェーラーの思考には、永遠平和論とはまた別の、今日的な意義があるはずである。

人格としての人間は、法的な関係をとり結ぶ権利や義務の主体であるとともに、他の人格との関係においてはじめて一つの人格たりうる関係的存在でもあり、また文化を生み出す創造的な主体でもある。「ホッブズの人間」という人間観が現代でも一定のリアリティをもってしまっている以上、人格と人格の契約による秩序の創設は、全面的な戦争状態を回避するための不可欠な手段である。だが、「ホッブズの人間」を超えて進むためのヒントは、契約よりも根底的な人格と人格の「連帯性」や、創造的な人格たちが生み出す、それぞれ固有の文化と文化の違いにもとづく「調和」のうちにあるのかもしれない。「ホッブズの人間」のリアリティを深く受け止めつつ、同時にそれを真に超克する彼方を展望するための手がかりは、多層的で多面的な「人格としての人間」のうちに隠されているのではないだろうか。

凡例

シェーラーの著作・遺稿からの引用にさいしては、本文中に著作集（*Max Scheler Gesammelte Werke*）の巻数（ローマ数字）と頁数（アラビア数字）を、略号 G. W. とともに記す。またカントの著作・遺稿等からの引用にさいしては、本文中にアカデミー版カント全集の巻数（ローマ数字）と頁数（アラビア数字）を、略号 A. A. とともに記す。ただし『純粋理性批判』からの引用にさいしては原著第一版（A）／第二版（B）の頁数で引用箇所を指示する。

註

1　ハイデガーとホッブズの比較考察を行った森一郎も、ホッブズの自然状態論に、主にテロリズムの観点から「現代世界に住むわれわれにとって、さしずめ『先駆』的に響く新しさがある」と指摘していた（森一郎『死と誕生　ハイデガー・九鬼周造・アーレント』、東京大学出版会、二〇〇八年、二〇五～二〇六頁）。また馬場智一も、今日の世界的な情勢を意識しつつ、フィヒテとレヴィナスによるホッブズの自然状態論に対する批判を比較検討しているが（木村博編『フィヒテ――『全知識学の基礎』と政治的なもの――』、創風社、二〇一〇年、第五章「承認と応責――フィヒテとレヴィナスによる〝自然状態における闘争〟への二つの批判」）、こうした考察が今日求められているのも、ホッブズの人間観と自然状態論がなお今日性を保っているからであるように思われる。

2　たとえば熊野純彦「シェーラー」（野家啓一責任編集『哲学の歴史　10　危機の時代の哲学』所収、中央公論新社、二〇〇八年）も、シェーラーのカント批判の論点の一つとして、この箇所に言及していた（二〇二頁）。

3　『永遠平和のために』を中心としたカントの平和論と、講演「平和の理念と平和主義」などに見られるシェーラーの平和論を比較した論考として、以下を参照。M. S. Frings, Zur Idee des Friedens bei Kant und Max Scheler, in: *Kant-Studien*, Bd. 66, 1975, SS. 85-101. フリングスもこの論文の結論では、平和の理念の問題は、カントにおいてもシェーラーにおいても、「人間への尊敬と人格の個体としての救い」という哲学的人間学の最重要問題の一つに属すると指摘しているが（S. 101）、本章では同様の比較検討を、「ホッブズの人間」への態度の違いという、フリングスとは別の観点から行ないたい。なおシェーラーの講演「平和の理念と平和主義」については、五十嵐靖彦による詳細な紹介と検討がある（「マックス・シェーラーの平和論」、五十嵐『愛と知の哲学　マックス・シェーラー研究論集』所収、花伝社、一九九九年、一九四〜二一五頁）。

4　以下の本節の論述は、二〇一四年二月に東京大学より学位を授与された、筆者の博士学位申請論文『カント倫理学と理念の問題――学と智の統一点を求めて』の第五章第二節「「ホッブズのイデアール」の射程」を基にしている。

5　この点については、次の論考を参照。K. Herb, B. Ludwig, Naturzustand, Eigentum und Staat. Immanuel Kants Relativierung des "Ideal des hobbes", in: *Kant-Studien*, Bd. 84, 1993, S. 302 Anm. 41.

6　ただし後期の『倫理の形而上学・法論』の自然状態論において、「ホッブズ的戦争状態という把握が、無くなるわけではもとよりないがようやく背後に退き、代ってロック、スミス的なものがより強く現われてくる」と指摘されることもある（柴田高好『近代自然法国家理論の系譜　マルクス前史』、論創社、一九八六年、一四五頁）。片木清『カントにおける倫理・法・国家の問題――「倫理形而上学（法論）」の研究――』（法律文化社、一九八〇年）も、「ホッブズ的契機の痕跡」を認めつつも、『倫理の形而上学・法論』の自然状態観が「あきらかにロックの方向により傾斜していること」を指摘していた（一七〇頁）。このようにカントの自然状態のイメージは、ホッブズ的な戦争状態だけには尽きない面もあるのではあるが、本章ではその「ホッブズ的契機」だけを検討の対象とする。

7　加藤尚武はこの点を捉えて、「自然状態から法状態へ」という観念が、カントにおいてはたんなる修辞であることをこえて、「共同存在を規定する基礎的なカテゴリー」や「団体・社会一般の倫理性を表わすカテゴリー的なもの」となっていると指摘していた（加藤『ヘーゲル哲学の形成と原理』、未来社、一九八〇年、三〇～三二頁）。

8 「法廷モデル」については、とくに自然法の伝統と結びつく「法廷」の位相について、石川文康『カント 第三の思考 法廷モデルと無限判断』（名古屋大学出版会、一九九六年）の一八三～九〇頁を参照。「根源的獲得」については、山根雄一郎『〈根源的獲得〉の哲学 カント批判哲学への新視角』（東京大学出版会、二〇〇五年）の、とりわけ『法論』の議論に照らし認識論的文脈での含意を明らかにする八九～九〇頁を参照。

9 このシェーラーの「相対的に自然的な世界観」については、アルフレッド・シュッツ『現象学的社会学の応用』（中野卓監修、桜井厚訳、御茶の水書房、一九八〇年）の「第一章 他所者」、「第三章 博識の市民」を参照。

10 ただシェーラーの晩年において、「衝動」のもつ意味が大きくなるとともに「精神」の無力が説かれるようになるにつれて、ホッブズの人間観が相対的に高く評価されるようになる。最晩年の「宇宙における人間の地位」では、プラトンやアリストテレスにはじまりフィヒテやヘーゲルに至る、「理性」が強力な権力や支配力を有するという「精神の古典的な理論」に対して、ホッブズら「衝動的自然主義者」たちの相対的な正しさが指摘されている（G. W, IX 50）。

11 T. Hobbes, *Leviathan, The English Works of Thomas Hobbes of Malmesbury*, vol. III, ed. by Sir W. Molesworth, Reprint, Aalen, 1962, p. 147f.

12 Hobbes, *Leviathan*, p. 151.

13 Hobbes, *Leviathan*, p. 157f.

14 こうしたシェーラーの人格論における「連帯性」の問題について、詳しくは以下を参照。H. Leonardy, Liebe und Person, The Hague, 1976, S. 233ff.

［付記］本章は、持田睦、横地徳広編著『戦うことに意味はあるのか――倫理学的横断への試み』（弘前大学出版会、二〇一七年）からその第3章を今回の増補改訂版に再録したものである。

間奏　人間、価値、世界

――序章を補いつつ

横地　徳広

日々の暮らしにあってわれわれは珍しく真面目な顔で、「それは、やる意味がある」と言う。多くの場合、それは、「やる価値がある」と言い換え可能である。文章として見れば、これから試みることに意味あるいは価値が見出されており、ここでは「指意（Bedeutung）」よりはアスペクトたる「意味（Sinn）」が際立っている。その射程を見積もれば、「一つの或る世界（eine Welt）」を開きうる文脈形成力をそなえたアスペクトに重要性が観取され、つまりは、「かのように（als ob）」の語で図式的に語られる理念的価値が認められている。

価値とは、われわれの欲求を充たし／挫く性質のことであり、もしくはわれわれが広義の「事象（*pragma*）」をさまざまに経験するなかでその全体連関を導く単純な性質のことだが、「存在‐のただなか（inter-esse）」とも訳しうる広義の「関心」＝「志向」にあって「志向すること（*intentio*）」と「志向されること（*intentum*）」とを結び合わせるのは、指意や意味、アスペクトだけでなく、価値もまたそうであった。その仕組みを見るに、「運動を生み出す脳内事象は、実験の参加者当人が決定を下したことに気づくよりも約三五〇ミリ秒前には起こっている」[1]ことを実証したベンジャミン・リベットの実験がむしろ裏側から語りだしていたように、超越論的観点から説明すれば、個別的行為への「意志」として確定的に語りだされることに先行して重層的な情態的了解は、自己、他者、状況にまつわる存在可能性さまざまをつねにすでにわれわれへと開示している。この重層性を確認しておく。

たとえば、敵軍機から爆撃を受けている最中にホラー映画を鑑賞して怖がるひとはいないだろう。というのも、ホラー映画は安全な映画館や自宅で観るものだからである。こうして安心感をいだきつつ、生存にまつわる「事柄（*pragma*）」へとかかわる基層的な情態的了解のなかで、観賞する自己、映像という他者、観賞する場所がすでに暗に共開示されている。それゆえ、私はホラー映画に夢中になり、単に緑の液状物体をスライム〈として〉怖がりうる。[2]同時に、映画を観ながら、いつものように買っておいた冷たいコーラに手を伸ばし、炭酸の爽快感と甘さで気分を落ち着けるとき、そうして手を伸ばす「運動を生み出す脳内事象は、私がコーラを飲む決定を下したことに気づくよりも約三五〇ミリ秒前には起こっている」のだろうが、そもそも映画鑑賞のときにコーラを飲むことが多い私である。コーラという他者、観賞している場所は、運動を生み出す脳内事象の発生時点より前にすでに私へと共開示されていた。

安全や快といった価値もまた、重層的な情態的了解の一部として人間に生きられつつ、価値という事象の生起を伝える「最初の『メッセンジャー』」であった。[3] あるいは、本書の第一章「誰が死ぬのか——ポレモスとオイコスをめぐる試論」（信太光郎）で論じられるように、そうした解釈学的重層性を剥いでいった先であらわになる人為的分割の「友／敵」こそ、人間が生身の具体的人間でいられる政治的トポスを開きつつ、同時にその生起を伝える「原初」の「メッセンジャー」である。

この価値という事象でとりわけ目立つことがある。アルフォンス・デーケンが指摘するに、たとえば、「**完全性**」、「**崇高**」、「**美**」などはそれだけで理解できる理念的価値であり、これらに比べると低い価値である「**好ましさ**」は美味しい果物に見出せる具体的価値だが、とはいえ、果物の味を感じることだけにその好ましさを還元することはできない。[4] いずれにせよ、価値それ自体は、担い手があろうとなかろうと、担い手が変化しようとしまいと、独立して存在するという哲学的立場がここでは確認されている。

「価値序列」を説明したマックス・シェーラー『倫理学における形式主義と実質的価値倫理学』（一九一三～一九一六年）によれば、①**聖**／**不聖**の宗教的価値を最高水準に、②**美**／**醜**の美的価値や正／不正の政治的価値、**知識そのこと**の哲学的価値をふくむ精神的価値がつづき、加えて③**善**／**悪**の倫理的価値とは異なる**優良**／**劣悪**の生命的価値が指摘され、④最低水準には**快**／**不快**の感覚的価値がおかれる。[5] こうした価値序列をふまえ、シェーラーは⓪**善**を最高の「積極的価値の実現に付着するところの、意欲の領域における価値」、**悪**を最低の「消極的価値の実現に付着するところの、意欲の領域における価値」と規定する（cf. 本書第四章の宮村悠介「ホッブズ的人間のゆくえ——人格の倫理学のために」、三五頁）[6]。カール・シュミットとそうしたシェーラーとの思想的影響関係は遠藤健樹が記した終章「戦うことの是認？――「戦うことに意味はあるのか」という問いについて」を参照してほしいが、この「間奏」では『パルチザン理論』（一九六三年）への展開をふまえつつ[7]、シュミット『政治的なことの概念』（*Der Begriff des Politischen*, 1932, 以下、*Begriff* と略記[8]）の議論に少しく触れておく。こう問われていた。

政治的なことは、したがって、**独自の究極的な区別**のうちに存しており、特殊的意味で政治的な行為行動一切がその究極的な区別に帰せされる。道徳的なことの領域では究極的区別が善／悪であり、美的なことでは美／醜、経済的なことでは利／害、たとえば儲かる／儲からない、であるとしよう。このとき問題は、他のどの区別とも同種的や類似的ではないが、とはいえ、その区別にまったく依存せずに独立的で、それ自体ですっきり納得できる区別が政治的なことの簡潔な基準として存在するのか否か、また、この区別はどの点にあるのかということである。（*Begriff*, S. 25）

善／悪、美／醜、利／害、あるいは真／偽などの多様な価値はそれぞれに「人間的な思考や行為の相対的な自律的事象領域さまざま」の「究極的区別」だが（*Begriff*, S. 25）、そうした区別とは異なり、価値ならざる価値とも言いうる究極的区別の友／敵はそうした事象領域とは別に独立した領域を開く「政治的なこと」だと強調される。善／悪、美／醜、利／害、真／偽の諸領域はその対立が極まると「万人の万人に対する闘争」に陥るが（cf. 本書第四章の宮村「ホッブズ的人間のゆくえ」、序）、その闘争を飼いならして暴走させないための人為的で根源的な区別こそ、友／敵という政治的区別であった。友／敵は、諸価値を追究するなかではじめて問いにふされうるような、価値ならざる事象なのである。

これに対してシェーラー倫理学の価値秩序では聖／不聖の宗教的価値が最高位を占めつつも、善／悪はそれぞれ最高の積極的価値、最低の消極的価値を実現することにかかわり、それ以外の諸価値もまた独立した極となって一つ一つがその本質をあらわにしていた。

戦いと平和の価値を問い、そうして問うことの可能性／不可能性それ自体から吟味する本書ゆえ、戦争と政治のあいだでいくつかのことを確認しておく。

一方で見事な作戦で敵軍を壊滅させ、美しい勝利に酔う将軍もいれば、他方、戦争に美／醜の一切を見ず、「勝利至上主義」を貫く防衛軍も存在する。もちろん、その逆もあろうが、こうした図式におさまらない現実がむしろ多いかもしれない。「……戦争は〔外交などと〕異なる手段をもちいて延長された国家政策である」[9]と喝破したのはカール・フォン・クラウゼヴィッツであったが、戦争という事象に限定された政治的価値は**勝**／**敗**である。この究極的な区別にもとづいて防衛軍は勝利至上主義を自分たちの信念とすると同時に、軍事行動の政治的、法的、行政的な正当化に徹していかなければならない。防衛戦争に限定して解釈学的に読み解けば、美／醜を問わない勝利のほうがむしろ兵士と国民の人間的実存をもっとも尊重した勝利かもしれず、いずれにせよ、価値という観点から自己、他者、状況のアスペクト知覚を同時遂行し、可能無限的な意味連関さまざまの重層的な全体性である「世界一般（die

Welt überhaupt)」を図式的に「或る政治世界（eine Politikwelt）」へと切り出す。

価値もまた、人間に生きられるアスペクトであった。

こうして価値それぞれが世界一般のなかで究極的な区別として機能する動性と静性を見るに、一方で創発的に見出された価値は或る価値世界を開きうる単純な性質であり、他方、人びとに経験される多種多様な意味の可能無限的な全体連関が、その価値に染められつつ動的に織り合わせられるなか、価値のほうもその意味を緩やかに変化させていく。とはいえ、価値の単純な性質が生起させる究極的な区別はたいてい「歴史的アプリオリ」として機能し[10]、この意味で価値は動性と静性のあいだにある。もしくは信太が見抜くように、生身の人間が互いに等身大で対峙しながら生きて死んでいく原初的トポスをみずから開く人為的分割が友／敵であるかぎり、それは価値ならざる価値としてつねに根源的基層で生起している。

いずれにせよ、これらのことは人間に固有な事柄ではあるまいか。

シェーラーらが提示した「哲学的人間学」と連携する「動物行動学」の知見を参照しよう[11]。たとえばダニのように個体と種の確実な存続を目的とし、生息環境のなかで哺乳類の臭いや温度に反応して生きるだけの生物がいる。こうした仕方で生命と絶命へと盲目的にかかわる生物とは異なり、生と死は人間を人間たらしめる固有の意味をもった価値となっている。これは、解釈学的に言えば、人間は生と死のアスペクトを閃き、それに応じた地平的図式で世界一般を具体的に生きられる価値世界へと切り出しながら存在する出来事を指す。あるいは、いわば信太的シュミットの観点から考えれば、〈誰が死に、誰が生き残るのか〉、このことに具体的人間がみずからを晒していく人為的分割の友／敵は、人間が哲学的に抽象化されずに血肉をそなえた人間でいるための原初的トポスを生起させていた。[12]

こうした動向とその多様な変容のもと、たとえば生命と人格を絶対的に尊重すべき事柄とする医療の価値世界が開かれることもあれば、とはいえ、侵略を阻止するために敵兵の生命を消し去る防衛戦争の価値世界が開かれることもある。……負傷兵は、その両世界が重なる場所で生きている。これに対してダニであれば、生命喪失の危機にさいして、その場かぎりでの本能的反応を示すのみであろうが、生存本能が壊れた動物でありうるカルト信者やサイコパスを除けば、人間の場合、そうした価値世界が開かれていることそれ自体にあらためて気がつく切っ掛けは、やはり非日常の場面が多い。

たとえば、飛行機にたまたま乗り遅れて墜落事故を逃れた場合。仕事漬けの毎日を過ごしてきた役員は、自分がこれまでから今現在に生き、これから生きうること、それ自体の稀有さを思う。その彼が休暇をとり、屋久杉を歩き訪ねて太古の生命に聖性を感じ取りもするのかもしれない。あるいは逆に休暇どころか働き詰めの場合。利益と損益を中心的価値とする商業世界にあって会社が利益の最大化を目指すなか、社員は自分が切り捨てられず、会社に居場所を保持しなければならない。生存競争の渦中にあるかぎり、商業世界でその競争が極まるところ、実は〈誰が生き残るのか〉をみずから問わざるをえない政治世界に社員はすでに直面させられているのかもしれない。[13]

とはいえ、である。

接待での客あしらいも有能さに数えられる俗世、件の役員は自身を通して生の原始的偶然を垣間見てしまったかぎり、死の影が色濃い「苦界」のなか、「貞」が支配的価値の「世間」で結ばれえない現代の遊女と「いき」に戯れ、「この生よ、ふたたび」と二人が一緒に生きる刹那を瞬間的永遠の「善美」へと昇華しうるのかもしれない（cf. 拙稿「九鬼周造と〈いき〉のエティカ――善美なる生を求めて」、第一論集『生きることに責任はあるのか』、弘前大学出版会、二〇一二年、第十章）。九鬼周造の哲学を解釈しうる範囲でのことだが、「元禄文化」のごとく、来世で結ばれることを願って心中し、つまりはそのような生死の価値世界を開いて二人がそこへと身を投じる可能性ではなく、「化政文化」のごとく、二人がまさしくこの生が永遠に繰り返されることをその刹那に願って生きつづけ、二人でこそ生きうる苦界の善美を成就する可能性が問われている。

このとき、生それ自体が価値の一つ〈として〉観取されると同時に、その生が苦界の聖や善美〈として〉了解されもし、いきな二人はやはり世間という価値世界それ自体と戦っていたのかもしれず、もしくはそうではなく、複雑な生の解釈学的無限性を剥ぎ取った先で「誰が死ぬのか」という問いに晒され切る人間的生を孤悲仲の二人はみずから選び取り、世間と苦界の境界を生み出す社会的共同性そのものと戦っていたのかもしれない。

生息環境に束縛されてそこから超え出ることができず、だから、生と死の意味にかかわることもなく、目前に脅威が存在する場合にかぎって本能的に戦う動物的生とは異なる人間的生にわれわれは与かっている。

自身の現実的生を超えた時間的無限のなかで、しかし、現実の自分自身を省みつつ、その自分にかかわる世界や他者をも共に了解する〈時間的動物〉がわれわれ人間なのだという観点から見るに（cf. 拙稿「ドイツ哲学で認識の身分を問う――本書をふりかえりつつ」、第三論集『見ることに言葉はいるのか――ドイツ認識論史への試み』、弘前大学出版会、近刊、終章）、生と価値にまつわるアスペクトの閃きは、共開示される自己、他者、状況のいずれからも発出しうる。カソリック破門の思想家テイヤール・ド・シャルダンは人間を「省察的動物（un animal réfléchi）」と呼ぶが、[14] 人間的本質は、私は意識することそれ自体を私が意識する自己意識の自己関係からさらに絞り込まれ、私は知るということ自体を私が知っている省察的自己関係としてあらわになる。このことが可能であるのも、自己、他者、状況にそくして可能的に分節化された重層的生のアスペクト知覚を遂行し、あるいはそのアスペクト転換を遂行しうるわれわれ人間は、ヌース的にしてロゴス的に働く「文脈的知性」をもつ〈時間的動物〉だからであった（cf. 本書第七章の拙稿「米国公民権運動と新たな日常的共同――政治学とは別の仕方で」）。

たとえば、数名の学生が参加する大学の授業。その成り立ちを解釈学的に確認しよう。芋洗いをする猿の飼育室を見学に来たAくんは学生〈として〉パイプ椅子を机代わりにもちい、B先生がホワイトボードに記す説明をノートに写しながら、熱心に話を聞いている。こうした諸行為では、自己、他者、状況が重層的に共開示されるなかで文脈的知性が発揮されており、希望する研究室の授業だけに時間はあっという間に過ぎていく。かたやB先生はこのように飼育室を教室〈として〉使用しているわけだが、いつもどおりに和やかな雰囲気で授業は進んでいる。実はこの先生、Aくんの叔父である。先週は授業後に教室で甥っ子〈として〉法事の集合時間を聞いていた。Aくんが初めての飼育室見学に緊張することなく臨めたのも、学生〈として〉ではなく、親戚〈として〉気心が知れた間柄だからであった。

人間はこうして多種多様な情態的了解が織りなす重層性を生きるなか、自己、他者、状況の解釈的了解はいずれの層にあっても時間性にもとづき、こうした構えのもと、それぞれのアスペクト転換を遂行可能であり、これに応じて、世界のなかでわれわれにその一部が共開示されている地平的意味集合を全体的に変更しうる。共開示のこのアスペクト転換が可能であるのも、或る状況のなかで特定の事象へとかかわることと必ず相即している私の自己関係が、重層的生のいずれの層にせよ、時間性の自己関係一般をその基底とするがゆえであった。[15]

さて、件の授業中に、ニュースで報じられていた逃亡犯が飼育室へと乱入し、その場にいた人びとを人質に取ろうとした事件が起きたとしよう。飼育室は危うく悲惨な現場となってしまうところで、とはいえ、或る護身術大会で優勝した実績をもつＡくんはパイプ椅子を打撃具〈として〉もちい、逃亡犯を即座に取り押さえる。緊迫した状況下、相手の動きをスローモーションのごとく的確に把握し、急所をＡくんが一撃で突いたからである。このとき、一方でＢ先生や友人は、自分たちを助けてくれたヒーロー〈として〉Ａくんを尊敬の眼差しで見つめ、他方、猿は飼育室の異常事態に怯えていまだ檻を激しく叩いている。

後日、聞いたところでは、人間を同定するために「表情知覚」を実行できるかのように見えるＡＩ機能、つまりは「特徴学習」によるパタン認識のＡＩ機能を装備した監視カメラは、犯罪者データに逃亡犯の情報を新たに加え、監視社会体制のさらなる強化を達成したとのこと。ただし、目や鼻、口の位置関係を確認して人間を同定するＡＩ監視カメラは、件の位置関係が人間と似た猿にも反応してしまっていた……。

これに対して猿であれば、逃亡犯襲撃に対して本能的に騒いで威嚇するだけであり、逃亡犯が檻のなかに侵入するなら、自分の牙で相手を倒そうとするか、逃げるかである。その猿とも異なり、共感する動物であるピグミー・チンパンジー、つまり、ボノボであれば、逃亡犯に蹴飛ばされた他のボノボをそのときは気遣うのだろう。そもそもチンパンジーは、危険を察知して木の全体や状況を把握しなければならなかったがゆえに、人間以上に短期記憶能力を発達させ、それなりに人間と似た仕方で自己、他者、状況の共開示を遂行する社会的で記号的な動物である可能性が検討されえたが（cf. 拙稿「ドイツ哲学で認識の身分を問う」）、なかでも、アフリカに生息するボノボの共感能力と性行動はいっそう独自の進化を遂げていたからである。[16]

ここで哲学史をふりかえっておくと、十八世紀スコットランドの経験論者デイヴィッド・ヒュームは、人間の本質を見定めて「共感」だと答えていた。[17] 人間もボノボも同じ「共感する動物」だとすれば、存在者の本質を規定する「類と種差による定義」[18]にあって種差それ自体がぼやけてしまう。しかしながら、〈文脈的知性をもつ時間的動物〉の人間が発揮する共感能力は、[19]ボノボのそれとは異なっている。

前述した事件。定年間近のＢ先生は今後会うこともなくなる学生Ｃさんの繊細さを思い、逃亡犯の人質にされそうになった今回の恐怖体験が「心的外傷」となってこれからの人生を苦しいものにしないか、未来の可能性までを心配する。というのも、他者と共に生と死の意味に与かる人間は、そうして自分が死んだあとの未来にまで開かれていると同時に、究極的には不可知の未来にかんしても了解可能性の高い範囲に注目する観点から、重層的意味集合の可能無限的全体性たる世界一般を特定の地平的文脈へと囲い込み、不可知の未来に対してもそれなりに安定した対応が可能だからである。人間は時間性のこうした脱自的構造にもとづいて共感能力を発揮している。

ボノボは、と言えば、投げ込まれた現在的状況に束縛されており、また、その現在と隣接する近未来の状況が連続的なものにせよ、新たなものにせよ、現在的対処を実行するだけであった。とはいえ、ヒューバート・L・ドレイファスが「フレーム問題」として指摘したように、AIのプログラムは事前に特定されていない状況に対処さえできず[20]、この意味でボノボ未満である。人間、動物、AIのこうした比較は、本書につづくドイツ認識論史論集『見ることに言葉はいるのか』の終章「ドイツ哲学で認識の身分を問う」（横地）であらためて行なっているが、われわれが生きる二〇二〇年代の現実として例示しておけば、ドローン兵器は、人間が直接操作する場合にせよ、行動を事前にプログラミングする場合にせよ、そのAIを内蔵している[21]。仮にフレーム問題に文脈的対応が可能なAIが制作されたとしても、人間が血肉をもつ人間であるために原初的に遂行する友／敵の人為的分割をその文脈的AIは当然遂行できず、だから、AIにそもそも友と敵はいない。

……誰が死に、誰が生き残るのか、この問いを具体的人間たちがみずから生きるなか、友／敵に分割されたトポスで使用されている機械が、友／敵なきＡＩを内蔵したそのドローン兵器であった。

　価値さまざまの単純な創発的性質から図式的に統べられた可能無限的な意味連関の重層的全体性が剥ぎ取られた彼方で人間的トポスの原初的分割がなされる仕方は、やはり本書の第一章「誰が死ぬのか」（信太）を参照していただくとして、解釈学的観点から人間的本質を簡単にふりかえり、間奏を閉じたい。

　アスペクト的な意味、つまりは図式的な意味だけでなく、価値もふくめ、これらの多種多様を全体論的にまとめ、人間に生きられる多種多様な生を重層的に地平化して省察的知能の高次階層を開きうる人間の文脈的知性は、[22] トッド・Ｅ・ファインバーグとジョン・Ｍ・マラットの「神経生物学的自然主義」の観点から見れば、[23] 大脳、小脳、脳幹という有機化合物が互いに作用する複合構造のもとで主には高次階層の大脳皮質で創発しているのかもしれない。[24] シェーラーは諸徳のなかで「価値の秩序」と「心情の秩序」との結びつきを見ていたが、[25] この秩序もまた、脳全般の複合構造とおそらく何らかは相即しているだろうし、いずれにせよ、そうして〈文脈的知性をそなえる時間的動物〉のわれわれ人間は、ボノボとはやはり異なっている。

　動物でもＡＩでもないわれわれ人間は、戦いと平和をとらえて何らかのアスペクトを閃き、その地平的図式の規則性を介して独自の価値世界を開くことができる。あるいはむしろ逆に、われわれ人間は一人一人それぞれに異なる具体的生を等身大で生きる人間であるべく、友／敵の人為的分割を原初的に生き、われわれの政治的トポスを開いていく。

人間は、そうした場所で何と戦い、何に平穏を見出してきたのか。古代から現代まで、戦いと平和にかんする典型的思索をあらためて近現代哲学的観点から読み解いた本書の諸論考を通じて、読者のみなさんとこの問いを共有できるとしたら、執筆者一同、幸いである。

凡例

慣例に従い、論文中の敬称は省略した。太字強調は論者横地によるもの。弘前大学出版会「哲学四部作」と欧文テキストは、その参照を本文中にもりこんだ。

註

1　ベンジャミン・リベット『マインド・タイム――脳と意識の時間』（下條信輔、安納令奈訳、岩波現代文庫、二〇二一年）のvi頁を参照。

2　情態的了解の重層性にかんしては、拙稿「ハイデガーとウォルトン――虚実複合の世界が私に開かれる仕方」（弘前大学人文社会科学部編『人文社会論叢（人文社会科学篇）』、第六号、二〇一九年）を参照。

3　アルフォンス・デーケン『人間性の価値を求めて――マックス・シェーラーの倫理思想』（阿内正弘訳、春秋社、一九九五年）の十七頁を参照。

4　デーケン『人間性の価値を求めて』の十六頁以下を参照。

5　マックス・シェーラー『倫理学における形式主義と実質的価値倫理学　上』（シェーラー著作集1、飯島宗享／吉沢伝三郎訳、白水社、一九七六年）の二〇〇～二〇八頁を参照。併せてデーケン『人間性の価値を求めて』の四三頁以下を参照。

6　マックス・シェーラー『倫理学における形式主義と実質的価値倫理学　上』（シェーラー著作集1、飯島宗享／吉沢伝三郎訳、白水社、一九七六年）の七二～八一頁を参照。

7　拙著『戦争の哲学――自由・理念・講和』（東北大学出版会、二〇二二年）の終章「生きている『戦争論』」を参照。

8　Vgl. *Der Begriff des Politischen, Text von 1932 mit einem Vorwort und drei Corollarien*, Duncker & Humblot Gmbh, 2015[1963].

9　Carl von Clausewitz, *Vom Kriege*, Reclam, 1980[1832], S. 9.

10　野家啓一『無根拠からの出発』（勁草書房、一九九三年）の二五四頁以下を参照。

11　Vgl. Jakob J. B. von Uexküll, *Streifzüge durch die Umwelten von Tieren und Menschen Ein Bilderbuch unsichtbarer Welten*, Fischer, 1992[1934]. 併せてユクスキュル／クリサート『生物から見た世界』（日高敏隆、羽田節子訳、岩波文庫、二〇〇五年）を参照。

12　信太的シュミットのトポグラフィによって垣間見られた「ポレモス的なトポス」も、具体的な人間がみずから生きていく遂行的問い〈誰が死ぬのか〉が、戦死者を賞揚する「弔いの解釈学的ロゴス」において回顧的問い「誰が死んだのか」へと変質したとき、その解釈学的ロゴスによって隠蔽されるのかもしれない。〈誰が死ぬのか〉の問いを具体的人間がみずから生きていく遂行的自由が探り直される場面である。

13　学生たちが日常を生きる「学校現場」で「教員」の「政治的中立性」がその学生たちにも課せられる場合、「ひとりひとりの個人による中立性の追求が、およそあらゆる政治的意見を中立的ではないもの、バイアスのかかったものとして、ひとしなみに排除してしまうことにすり替わるという事態」が生じうるが（cf. 本書終章の遠藤「戦うことの是認?――「戦うことに意味はあるのか」という問いについて」）、左右いずれの政治的立場にせよ、社会主義グローバリズムのパルチザンが教員〈として〉その学校に潜伏していれば、①「中立性は大切！」と正義漢気取りで声高に話し、「任意の政治的意見」を排除する仕組みとしてその「事態」を活用しつつ、同時に、②学校内では嘘や罠を駆使した権力闘争を手段に狡猾な工作活動を行ない、あるいは③学校以外で学校関係者に対する社会主義への「オルグ」を行ないうる。このとき、学校とその隣接領域は、日常のオブラートに包まれながらも、学校で日常を過ごす具体的人間一人一人に実は〈誰が死ぬのか〉という問いが他者から突きつけられる生々しい場所とされてしまう。この場所にまずもって欠けているのは、〈誰が死ぬのか〉の問いを具体的人間がみずから生きていく遂行的自由であり、本人がその自由に気がつき、みずから遂行していかなければ、それはずっと欠けたままである。そもそも〈誰が死ぬのか〉という問いは受動的に課される仕方で生きられうる問いではなかった。このあたりの事情は、拙著『戦争の哲学』の§30「クレフェルトの誤解」や九五頁の注一五二（スターリン教徒やヒトラー教徒の全体主義的テクネー）を参照。また「すりかえ」の重層性にかんしては、拙著『戦争の哲学』の§8「『プラトン』講義から見た『全体的支配』」や§18「〈アスペクト盲〉と〈すりかえ〉」、§19「〈すりかえ〉概念小史と公私論」を参照。学校現場の「いじめ」で〈誰が死ぬのか〉という問いを具体的な子供が他者から課される状況を支配的教員とその小さな代弁者たちが形成する仕方にかんしては、赤坂憲雄『排除の現象学』（ちくま学芸文庫、一九九五年）の第一章「学校／差異なき分身たちの宴――いじめの場所の構造を読む」を参照。

14　Pierre Teilhard de Chardin, *L'apparition de l'homme*, Œuvres de Pierre Teilhard de Chardin 2a, Seuil, 1956, p. 313f. 併せてシャルダン『ヒトの出現』（高橋三義訳、みすず書房、一九七〇年）の三一二頁を参照。

15 マルティン・ハイデガーの一九二七／二八年冬学期講義『カント『純粋理性批判』の現象学的解釈』(*GA25*, V. Klostermann, 1995) の§23「カテゴリーの超越論的演繹論にかんする問題設定」を参照。

16 松本元、松沢哲郎『ぼくたちはこうして学者になった——脳・チンパンジー・人間』(岩波現代文庫、二〇一九年) の一三七頁以下を参照。

17 ヒュームの「共感」概念にかんしては、『人間本性論　第二巻——情念について』(石川徹、中釜浩一、伊勢俊彦訳、法政大学出版局、二〇一一年) の第一部§11「名声への愛について」を参照。

18 アリストテレス『形而上学（上）』(出隆訳、岩波文庫、一九五九年) のZ巻、第十二章を参照。ロゴスを記号と捉えるならば、チンパンジーも記号を見分けて操る能力をもつが、前掲書の「類と種差による定義」に従い、いわゆる「ロゴスをもつ動物 (*zōon logon ekhon*)」(cf. Aristotle, *Politica*, I-2, 1253a1-10) と規定して人間的本質を指摘する場合、そのロゴスを多義的に解釈可能であることそれ自体が人間に固有の本質にはふくまれている。小稿の立場で言えば、解釈的な情態的了解の「語り」＝ロゴスがもつ多様な機能を文脈的知性の観点から解明できることそれ自体が人間的本質にふくまれているということである。

19 拙稿「人間と時間の小史——多様な虚実のなかで」(弘前大学人文社会科学部編『人文社会科学論叢』、第十二号、二〇二二年) を参照。

20 柴田正良『ロボットの心——7つの哲学物語』(講談社現代新書、二〇〇一年) の第四章「フレーム問題」を参照。

21 グレゴワール・シャマユー『ドローンの哲学——遠隔テクノロジーと〈無人化〉する戦争』(渡名喜庸哲訳、明石書店、二〇一八年) の五三〜六六頁、二三九頁以下を参照。

22 それゆえ、サイバネティクスの開祖であるノーバート・ウィーナーは、人間と同等以上の知能をもつ「オートマトン」の制作には「ラッセル＝ツェルメロのパラドクス」を（解消するのではなく）解決する知能の開発が必要だ、そう考えていた可能性がある。Cf. Norbert Wiener, *God & Golem, Inc.: A Comment on Certain Points where Cybernetics Impinges on Religion*, MIT Press, 1964, pp. 6-8.

23　ジョン・M・マラット、トッド・E・ファインバーグ『意識の神秘を暴く――脳と心の生命史』(勁草書房、二〇二〇年)の一五七頁を参照。

24　ジェフ・ホーキンス『脳は世界をどう見ているのか――知能の謎を解く「1000の脳」理論』(大田直子訳、早川書房、二〇二二年)を参照。

たとえば投球にかかわる運動連鎖は、大脳皮質の運動野と小脳が連携して遂行されるが、投手は投球術を駆使するなかで「この一球」を投じ、それだけではなく、監督、コーチ、野手とのコミュニケーションも行ない、「勝てば、優勝」の意味に迫られた場面でファンの声援に後押しされたりもする。こうして身体、ロゴス、パトスの諸相がさまざまに働くとき、投球一つを取ってみても、それが脳全般のどの部位が連携して遂行されるのかが問われうる。

25　デーケン『人間性の価値を求めて』の十二頁を参照。

［付記］間奏を準備するさい、塩谷賢さん、信太光郎さん、遠藤健樹さん、山田圭一さんからは貴重なご助言を数多くいただいた。ただ、私の理解が描く、ご助言を生かせていない面、誤解している点があると思う。このことを記しつつ、ご助言に深謝します。

第5章　ラルフ・W・エマソン「偉人の効用」

――『代表的人間』所収、訳と解題

佐藤　香織

偉人を信じるのは自然なことだ。幼年時代の仲間が万一英雄になったとすれば、その様子が王のように堂々としたものであったとしても、そのことがわれわれを驚かせはしないだろう。あらゆる神話は半神半人で幕を開けており、その状況は高貴かつ詩的である。すなわち彼らの天賦の才は至上のものである。ゴータマの伝説では、最初の人間たちは土を食べ美味で甘いと感じていた。[1]

自然[2]は優れた人びとのために存在するように思われる。世界はよき人びとの誠実さに支えられている。彼らは大地を健全なものにするのだ。彼らとともに住む者たちは、生が喜ばしく滋養に富んだものであると気づいた。このような社会に対するわれわれの信頼のうちでのみ、生は快く耐えうる。現実的には、あるいはまた理想においても、われわれは立派な人びとと共に生きようと奮闘している。われわれは自分の子供や土地に彼らの名前をつける。彼らの名は言語のうちで動詞〔などの品詞〕に用いられ[3]、彼らを描いた作品や彼らをかたどった彫像が家々の中に置かれ、そして日々の事柄はどれも彼らの逸話を思い起こさせる。

偉人を探し求めることは若者の夢であり、そして成人した人びとの最も重大な関心事である。われわれは偉人の作品を見つけるために、そしてもし可能なら彼を一目見るために、異邦の諸地域を旅する。しかしわれわれは代わりの幸運な巡り合わせに出会って気をそらされてしまう。よく言われるようにイギリス人は実際家で、ドイツ人は快くもてなしてくれる。バレンシアは気候がよく、サクラメントの丘には採集用の黄金がある。まさにそうなのだ。しかし私は気持ちの良い、豊かでよくもてなしてくれる人びと、もしくは晴れやかな空、あまりに高価な金塊を見つけるために旅をするのではない。もし元来豊かで力に満ちた人びとがいる国々や家々を指し示す磁石があるとすれば、私はすべてを売り払ってそれを買い、今日にも旅路を歩むことだろう。

人類は彼らへの信頼に基づいて歩みを共にする。その都市にある鉄道を発明した人がいるという知識は、全市民の信頼を高める。しかし、もし莫大な人口は、それが物乞いであるとするならば、動くチーズ[4]、もしくはアリやノミの山のように不愉快である。増えれば増えるほど害悪なのだ。

われわれの宗教[5]とはこうした守り手への愛と思慕である。神話物語の中の神々とは偉人たちの光り輝く瞬間なのだ。われわれは容器すべてを一つの鋳型へと流し込む。ユダヤ教、キリスト教、仏教、イスラム教についての膨大な神学は、人間の心の必然的かつ構造的な活動である。歴史学者は、衣服や絨毯を買おうとして卸売店に行く人のようなものだ。彼は新たな品を得たつもりでいる。しかしもしその工場に行くことがあれば、彼は自分が新たに得た物が、テーバイのピラミッドの内壁にある渦巻き模様と薔薇飾りをいまなお反復していると分かるだろう。われわれの有神論は人間の心の純化である。人は、人以外の何も描くことも、作ることも、思考することもできない。偉大な物質の元素は人間の思考に起源を有していると人は信じている。そしてわれわれの哲学は、一つの本質が集合したり離散したりしていると考えているのである。[6]

ここで他人からわれわれが得ることのできる奉仕の種類を調べはじめるとして、[7]そのさい、当代の研究の危険に注意を払い、ごく卑近なところから始めよう。[8]われわれは愛と争ってはならないし、他の人びとの実質的存在（substantial existence）を否定してはならない。そんなことをしたら何が起こるか私にはわからない。われわれには社会という強みがあるのだ。他人に対するわれわれの愛情は、どんなものも供することがないであろう優位もしくは一種の足がかりをつくりだす。私は一人ではできないもう一つのことによってそうしたことができる。私は自分に対して最初に言えないことを、あなたに対しては言うことができるのだ。われわれはレンズを通して自分の心を読むのであって、他人はそのレンズなのだ。各人は自分自身とは異なる性質の心を、それもそうした類のうちで良いものを探し求める。すなわち彼は他人たちを、それも最たる他であるような人びと（the otherest）を探すのである。その本性が強ければ強いほど、反応もまた強い。その性質を純粋にしておこう。少々の天才はそのままにしておこう。人びとの間の主要な差異は、自分自身の事に精を出すか否かだ。人とは、しゅろの木のように内側から外側へ向かって成長する、気高い内生的植物である。他人にはできなくとも、彼は速やかに、そして気軽に彼自身の事を始めることができる。甘くあることは砂糖にとって、塩辛くあることは硝石にとってたやすいことだ。[9] われわれはひどく骨折って、一人でにわれわれの手の内に落ちるであろうものを待ち伏せして罠にかける。思うに、他の人びとが苦労してやっとのぼっていく高き思考領域に住まう人が偉人である。他の人びとは骨の折れる修正を重ね、数多くある誤りの源泉に警戒し続けなければならないのであるが、偉人は真理の光の中、幅広い諸関係のもとで物事を見るためには目を開けるだけでよい。われわれに対する彼の奉仕はこうした類のものだ。美しい人がわれわれの目にその姿を描くのに努力はいらないのだが、その恩恵はなんと素晴らしいことか。賢明な魂が彼の性質を他人たちに伝えるためにもやはり努力はいらない。各人はやすやすと最善を尽くすことができるのだ。「濡れ手で粟（少ない力で、多くの利益を――Peu de moyens, beaucoup d'effet)」[10] である。ありのままの人、そして他人を想起させることの決してない人こそが偉大なのだ。[11]

しかし偉人はわれわれと関係しているに違いなく、われわれの生は彼から何らかの説明を約束してもらうことが期待できる。私がこれから何を知るかはまだわからない。しかし、私が立てる能力のない数々の問いに、その人となりと行動でもって答える人がいるということを、私は見てきた。同時代の人びとの誰も立てていない、孤立した問いに答える人がいるのだ。過ぎ去った、そして過ぎ去りゆく宗教や哲学は他の数々の問いに答える。豊かな可能性としてわれわれに影響を与える人もいるが、彼らは、自分たちおよびその時代には役に立たず――その空気の中で支配的な何かの本能におそらく翻弄されるのだ――、われわれの求めに応えることはしない。しかし偉人たちはわれわれの傍らにいて、一目で偉人であるとわかる。彼らは充分に期待に応え、適所におさまる。優良なものは効果的で生産的であり、自身の居場所や食物や味方をつくる。健康なりんごは種子を生むが、交雑したものには種子がない。自分の場所にいる人は、建設的で創造力に富み、人を惹きつけ、人びとを目的で満ちあふれさせ、その結果目的が実行される。川はその河岸をつくり、各々の正当な考えはみずからが通る運河をつくる。そして、食物の収穫期を、表現のための制度を、戦うための武器を、そしてそれを説明するための弟子を迎えるのだ。真の芸術家には足場となる地球があるが、他方冒険家は何年もの奮闘を経たあげく、自分の靴幅より広いものは何も持たない。[12]

通常の言説においては、優れた人びとに由来する二種類の効用もしくは奉仕が重んじられている。直接的な寄与は、人間が持つ初期段階の信頼にとっては快いものである。これは物質的ないしは形而上学的な助けの直接的な寄与のことであって、たとえば、健康、永遠の若さ、鋭い感覚、治療の技術、魔術的な力そして予言等々である。少年は知恵を売ってくれる教師がいると信じている。様々な教会はみずからに帰属する利益があると信じている。しかし、厳密に言えばわれわれは直接的な奉仕をあまり認めていない。人間は内因的であり（endogenous）、教育とは内から外へと展開することである。われわれが他人たちから得る助力は、われわれのうちなる自然（本性：nature）の発見と比べて機械論的である。自分で発見して学んだことは、実際行うさいに喜ばしく、その効果は長く残るのだ。真っ当な道徳は中心部にあって、魂の内から外へと向かう。贈与は〔内因的であるという〕宇宙の法則に反している。他人たちに奉仕するとは、われわれに奉仕することだ。私は、私を自分自身に向けて解放しなければばならない。「あなたのことを気にかけよ（Mind thy affair）」と精神は言う。「愚かな者よ、あなたは空のことや他人ごとに干渉しようというのか」。こうして残るのは間接的な奉仕である。人は絵に描いたように模範的な、もしくは代表的な性質を有しており、知性においてわれわれに奉仕する。ベーメン[13]とスウェーデンボルグ[14]が見てとったのは、事物は代表的であるということであった。人間もまた代表的である。第一に事物に関して代表的であり、そして第二に観念に関して代表的である。

植物が無機物を動物の食物に変えるように、各人は自然にある未加工の物質を人間が使用するものへと変える。火、電気、磁力、鉄、鉛、ガラス、リネン、絹、綿を発明した人、道具を作製した人、小数の表記を発明した人、幾何学者、機械工、音楽家といった人は、知られざる信じがたいほどの困惑を経て、それぞれ万人が通りやすい道を開いている。各人は秘密裏に自然のなんらかの分野と繋がって、自分がその代理人かつ解釈者となっている。リンネは植物の分野、ヒューバーは蜂の分野、フライは苔類の分野、ファン・モンは梨の分野、ダルトンは原子の形、ユークリッドは線、ニュートンは流率の代理人であり解釈者なのだ。

人間は自然の中心であり、液体や個体、質料や元素といったあらゆるものを通じて関係をつくる糸を繰り出す。地球は回転しているのだから、土塊や石はすべて特定の子午線上に現れる[15]。それと同じように、器官や機能、酸、結晶、埃の粒にいたるまですべては脳と関係がある。長く待つのではあるが、順番はやってくる。植物のそれぞれには寄生生物がいるし、被造物のそれぞれにはそれを愛好する人や詩にうたう人がいる。蒸気、鉄、木、石炭、天然磁石、ヨウ素、トウモロコシ、綿に対しては既に正当な扱いがなされてきた。しかし、われわれの技術によっては、いかにわずかな物質しかいまだ使われていないことか。大量の生物や品質はいまなお隠されたまま待機している。各々は、あたかもおとぎ話の魔法にかけられたお姫様のごとく、助けてくれる運命の人を待っているように見える。各々は魔法から醒めて、人の姿をとって日のもとを進まなければならない。発見の歴史においては熟しつつも隠された真理が自身のために脳を形作ってきたように見える。磁石[16]は、ギルバート[17]、スウェーデンボルグ、もしくはエルステッド[18]のような人において人間となり、一般の精神は後からその諸力に与ることができるようになる。

最初の利点のみにとどめて論じるとすれば、控えめな恩寵は無機物と植物の王国に付随しており、それは最高潮の瞬間において、自然の魅力——円材のきらめき、類似性の確かさ、角度の正確性——として現れる。光と闇、熱と冷たさ、飢えと食物、甘さと酸味、固体、液体、気体といったものが快楽の輪となってわれわれを取り囲み、心地よいせめぎあいによって日々の生活の気晴らしとなる。目は日々万物に対して「彼はこれを見て、よしとされた[19]」という最初の賛辞を繰り返す。われわれはどこにそれらの万物を見出しうるか知っている。そして、事物どうしが競いあうふりをする多少の経験のあとでは、これら演者であるところの事物はなおさら生き生きと感じられる。われわれにはまたさらなる利点を得る資格がある。科学には何かが欠けていて、後からそのような何かは人間に関わるようになってきた。対数表と、植物学や音楽や光学や建築学における対数表の重要な役割は別のものだ。知性と意志の結合によってこれらの学問が生活の中に入り込んできて、会話や人格や政治の中に再び現れるとき、算数や解剖学や建築や天文学への進歩があるわけだが、こうした進歩があるのではないかと考えられることは、最初はほとんどなかった。

しかしこうしたことは後からやってくる。今はただ、それらの学問に固有の領域におけるわれわれの知見についてのみ述べているのであり、一生かけて一つのことに専念する天才たちをそれらの学問が魅了し惹きつける方法についてのみ述べている。解釈の可能性は、観察者と観察されたものの同一性のうちにある。各々の物質的なものは天上的な側面を持っており、人間を通じて霊的で必然的な領域へと移され、そこで他の何にも劣らず打ち壊されることのない役割を果たす。そして万物はこれらの目的に向かって絶えず上昇していく。気体は集まって堅牢な天[20]となる。化学物質は植物となって成長し、四足動物となって歩き、あるいは人間となって思考する。しかしまた、選挙民こそが投票して代表者を決定するのだ。代表者は、代表者であるばかりではなく、投票者でもある。似た者どうしは互いによってのみ知られうるのだ。代表者が選挙者について知っているのは、代表者が選挙者の一員だからである。代表者はまさに自然から、もしくはそうしたものの一部から生まれてきた。生物となった塩素は塩素を知っており、肉体の形をとる亜鉛は、亜鉛を知っている。代表者が属するそれらの性質が代表者たる彼の経歴を作るのだ。そしてそれらの性質が代表者をつくっているので代表者は様々に彼らの美徳を表に出す。人は世界の塵から作られているのだが[21]、みずからの起源を忘れはしない。未だ生命を持たないものもみな、いつか話したり推論したりするようになるだろう。未だ表に現れていない性質も、その秘密のすべてが語、みずからの起源を忘れはしない。未だ生命を持たないものもみな、いつか話したり推論したりするようになるだろう。未だ表に現れていない性質も、その秘密のすべてが語られることになるだろう。石英の山を砕いたら、無数のウェルナー、[22]フォン＝ブーフ、[23]ボーモン、[24]などになるとでも言おうか。そしてまた、大気という実験室は、ベルセリウス[25]だかデーヴィー[26]かわからないものを様々な気体が溶解した中に抱え込んでいるとでも言おうか。

こうしてわれわれは暖炉のそばに座ったままで地球の両極につかまっている。[27]この準偏在性がわれわれの愚かさ加減を埋め合わせている。天と地が出会い互いを美しいものとするこうした素晴らしい日々のうちの一日を一度しか過ごすことができないのはもの足りなく思われる。様々な方法かつ様々な場所でその見事な美しさを祝福することができるように、千の頭、千の身体が欲しいとわれわれは望むのだ。それは気まぐれな思いつきであろうか。正直なところ代理人（proxies）たちを通じてわれわれは何倍もの働きができる。[28]いかにたやすくわれわれは彼らの努力を受け入れて利用することか。アメリカに来る船はみなその海図をコロンブスから手に入れた。小説はみなホメロスに負っている。カンナ削りをする大工はみな、忘却された発明者である天才のおかげで仕事ができる。生活は諸学からなる星座の帯に取り囲まれており、つまりは光の一点をわれわれの空に加えて亡くなった人びとの貢献に取り囲まれているのであって、機械工、仲買人、法律家、医師、道徳家、神学者、そしてすべての人はなんらかの学のある限り、われわれの状況の緯度と経度を定義する者であり、地図作成者なのである。四方に向かって道を開く者はわれわれを豊かにしてくれる。われわれは生活の領域を拡張し関係を増やしていく。古来の地球で新たな財を見つけることで、われわれは新たな星を得るのと同じくらいに多くを得る者となるのだ。

これらの物質的もしくは半ば物質的な助けを受けるにあたって、われわれはあまりにも受動的である。しかしわれわれは袋や胃袋であってはならない。一歩進んで言えば、われわれは共感（sympathy）を通じてさらによく奉仕を受けることができる。活動は伝染性のものだ。他の人が見るところで見て同じものについて語ることで、彼らを誘惑した魅力をわれわれも把握する。ナポレオンは、「一人の敵とあまりにも頻繁に戦ってはならない。そうすれば、あなたの戦術のすべてを彼に教えることになろう」と述べていた。強い心を持った人であればどんな人とでも話せばよい。そうすれば、われわれは物事を同じ光のもとで見る習慣をすぐに得て、事あるごとに彼の思考を予期するようになる。

人間は知性と情動性によって役立つ人になる。その他の助力は誤った見せかけであると思う。もしあなたが私にパンと火をくれるというならば私はその代金を全額払うだろう。その結果、私はもとのままであるのみで、特によくも悪くもなっていない。しかし、道徳的な心の力のすべては積極的な善である。それはあなたが意図しようとしまいとあなたの内から外に出て、あなたが助けようと思っていなかったこの私に利益を与える。私は、あらゆる種類の人格的活力や実績の偉大な力について聞いただけで新たな決意をなす。われわれは、人間のなしうることすべてについて競争心を持っている。「彼が凄まじく精力的に働けるというのは、私はわかっている」という、サー・ウォルター・ローリー[29]についてのセシル[30]の言明は印象的だ。クラレンドン[31]の人物像についてのハムデン[32]の言明も同じである。「彼は最も辛い困難によって倦み飽きることの決してない勤勉さと注意深さを、どんなに巧妙かつ細心な者にも付け込まれることのない数々の要素を、そしてこうした彼の最高の要素に匹敵する人格的勇気を備えている」とハムデンは述べている。また、フォークランド[33]はクラレンドンについて、「あまりにも厳格な真理の賛美者であったので、虚飾で身を飾ることは彼にとって、盗みを働くことと同じようなものだ」と述べている。プルタルコスを読めば私はきっと血が騒ぐし、中国の孟子の名言「聖人は百世の師なり。伯夷の風を聞く者は、頑夫も廉に、懦夫も志を立つるあり」[34]も受け入れる。

こうしたことが伝記の教訓である。しかし世を去った人びとが、その名が彼らほど長くは残らないかもしれないわれわれの同輩のような生身の体に触れることは困難である。私が考えたこともない人が何だというのか。各々孤独でありながらもわれわれの天才を助け、驚くべき方法でわれわれを刺激する人びとがいるというのに。他人の運命を本人よりもよく見通す力、そして大胆な鼓舞で彼を任務へと向かわせる力が愛にはある。何であれわれわれのうちにある美徳すべてにすばらしく惹きつけられることほどはっきりと現れる友情があろうか。こうしてもはや、自分たちや人生のことをわれわれが軽く考えることは決してないだろう。われわれは何らかの目的へと向かうのであって、鉄道を掘り進めていく人の勤勉さがわれわれを恥じ入らせることはもうないだろう。

コリオラヌス[35]やグラックス[36]から時代を下ってピット[37]、ラファイエット[38]、ウェリントン[39]、ウェブスター[40]、ラマルティーヌ[41]に至るまで、私が思うに非常に純粋なあの敬意、あらゆる階級の人がその時代の英雄に対して払うあの敬意がこの項目には入っている。通りの歓声を聞きなさい。民衆は彼をどんなに見ても飽きることがない。彼らは一人の人に喜ぶのだ。頭と胴体が見える、なんというすばらしい額だ、なんというすばらしい目だ、アトラスのように大きな肩だ、そして見事な体のつくりをもたらすのにふさわしい内なる力をそなえた英雄的な体つきだ、と。[42] 彼らの私的な経験でいえば、たいていは束縛され阻害されるものを十分に表現するこの快感はずっと高いところまで駆け上るのであって、この快感は文学の天才に対して読者が抱く喜びの秘密である。抑え付けられているものはもう何もない。鉱石の山を溶かすのに十分なほどの熱意があるのだ。シェイクスピアの主な功績は、万人の中で彼が最もよく英語を解し、意図することを言い表しうるという言葉で伝えられるのかもしれない。しかし表現が流れゆくこうした運河や水門は、健康つまり幸運な体質であるにすぎない。シェイクスピアの名は、また別の純粋に知的な恩恵を示唆しているのだ。

上院議員や元首は、勲章、剣、紋章の入った上着を身につけてはいるが、何らかの高みから人間に向けて考えを述べているとか彼の知性は既に知られているといった賛辞を得てはいない。こうした栄誉は個人どうしの交際においては人生で二度もないが、天才には永続的に与えられる。もし百年の間に数度栄誉の申し出が天才に受け入れてもらえるならば栄誉は満たされる。諸観念を示す人が出現するさいに、物質の価値を示す人は料理人や製菓職人のようなものにまで地位を落とす。天才とは超感覚的な領域についての自然主義者もしくは地理学者であって、その領域の地図を描き、新たな活動分野をわれわれに紹介することで、古い分野に対するわれわれの情熱を冷まさせる。われわれがこれまでに関与してきた現実の世界は芝居であって、これら新たな活動分野はすぐに現実として受け入れられるのだ。

体育館やスイミングスクールに行くと、身体的な力や美がわかる。そこにはあらゆる種類の知的偉業

――たとえば記憶力による業績や数学の組み合わせ、抽象化の偉大な力、想像力による様々な変容、さらには多芸多才や集中力――を見ることから得られる快感に似たものや、高度な利益がある。これらの行為は、それぞれ身体の諸部分に対応する、見えない心の諸器官と心の手足にあたるものをむき出しにする。というのもわれわれはこうして新たな体育館へと入り、プラトンと同じく、「眼や他の感覚の助けなしに、真理と実在へと進むことができる人びとを選ぶこと」[43]を教えられて、彼らの最も真正な特徴により人びとを選ぶことを学ぶのだから。これらの諸活動のうちで第一のものは、想像力で生まれる宙返りや呪文や復活である。こうしたことが生じるさいには、人は十倍、いや千倍も力を増すように思われる。こうしたことは計り知れないほどにすばらしい感覚を開き、大胆な心理的習慣を生じさせる。われわれは火薬から発される気体と同じくらいに軽やかで、本の中の一文や会話中の言葉はわれわれの空想を解き放つ。一瞬にして頭まで銀河に浸かり、地獄[44]の地に足を踏み入れることもする。われわれにはこのように想像を膨らませる権利があって、いったん境界線を踏み越えれば自分がかつてそうであったしごく惨めな学者にはもう二度となることはないのだから、この恩恵は現実のものである。

知性の高度な働きの数々は互いに非常に緊密に結びついているので、あらゆる優れた精神にはたいてい何らかの想像力が現れる。一流の数学家においてであってもそうであるが、直観的な思考の習慣を持つ内省的な人びとにおいては特にそうだ。こうした類の人びととは、同一性の認識と反応の認識を有しているからわれわれに奉仕する。プラトン、シェイクスピア、スウェーデンボルグ、ゲーテの目は、これらの諸法則のいずれに対しても決して閉じられることがない。これらの諸法則の認識は、精神を計測する方法の一種である。狭量な精神というのは、それらを見ることができていないから狭量なのである。

こうした饗宴にも過度というものはある。理性における喜びは、その先駆者の偶像化に堕する。とりわけ、強力な筋道を備えた精神が人間を導いてきたときに、われわれは抑圧の事例を見出す。アリストテレスの勢力やプトレマイオスの天文学、ルターやベーコン、ロックの名、また宗教においては聖人の階級の歴史、そしてそれぞれの創立者の名前をとった教団がこの好例である。ああ、人はみなこうした犠牲者なのだ。人間は愚かなのでいつも厚かましく力を振るう羽目になってしまう。見る人の目をくらませ盲目にするというのは、才能はあるが世俗的な人が喜ぶことだ。しかし真の天才は自分自身からわれわれを守ろうとする。真の天才はわれわれを貧困にすることなくわれわれを解放し、新たな意味を付与する。もし賢者がわれわれの村に現れたならば、彼と対話する人たちに対して、彼らの目をまだ観察されていない数々の利点へと開くことで、賢者は彼らに新たな富を意識させるだろう。状況がもたらす抑制と保証はみなが認めるのであるから、彼は確固とした平等の感覚を確立し、騙されることがないという確信でわれわれを落ち着かせるだろう。富裕な人はみずからの過失と貧しさを、貧しい人びとは自分たちのための逃げ道と資産を見るだろう。

しかし自然はこれらすべてを適切なときにもたらす。循環はその治療薬である。魂は支配者に耐えることができず、変化を熱望する。主婦は役立つ召使いについて、「彼女は十分長くやってくれた」と言う。われわれは傾向性とか、あるいはむしろ兆候なのであって、われわれのうちに完全な人は誰もいない。われわれは触れては進み、数多くの生命の泡沫を少しずつ嘗める。循環は自然の法則なのだ。自然が一人の偉人を去らせると、人びとは後に続く人を見渡す限り探し求める。しかしやってくる者はなく、これからもない。彼の階級にある人は彼と一緒に消える。全く異なる他の分野においては次の人が現れるだろう。ジェファソンではなく、フランクリンでもなく、今や偉大なる商人が、道路の土建業者が、それから魚類研究者が、バッファローを狩る探検家が、もしくは半ば野蛮な西部の将校が現れるだろう。こうしてわれわれは、こうしたより荒々しい主人たちに抗して踏みとどまるのだが、最高の人に抗するためにはよりよい治療薬がある。彼らが伝える力は彼ら自身のものではない。われわれが様々な観念によって高められるとき、これはプラトンのおかげであるのではなくてその観念のおかげであり、プラトンもまたその観念に負っているのだ。

一つの等級の人びとにわれわれは特別な借りがあることを忘れてはならない。人生は目盛りのついた物差しである。偉人どうしの等級と等級の間にも広い隔たりがある。少数の人は、具体化されたあの観念〔物差し〕の性質によって、もしくは彼らが広く受けいれられることによって、指導者や立法者の地位に就く資格を得るのであるが、あらゆる時代において人類はこうした少数の人に惹かれてきた。こうした人びとは第一次的な自然の諸性質をわれわれに教え、われわれはこうした人びとのおかげで諸事物の構成を知ることができるのだ。われわれは日々妄想の川を泳ぎ、空中の楼閣や町々を楽しんでおり、われわれを取り巻く人びとはそうしたものに惑わされている。しかし人生は誠実なものである。明晰に物事を見ながらわれわれは次のように言う。「私が諸現実へと入ることができるよう開かれた入り口がありますように。[45]私は道化師帽をあまりにも長くかぶりすぎた」。経済と政治の意味するところをわれわれは知ろうと思う。暗号を解く鍵をわれわれに与えよ。もし諸人格や諸事物が天上の音楽の楽譜であるならば、その曲を読み上げよう。われわれはこれまで欺かれて理性を奪われてきた。だが健全な人びとも存在していて、そうした人びとは彼らに関係する豊かな存在を楽しんでいた。彼らが知っていることを、彼らはわれわれのために知っているのである。新たな精神が登場するのに伴って新たな自然の秘密もまた知られるようになるのであり、最後の偉人が誕生するまでは、聖典が閉じられることもまたありえない。こうした人びとのおかげで、動物の霊（animal spirits）の迷妄は正しい状態に直され、われわれは思慮深くなり、新たな数々の目的と力に携わることができるようになる。人類はこうした人びとに畏敬の念を抱き、彼らに最高の地位を選ぶ。各々の町や村、家や船にいる天才を思い出させる夥しい彫像群、絵画や記念碑を見てごらんなさい。

われわれの前には常に彼らの幻影が浮かぶ。
より高貴だが血は一つであるわれわれの兄弟が。
枕元で、食卓で、彼らはわれわれに君臨する。
美しい姿をして、立派な言葉で。[46]

諸観念に特徴的な利点をいかに描き出すべきだろうか。つまり、一般の人の精神に道徳的真理を伝える人びとによってなされた奉仕をいかに説明するべきだろうか。私は自分の人生でずっと、物価に絶えずかかる関税に悩まされている。私が自分の庭で働いてりんごの木の枝を刈り込むとすれば私は十分に楽しむし、似たような仕事を無際限に続けることもできるだろう。しかし一日が終わって私はこのまったく無意味な仕事をしたとふと思うのだ。ボストンやニューヨークへ行き仕事で走り回って、それらがうまくいっても、その日もまた同じだ。わずかな利益のために支払った対価を思い出して私は苛々する。思い出すのは、その上に座った人の願いが叶うが、望むたびに一切れずつ失われていくというロバの皮だ。私は慈善家たちの集まりに行く。私ができることをせよ。私は時計から目を離せない。しかし、仲間のうちにやさしい心の持ち主が現れるとしよう。彼は政党とか人物、カロライナ州やキューバについてはほとんど知らないのではあるが、これらの個別的なことがらをうまく処理する法則を示し、偽りの参加者みなを追い詰め、身勝手な利己主義者をみな破産させるといった公正さを私に保証してくれるとしよう。また、彼が国や時代や人間の身体といったあらゆる条件からの私の独立を私に知らせてくれるとしよう。その人は私を解放するのであり、そうすれば私は時計を忘れるのだ。人びととの辛い関係から私は離れる。私の傷は癒される。朽ちることのない品々を自分は持っているのだと認めることで、私は自分を不死なるものとする。現在においては富者も貧者も参加する大規模な競争がある。われわれは限られた量の麦や羊毛や土地しかない市場に生きているのだから、私がより多くを持てば、他人は皆、持ち分が少なくなるに違いない。礼節に背くことなしに私が良いものを持つことはないように思われる。他人の喜びを喜ぶ人は誰もいない。われわれの体系は戦争の体系であり、不当な優越の体系なのだ。サクソン人の子供はみな、一番になることを望むように教育される。それがわれわれの体系である。人は人の偉大さを競争者の後悔や嫉妬や憎しみによって測るようになる。しかしこれらの新たな分野には余地がある。ここにはいかなる自己評価も排除もない。

私は全階級に属する偉人、つまり事実や思想を代表する人びとを賞賛する。荒っぽい人や人当たりの良い人も、「神の鞭〔フン族の虐殺王アッティラ〕[47]」や「人類のうちで最愛の人びと」も好ましく思う。カエサル1世も、スペインのカール5世も、スウェーデンのカール12世も、プランタジネット朝のリチャードも、フランスのボナパルト〔ナポレオン〕も好ましく思う。私は十分な能力を持った人間、役所にふさわしい役人、指揮官、大臣、上院議員に拍手を送る。鉄でできた支柱の上にしっかりと立つ主人、生まれがよく、金持ちで顔立ちが整っており、流暢に話をし、長所が多く、魅力によって万人を惹きつけ、その権力の支配下に置いて支援者にしてしまう主人を好ましく思う。剣と杖、もしくは剣のような才を持った人や杖のような才を持った人は世間の仕事をし続ける。しかし私が彼をより偉大だと思うのは、彼が自分自身とすべての英雄を退けることのできるときである。そうしたことは誰彼を問わない理性のこの基本要素、つまりこの精緻の力と抗いがたい向上力を、個人主義を打ち壊しながらわれわれの思考のうちに導き入れることによって行われる。独裁者(potentate)が何でもなくなるほどにその力は大きい。そのとき、彼は国民に憲法を与える君主(monarch)であり、魂の平等を説き、彼に仕える者たちを無教養な臣従から解放する教皇であり、自分の帝国に危害を与えることのない皇帝である。

しかし私は奉仕に関する二、三の点を少し詳細に指摘しようと思っていた。自然はアヘン〔麻酔薬〕やネーペンテース〔鎮痛剤[48]〕を惜しむものでは決してないが、生物を奇形や欠陥で損なうとき、そのどここにでも傷口のうえいっぱいにケシを置く。だから、世間の人びとが日々その傷を指差しているというのに、傷を持つ人はその傷に気づかないままそれを見ることもできず、嬉々として人生を送る。その存在が社会的害悪であるような、無価値かつ人を不快にする社会の成員は、自分は生きている者のうちで最もひどい扱いを受けていると常に思っており、同時代の人びとの忘恩と身勝手さに対する驚きから立ち直ることがないのだ。われわれの地球は、英雄や大天使にのみではなく、噂話の好きな人や看護師にもその隠された美徳を見出す。あらゆる生物に備わる習慣的惰性、保持し抵抗する活力、呼び覚まされ変化させられることへの怒り、こうしたものを宿らせたというのはあまりない計略ではないか。意見への誇り、そしてわれわれが正しいということの保証は、各々の知力とは完全に別物である。残った知覚や能力のひらめきを使用しない弱りきった老婆や、下唇を突き出した愚か者はいない。彼らは他のすべての人の愚かさに対して自分の意見をもって勝ち誇って笑っている。自分からの差異が愚かさを測る尺度である。間違っているという不安を持っているものは誰もいない。事物どうしを接合用セメントのうちでも最も固いこの瀝青〔アスファルトなどの道路舗装材〕で接着するというのは冴えた考えではないか。しかし、このように自己満足して笑っているまさにその間に、テルシテース[49]〔のような傲岸不遜な人物〕もまた愛し賞賛しうるような人物が通り過ぎていく。この人物こそがわれわれが進みゆく道を先導するはずなのだ。彼の助力は終わりなきものである。プラトンがいなかったならば、理性にかなう真の可能性への信頼をわれわれはほとんど失ってしまうことだろう。われわれはただ一つのものだけが欲しいと思っているようで、まさにその一つのものこそを欲しているのである。われわれの受容性

(receptivity) は限定されていないので、われわれは英雄的な人間と交流するのを好む。そして、偉人と交流すれば、われわれの思考と作法は容易に偉大になっていく。活力は小さいが、受容能力 (capacity) においてわれわれはみな賢者である。一つの集団には一人の賢者だけがいればいい、そうであれば伝染は素早くて万人が賢くなるのだ。

したがって偉人はわれわれが利己主義から目を洗うための薬であり、われわれは偉人のおかげで他の人びとを、また彼らの作品を見ることができるようになる。しかし全住民および全年代にありがちな悪癖と愚行がある。人は祖先よりもいっそう同時代の人に似るのだ。年老いた夫婦や長年の同居人は似てくるということがあって、彼らがごく長い間一緒に生活しているとすればわれわれは彼らを個々には識別できないだろう。世界が一つの塊へと溶け合うようにしてしまおうとする親切さが自然には付け加わっており、自然はこのような感傷的な癒着を破ろうと急いでいる。同様の同化が、一つの町、教団、政党の人びとのあいだで続き、その時代の考えが宙に漂い、それを呼吸する人に感染する。俯瞰してみれば、ニューヨークというこの都市もロンドンというあの都市も、西洋文明も、精神異常者の集まりのように見えることだろう。われわれは互いを落ち着いた状態に保ちながら、競いあってその時代の狂乱状態をかきたてているのだ。良心の呵責に抗する盾は、皆のあまねき実践であり、われわれの同時代人である。また、仲間と同じくらい賢く善良になるのは非常に簡単である。われわれは、皮膚の毛穴を通じてといってもいいくらい努力せずとも同時代人が知っていることを学ぶ。われわれは、共感によってそうしたことを把握するか、もしくは妻が自分の夫の知的で道徳的な高みに到達するように、そうしたことを把握する。しかし彼らが立ち止まったところでわれわれも立ち止まってしまう。われわれがもう一歩を踏み出せることはほとんどない。偉人、つまり普遍的な諸観念に忠実であることで自然と適合し、数々の流行を超越するような人びとというのは、これらの連帯的な過失（federal errors）[50]からの救世主であって、われわれを同時代の人びとから守ってくれる。彼らはわれわれが欲する例外であり、そこではすべてが似たようなものになる。外部から到来する偉大さは、カバラーの伝統を守るように一つのことに固執する態度（cabalism）に対する解毒剤なのである。

こうしてわれわれは天才に養われ、同僚とのあまりにも多くのおしゃべりをやめて気持ちを新たにし、天才がわれわれを導く方向の性質の深さに歓喜する。一人の偉人は小人の集団にとってなんたる保証であることか。母親はみな息子が天才であることを願っている。残りの人は当然ながらみな凡庸であるはずだというのに。しかし偉人の影響があまりにも過剰なところには新たな危険が出現する。彼らの魅力はわれわれを自分の居場所から引き離してしまう。われわれは下っ端に成り下がって知的な自殺を犯してしまったのだ。ああ、あそこの地平線にわれわれを助けてくれるものがある。つまり他の偉人たち、新たな諸性質、〔片方に偉人の乗った〕天秤を均等にするためのもう一方の重り〔となる別の偉人〕、そしてお互いの吟味がある。われわれは各々の特有の偉大さの蜜に倦み飽きる。英雄はみな最後には退屈なものに成り果てる。おそらくはヴォルテールは悪意を持ってはいなかったのであるが、善良なるイエスについて「後生だから、その人の名を二度と私に聞かせないでくれ」とさえ言った。ジョージ・ワシントンの美徳は無闇に褒めそやされるが、「ジョージ・ワシントンの畜生め」とは哀れな過激派の演説と論駁のすべてである。しかし、それは人間本性の不可欠な防衛なのだ。求心力は遠心力を強める。われわれはある人をその反対の性質を持つ人で釣り合わせるのであり、国家の健全さはそうした均衡に依拠しているのだ。

しかしながら、英雄の効用には急速に訪れる限界がある。利用しがたい事柄が数多くあるということによって、天才は皆、人が近づくことのないよう守られている。利用しがたい数々の事柄は非常に魅力的であって、遠くからはそれらはわれわれのものであるように見える。しかし、われわれはあらゆる面でこれに接近しないよう阻まれている。われわれが引きこまれれば引きこまれるほど、われわれは拒絶される。われわれのためになされた善には、なにかしら堅実ではないものがある。最高の発見を、発見者は自分のためになす。彼がそれを具体的なものにするまでは、彼の仲間にとってはそれには何だか非現実的なところがあるのだ。あたかも神が自然に送り込んだ魂のそれぞれに他の人びとに伝えることのできない何らかの美徳と力をまとわせ、存在者たちの間をもう一度循環するよう送り出すさい、その外側に「譲渡不可」「この移動のみ有効」と書き込んでいるかのようである。精神どうしの交流にはいくぶんか人を欺くようなものがある。境界線は見えないが、決して交わらないのだ。与えようとする善意や受け取ろうとする善意があるので、それぞれがもう一方になってしまいそうなくらいなのであるが、個別性の法則は、その内密の力を集中させる。つまりあなたはあなたであり、私は私であり、そしてわれわれもまたわれわれのままである。

というのも、自然は万物がみずからであり続けることを望むからだ。個体はすべて世界の端々に至るまで、成長して〔他の個体を〕排除し、〔そして他の個体を〕排除して成長しようとしており、またこうした存在者の法則をあらゆる他の生物に課そうとしている。自然は地道に各々を他のすべてから守ることを目的としている。各々は自己防衛する。ある世界では、不適切な場所で活動を続けているというだけで恩人がみな簡単に悪人扱いされてしまうし、子供が愚かな親のなすがままになっているし、ほとんどの人があまりにも社交的でお節介だ。こうした世界では、諸個人が諸個人から守られる力よりも際立っているものはない。当然ながらわれわれが話しているのは子供の守護天使についてである。悪人の唆しや俗悪さや心変わりから彼らを守ることにおいて、守護天使はなんと優れていることか。子供は目にする諸対象に対して自分に備わる溢れんばかりの美を放つ。それゆえ彼らは、われわれ大人のような哀れな教育者のなすがままになってはいない。われわれが怒って彼らに小言を言っても彼らはすぐに気にしないようになり、自己信頼(self-reliance)を獲得する。甘やかして愚か者にしても、彼らはどこか他のところで限界を学ぶ。

過度に影響されてしまうことを恐れる必要はない。より篤い信頼も許される。偉人に仕えよ。どんな恥にも拘泥してはならない。汝が為しうるいかなる義務も惜しんではならない。偉人たちの身体の手足となり、彼らが吐く息になるのがよい。自分の利己主義に折り合いをつけよ。そうすることで汝は何かより度量が大きくより高貴なものを得るのであるのだから、誰がそれを気にするだろうか。ボズウェル[51]的に些細なことまであげつらう嘲笑を気にしてはならない。自分のスカートの裾がめくれないようにするような貧弱な誇りより、献身はたやすく大きくなるだろう。別人になるのがよい。あなた自身ではなくプラトン主義者に、単なる魂ではなくキリストの僕に、単なる自然主義者ではなくデカルト主義者に、単なる詩人ではなくシェイクスピアになるのがよい。傾向性という車輪は無駄に止まらないだろうし、慣性、恐れ、もしくは愛それ自体が持ついかなる力もまたあなたをそこに居続けさせることはないだろう。続け、絶えず前へ、と。顕微鏡では単細胞生物、そして水中を動き回る繊毛虫のうちツリガネムシ（wheel insect: *Vorticella nebulifera*）を観察できる。やがて一つの点が動物の上に現れ、それが大きくなって裂け目となり、二つの完全な動物になる。常に進行中である分裂は、あらゆる思想と社会においても同じく現れる。子供は両親なしには生きていけないと考えている。しかし、そのことに気づくよりずっと前に、黒い点は現れていて、分離は生じていたのだ。子供たちはみずからの独立を、いかなる出来事からも明らかに察するだろう。

しかし、偉人という語は有害である。階級があるのか。運命があるのか。美徳への約束はどうなるのか。思慮深い若者は自然の過剰多胎を嘆く。「あなたがたの英雄は寛大で立派な様子をしている。しかしあそこにいる哀れなパディ〔アイルランド人〕[52]を見よ。彼の国など彼が引く手押し一輪車だ。パディたちの国全体を見よ」。大衆というもの（the masses）は、歴史の黎明以来、いったいなぜナイフと火薬の餌食なのか。感情、意見、愛、自己犠牲の精神を持つ少数の指導者には観念が威厳を与え、彼ら指導者は戦争と死を神聖なものにするのだが、彼ら指導者が雇っては死なせてしまう哀れな人びとにとってそれが何になろう。人間の価値が低く見積もられることは日常における悲劇である。われわれの価値が低いのと同様に他人たちの価値が低くあるべきだというのは、現実的な損失である。というのもわれわれわれは社会的交際を持たなければならないからである。

〈社会〉はペスタロッチの学校であり[53]、万人は教師でありまた生徒でもあると述べるのは、これらの提案への一つの応答であるのか。受容し与えることでわれわれは平等に奉仕を受けている。同じことを知る人びとが互いにとって長きにわたり最良の仲間であるわけではない。しかし、各々のもとにもう一つの経験を積んだ知的な人物を連れてきてみるがよい。浅い池を掘って湖から水を放水するかのごときものとなる。それは力学的な利点であり、今や彼は自分の思考を〔他人の思考をもって〕自分で塗りつぶすことができるのだから、それは各話し手にとっての大きな利益となるように思われる。われわれは自分の個人的な気分ですぐに威厳をもった状態から依存状態に移ってしまう。もし、誰かが首長の座を引き受けることなく常に立って奉仕する側にあるように見えるとすれば、それは、順番が全部巡って様々な部分が出現するのに十分なほどにはわれわれが仲間を見ていないからだ。いわゆる大衆とか凡庸な人（common men）といったものに関していえば、凡庸な人などというものは存在しない。万人は結局のところ同じ大きさである。才能はどれもどこかにその神格化の可能性があるという確信にもとづいてのみ、真の技芸は可能である。フェアプレーおよび開かれた競技場、そして勝利した者みなにかぶせられる月桂冠！　ただし天は万物に平等に機会を与えている。各人はずっと不安な状態でいるのだがついには凹面状態の天球に自分個人の光線を生み出し、この上ない高潔さと高揚においても自分の才能を見届けるのである。

現代の英雄たちは比較的偉大であって成長が早い。すなわち、彼らは成功したときには、そのとき求められている性質が熟しているような人たちである。他の時代には他の性質が求められるだろう。光線の幾つかは凡庸な観察者から逃れてしまうのであり、細かく見ることに適した目を必要とする。よりすばらしい人はいないかと偉人に尋ねてみるがよい。彼の仲間たちがそうなのだ。この仲間たちは偉大さが劣るということはなくて、むしろ社会が彼らをきちんと見ることができていないのである。自然が地球に偉人を送り込む時には、必ずもう一つの魂に秘密を打ち明けるようにしておくのだ。

これらの研究から恩恵に満ちた事実が生じる。われわれの愛には真なる上昇があるという事実だ。一九世紀の名声は、いつの日かこの時代の未開状態を証明するために参照されるだろう。人間のうちの天才は、その伝記がわれわれの記録に書き留められる現実の主題である。われわれは多くを推論して、記録の中のたくさんの食い違いを埋め合わせなければならない。世界史は兆候をあらわすものであり、生は記憶を助けるものである。列をなす著名な人すべての中でわれわれが探し求めていた理性や光や本質そのものである人は誰もおらず、いるのは何らかの方面で新たな可能性を提示する人なのだ。いつか、これらの燃えるような明かりの点である人びと（flagrant points）[54]が成り立たせていく偉大な人物を完全なものとすることができるだろうか。多くの個人の研究はわれわれを導いて、個が失われて頂点に達することですべてが触れ合うような基本的領域（elemental region）に至らせる。そこで生じる思考と感情は、人格といういかなる柵によっても囲うことができない。これが最も偉大な人びとの力の鍵である。彼らの精神は、みずから広がっていくのだ。精神の新たな性質は昼も夜も起源から同心円[55]を描いてめぐり、まだ知られていない方法でみずからを表す。すべての精神の合一は緊密な関係にあるように見えるのであって、一人の人に許されたものは、他の誰からも拒否されえない。いかなる方面においてであれ真理や活力をほんの少しでも獲得することは、様々な魂からなる共和国にとって非常によいことだ。諸個人が各々の経歴を成就するために必要な期間見られ、才能と地位の不均衡が消えるのであれば、われわれがあらゆる個人の中心たる自己同一性へと上昇し、命令を下して行う実体から彼らがなると知るとき、よりいっそう速やかに見かけ上の不公正は消える。

人類のうちで天才とは歴史の正しい観点である。諸性質はとどまり続ける。それらの性質を表す人びとは特により多く、時により少なくそうした性質を持ち、そして亡くなってしまうのだが、諸性質は別の頂〔別の天才〕にとどまるのだ。これより慣れ親しんだ経験はない。不死鳥を一度見てもその不死鳥は去ってしまう。世界はそれゆえに魔法を解かれてしまったのだということもない。聖なる紋章が描かれている器はありふれた陶器であることが判明する。しかし数々の絵の意味は神聖であり、世界のあちこちの壁に描かれたそれらをいまなお読むことができるのだ。しばらくの間、われわれの教師は個人的にわれわれの進歩の道しるべとなってくれる。彼らはかつて知識の天使であり、その姿は空に触れていた。それからわれわれは彼らに接近して、彼らの資産と教養、およびその限界を見た。彼らは他の天才たちのための場を作ったのだ。幾つかの名が高みに留まっていて近づいて読むこともできなかったということがあれば、そして年月が過ぎ去ることによっても、そしてまた他の人と比較されることによってもそれらの名から光が奪われなかったということがあれば、それは幸せだろう。しかし最終的には人のうちに完全性を探し求めることをやめなければならないし、彼らの社会的で遣わされている

(delegated）という性質で満足しなくてはならない。カトリック的実存における限界から脱して上昇していく個人自身と同じように、個人を重んじるものはすべて一時的でありつつ、かつ将来に関わるものである。われわれは、彼を独特の力であると信じるかぎり、いかなる天才の真実かつ最善の利益も見つけることはできなかった。彼が原因としてわれわれに助力するのをやめるとき、結果として彼はわれわれにより多く助力し始めるのだ。そのとき彼は、より広い心と意志の主唱者（exponent）として出現する。不明瞭な自己は〈第一原因〉の光に照らされて明瞭になる。

しかし、人間の教育と作用には限界がある中では、より優れた偉人が現れるために偉人が存在すると言えるかもしれない。有機的に組織された自然の運命とは、改善していくことにあるのであって、その限界を教えうる者など誰がいようか。混沌とした状態を飼いならして利用できる状態にするのは人間なのだ。つまり、気候や穀物、動物や人がより穏やかになって愛と利益の芽生えが増えていくように、彼が生きている間、あらゆる面で科学と詩歌の種を蒔くのは人間なのだ。[56]

本訳稿は、Ralph Waldo Emerson, Edward Waldo Emerson,Centenary Edition. *The Complete Works of Ralph Waldo Emerson*, Leopold Classic Library, 2017, Representative Men を底本としている。「原注」はこの版からのものであり、「訳注」は筆者によるものである。

註

1　[訳注]『代表偉人論』(平田禿木訳、玄黄社、一九三二年)の訳注では「ゴータマ(the Gautama)」は、釈迦であるゴータマ・シッダールタが所属していた部族を示していると解釈する。この訳注では、阿含経に言及しており、「最初の人類は土を食ひ、次には土より出でたる植物を食ひ、終に米を食ふに至るとあるはこれなるべし」(『代表偉人論』二二頁)と記している。なお、リチャード・ジェルダードは、エマソンの思想の特異な点として、「自身の観念論のなかに東洋の哲学を多く取り入れた」ことを挙げている(『エマソン入門』――自然と一つになる哲学』澤西康史訳、日本教文社、一九九五年、二八頁)。

2　[訳注]「自然(Nature)」という概念はエマソンの最初の著作『自然論(*Nature*)』(1836)の中で主題的に登場する、エマソン思想の鍵概念である。エマソンの「自然」概念が包含する範囲は広い。エマソンによると、「厳密に言えば、私たちから分かれているすべてのもの、哲学が、「私ではない」と識別するすべてのもの、すなわち自然と人工の両方、すべての他人とおのれの身体――こうしたものは、「自然」の名のもとに分類されなければならない」(『自然論』序文)。

3　[訳注]偉人の名前に由来する言葉(各学問における用語や地名や日常用語などに現れる)は、時代を問わず限りなく存在し、エポニム(eponym)と呼ばれている。偉人の名前が動詞となる例は名詞や形容詞と比べてやや少ないが、『代表偉人論』(前掲書)の訳注では、動詞 hector(脅す)は、ギリシア神話の登場人物でトロイア戦争の最強の騎士であるヘクトル(Hector)に由来するという例が挙げられている。その他「ボイコットする」などもエポニムにあたる。

4　[訳注]原語は moving cheese。旧訳では「蛆の湧いたチーズ」と訳されており、外観から不快感を催させるものが数多く集まっている様子を念頭に置いていると思われる。ただし蛆虫入りのチーズはイタリアの伝統食品でもあることからこの箇所の訳語としての適切さには疑いが持たれる。ところでカテブによるエマソン解釈にしたがえば、偉人を信頼することで群衆においても「自己信頼」が生まれる。したがってカテブによると、このように群衆を否定的に捉える箇所は「群集心理（herd-spirit）」が「自己信頼（self-reliance）」として悪意なく生じると考えるエマソンにとって例外的である（George Kateb, *Emerson and Self-reliance*, Rowman and Littlefield Publishers, 1995, p. 18)。本文のこの箇所は群衆の偉人への信頼がない場合を仮定したものであり、「アリやノミの山」および「動くチーズ」とは、偉人への信頼から自己信頼が生じることなくただ統率されない群衆が蠢いている様子を比喩的に述べていると考えるのが妥当であると思われる。なお「自己信頼」はエマソンの思想の鍵語であり、同タイトルの論考が一八四一年に発表されている。

5　［訳注］　ここにおいて、「宗教」は、すぐあとに述べられるあれこれの宗教のいずれかを示しているわけではない。エマソンは『自然論』の序文において、「歴史としての宗教ではなく、自身への啓示から生じる宗教を持つことはできないだろうか」と述べていた。

6　［訳注］「われわれの哲学」に影響を与えたものとして、エマソンはおそらく同じ『代表的人間』の中で扱われるプラトンの哲学を念頭に置いている。エマソンは、人間についての学問が、自然を司る法則と密接に結びついていると考えており、プラトンを「知性の特権、すなわち、そのあらゆる事実を上へ上へとつらなるさまざまな段階に結びつけてゆき、こうしてあらゆる事実の中に展開の萌芽をみつけだす能力の象徴」とみなし、「彼（プラトン）」が口にするあらゆる言葉が、自然の解説者になる」と述べている（「プラトンの新訳にせっして」）。「彼（プラトン）は精神を自然のなかに宿らせる。つまり人間は小宇宙なのである。肉眼にうつるすべての天体が、理性の精神のなかをめぐる円をそれぞれに象徴している。法則にしたがわぬ分子はただの一つもなく、いっぽう人間の心の働きにも偶然的なものは一つとしてない」（「プラトンの新訳にせっして」）。「自然界では分解があらたな結合である」というのは、エマソンがプラトンに見出す「対立するものが相手をたがいに産み出し合うという秘密」の一つである。

7　［訳注］「直接的な寄与」および「間接的な寄与」について、この後で述べられている。

8　［訳注］後述するように、エマソンは「偉人の力に惹きつけられて、自分のあるべき場所を離れてしまう」ことを、「危険」であるとみなしている。

9　［訳注］『代表的人間』の「哲学に生きる人――プラトン」において、エマソンは「砂糖のさまざまな性質は砂糖とともにあるのであるし、塩のさまざまな性質は塩とともにある」(p. 55) と述べている。

10　［訳注］フランス語のことわざであり、この引用は、ジョルジュ・サンドの小説『フランス遍歴の職人 (La compagnon du tour de France)』(1840) 第18章からのものとのことである (*The Journals and Miscellaneous Notebooks of Ralph Waldo Emerson*, XI, Belknap Press: An imprint of Harvard University Press, 1975, 61)。

11　［訳注］この段落では、他人がなす奉仕として、まず、他人を通じて自己の省察が可能になり、純粋にありのままの仕方で、自己が才能を発揮しうるということが述べられている。そして、そのような仕方で自己の才能を発揮する人が「偉人」であるとエマソンは述べる。このような「自己展開」としての「才能」についての考察は、「精神の法則 (Spiritual law)」『随筆集1 (*Essays 1*)』(1841) において述べられている。

12　冒険家に偉人はいないのだろうか、という問いはさておき、ここでエマソンは、ある時代において他の数々の問いに関係のないように思われる問いに取り組む人が、実はその生産力において一つの場に関わり、他の人びとに関わっていく様子を描いている。

13　［訳注］Jakob Böhme (1575-1624)。ドイツの神秘主義思想家。

14　［訳注］Emanuel Swedenborg (1688-1772)。スウェーデンの神秘主義思想家。『代表的人間』において「神秘に生きる人」としてスウェーデンボルグが取り上げられている。

15 ［訳注］ エマソンは、『随筆集2（*Essays 2*）』（1844）におさめられた論考「唯名論者と実在論者」（1841）においても同様のことを述べている。「特定の子午線へと葉や小石を運んでいく回転は、人間のあらゆる才能に到達するのであり、われわれは交代で頂上に現れるのだ」。エマソンは北極と南極を結ぶ数々の経線のうちの一つをある特定の時刻で固定した図を念頭に置いているように思われる。そして、本文の直後の文、およびこの引用の中で言われているように、エマソンは、地球が回転してある線に何かが到達する現象と、人間の才能が発現する現象の間に同じ構造を見出している。『自然論』においてエマソンはすでに「蛆虫はあらゆる形の巻蔓を登っていく」と記していた。また、回転する円環構造についての思考は、論考「円」（1866）においてさらに深められる。

16 ［訳注］ 「磁石（magnet）」を、エマソンは人を惹きつける偉人の比喩としてしばしば用いており、たとえば論考「哲学者プラトン」においても、「同時代人よりも頭一つ抜きん出た」人について、「同時代人に磁石と同じような影響を与える」と述べている。

17 ［訳注］ William Gilbert（1544-1603）。イギリスの物理学者。地動説の支持者。

18 ［訳注］ Hans Christian Ørsted（1777-1851）。デンマークの物理学者、化学者。電磁気学に貢献した。

19 ［訳注］ 『創世記』一章一〇節、十二節、十八節、二一節、二五節。

20 ［訳注］ solid firmament『創世記』一章六～八節において、神による大空の創造が語られる。この記述におけるような空を動かぬ天球としてとらえる見方をエマソンは念頭に置いていると思われる。

21 ［訳注］ 「主なる神は土（アダマ）の塵で人（アダム）を形づくり、その鼻に命の息を吹き入れられた」（『創世記』二章七節）。

22　［訳注］　Abraham Gottlob Werner (1749-1817)。ドイツの地質学者。鉱物分類法の研究を行った。
23　［訳注］　Cristian Leopold Freiherr von Buch (1774-1853)。ドイツの地質学者、古生物学者。
24　［訳注］　Jean-Baptiste Armand Louis Léoince Élie de Beaumont (1798-1874)。フランスの地質学者。
25　［訳注］　Jöns Jacob Berzelius (1779-1848)。スウェーデンの化学者。現在の元素記号の記法を提唱し、原子量を決定した。
26　［訳注］　Sir Humphry Davy (1778-1829)。イギリスの化学者。
27　［訳注］　一九三六年四月十九日の日記において、エマソンは「私たちも宇宙との本来のつながりを享受することはできないか」と述べる。「地球の両極につかまる」とは、こうした「宇宙との本来のつながり」を意味しているのであろう。
28　［訳注］　ここでの proxies は、「代表的人間」たる「天才」もしくは「偉人」の言い換えであろう。以下に、偉人のなしとげたことを通じてわれわれがいくつもの働きをなしうるありさまが描かれている。
29　［訳注］　Sir Walter Raleigh（1554-1618）イングランド、エリザベス１世のもとでの廷臣、軍人、探検家、作家、詩人。
30　［訳注］　Robert Cecil（1563-1612）、のちのソールズベリー伯。イングランドの政治家、貴族。ジェームズ１世の重臣。
31　［訳注］　Earl of Clarendon（1609-1674）、初代クラレンドン伯爵エドワード・ハイド。清教徒革命時代のイングランドの政治家。
32　［訳注］　John Hampden（1594-1645）清教徒革命時代のイングランドの政治家。
33　［訳注］　2nd Viscount Falkland（1610-1643）、ルーシャス・ケアリー、イングランドの政治家であり軍人。クラレンドン伯爵とともに清教徒革命時代の政治に携わった。

34 [訳注]『孟子』尽心（下）十四節。「聖人は百代にわたって模範となるべき人である。伯夷の話を聞いた人は、強欲な者も清廉な人となり、意気地なしでも発奮して志を立てる」という意味であるが、エマソンは、後半を「伯夷の声を聞けば、愚かな者も知的なものとなり、心揺らぐ者も決意する（When the manners of Loo are heard of, the stupid become intelligent, and the wavering, determined.）」と英訳している。

35 [訳注] Gnaeus Marcius Coriolanus（BC519- 不明）、共和政ローマの将軍であり、シェイクスピアの悲劇の主人公である。

36 [訳注] Tiberius Sempronius Gracchus（BC163-BC133）。ローマの農地改革に着手した共和政ローマの政治家。

37 [訳注] William Pitt（1708-1778）。初代チャタム伯爵で、イギリスの政治家。

38 [訳注] Marquis de La Fayette（1757-1834）。フランスの貴族であり、アメリカ独立革命とフランス革命の両方で活躍した。

39 [訳注] Arthur Wellesley（1769-1852）。初代ウェリントン公爵アーサー・ウェルズリー。

40 [訳注] Noah Webster（1758-1843）。アメリカの辞書編纂者。

41 [訳注] Alphonse Marie Louis de Prat de Lamartine（1790-1869）。フランスの詩人であり政治家。

42 [訳注]「アトラス」はギリシア神話の登場人物。天空を肩に乗せて支える巨人であり、傑出した能力で世界を支える個人を意味する。

43 [訳注] プラトン『国家』五三七D。

44 [訳注] the Pit：聖書に描かれている地獄。

45 [原注] つまり、外面の代わりに理想が諸事物を示すということ。

46 ［訳注］ エマソンの友人であるイギリスの詩人ジョン・スターリング（John Sterling, 1806-1844）の詩『ダイダロス（*Daedalus*）』からの引用。
47 ［訳注］ 原語はScourge of God（神の鞭）。神罰のことを意味している。フン族のアッティラ王（5C）は、現在のロシア、東欧、ドイツに広がる帝国を築き、ローマ帝政末期のキリスト教信者から「神の鞭」として恐れられた。
48 ［訳注］ 悲しみや苦痛を忘れさせると古代ギリシアの人びとが考えた薬。
49 ［訳注］ ギリシア神話の登場人物。『イリアス』における四肢の曲がった傲岸不遜な人物。
50 ［原注］ 連帯的な過失とは、慣習によって是認された過ちのことをいうラテン語的な語法である。
51 ［訳注］ James Boswell（1740-1795）。スコットランド出身の法律家であり、伝記文学における詳細な記録で知られている。
52 ［訳注］ パディはアイルランド人のあだ名。アイルランドにキリスト教を広めた聖パトリックの名からきており、「聖パトリックの日」はアイルランドの祝日である。
53 ［訳注］ Johann Heinrich Pestalozzi（1746-1827）。スイスの教育実践家。イベルドン孤児院の学長。
54 ［原注］ flagrant: ラテン語的な語法で、概して薄暗い中、人間世界の輪郭がまばゆい灯台の明かりの中に見出されうることを示している。
55 ［訳注］ 「円」および「螺旋」のイメージは、エマソンが「自己」の完結的でかつ未完成なあり方を示すために多用し、繰り返し論じていた。『代表的人間』に収録された「プラトンの新訳にせっして」においては、『ティマイオス』への言及がある。
56 ［原注］ 最も高度な意味における、進化論へのエマソンの信頼の常に変わらぬ安心は、彼の散文と韻文のそこかしこに現れている。そして、人間の天才への彼の信頼は、「普遍的な心（Universal Mind）」というもう一つの言葉で現れている。

［付記］本報告は、JSPS 科研費（若手研究）20K12793の助成を受けた成果の一部である。

『代表的人間』第一章「偉人の効用」解題

佐藤　香織

ラルフ・ウォルドー・エマソン（1803-1882）の『代表的人間』（一八五〇年）は、処女作『自然論（*Nature*）』（一八三六）、二冊の『随筆集（*Essays*）』（一八四一／一八四四年）の出版の後、入念な準備のもとに公刊された著作である。エマソンはこの著作において、一八四五年から一八四七年に行われた講演を基に、プラトン、スウェーデンボルグ、モンテーニュ、シェイクスピア、ナポレオン、ゲーテという、時代も背景も異なる六人の偉人を選び出して論じた。今回訳出した「偉人の効用」はその導入の役割を果たす第一章に位置している。

これまで、『代表的人間』は幾度か邦訳されてきた。そのうち、平田禿木訳『代表偉人論』（玄黄社、昭和七年）柳田泉『代表偉人論』（南北書園、昭和二二年）は旧字体を用いており訳文が古いといった問題がある。また、新字体で書かれている酒本雅之訳『エマソン選集6　代表的人間像』（光明社、昭和三六年）は、「編集上の都合から」第一章を割愛した訳となっており、第一章「偉人の効用」は、「訳者あとがき」において部分訳とともに「エマソンの偉人観をさぐってみる」という形で簡単に紹介されるにとどまっている。今回新たに第一章を訳出することになった理由の一つには、こうした翻訳の事情がある。

『代表的人間』第一章の翻訳をここで試みたもう一つの理由には、本書第一章の中心をなす「代表的(representative)」という形容詞の使用が提起する問題を、本論集の主題である「政治」との関連で考察したいという意図があった。というのも、エマソンがまさしくこの第一章で述べているように、「選挙民こそが投票して代表者を決定する」のであり、「代表的」なあり方は民主主義の根幹に関わる「選挙」に、さらには「代表者」と「選挙民」との関係としての「統治」にも通じるからだ。この解題においては、周辺的な事情を考慮しつつ、エマソンが論じる「代表的人間」の意味について考えてみたい。

「代表的人間」としての偉人

『代表的人間』第一章において、「代表的」という形容詞はすべて同じことを意味しているわけではない。主な用法では、エマソンは、「偉人(Great men)」「天才(genius)」「代表的人間(representative men)」をほぼ同義のものとして用いる。たとえば「全階級に属する偉人」は「事実や思想を代表する人びと」であるとエマソンは述べており、「代表的」という語はこのような場面で用いられることが多い。

ところが、「代表的」という語の初出は、「偉人」を指し示す場面に先行している。エマソンは「偉人」を「代表的人間」として示すよりも先に、「諸事物」や「人間たち」が「代表的」であると述べている。「諸事物」と「人間たち」が同列に並ぶということに関しては、詳しくはエマソンにおける〈自然〉と人間という問題のうちで扱おう。ただ、ここでは、偉人たちが他の人間を代表するという意味においてのみ「代表的」という形容詞が用いられるのではないということに着目したい。エマソンが「代表的」という語を使用するのは、万物が各々みずからの能力を発揮する場面において、そうした個々のあり方を形容するさいである。したがって、「代表的人間」とは、偉人がその他の人びとに対して例外的であるという事実を浮き彫りにする概念であるというよりもむしろ、自己が十全にみずからを発現するあり方を示す概念である。天才とそうではないものの違いは、エマソンによれば「自分自身の事に精を出すか否か」にある。偉人が「代表的」であるのは、単にそのすぐれた業績ゆえではない。一個人が普遍的な人間性を表象することが、「代表的」という形容詞の有する意味であるのだ。

『代表的人間』の第二章以降においては個々の偉人がとりあげられている。また、第一章においても、偉人たちについては「われわれは一目で彼らが偉人であるとわかる」とエマソンは述べている。ただし、誰が「代表的人間」であるかということを、エマソンは自明のものとしているわけではない。「いわゆる大衆（the masses）とか平凡な人（common men）といったものに関していえば、平凡な人などというものは存在しない。万人は結局のところ同じ大きさである」のだ。スタンリー・カヴェルによると、エマソンは「代表性を個人化の過程として見なくてはならない」という教えを提示しているという。「代表性」とは公共性の獲得を意味する概念であり、個人的なものの公共的なものへの移行なのである。

代表的人間を信頼することと「自己信頼」

論考「自己信頼」において、エマソンは述べていた。

自分自身の思想を信じること、自分にとって自分の私的な胸中において真理であることが万人にとって真理であると信じること——それが天才である。

「偉人を信じるのは自然なことだ」という、『代表的人間』の書き出しは、「自己信頼」のこの文言と同じく、人間を代表する者、そしてその思想への信頼を表明している。「人類は彼らへの信頼に基づいて歩みを共にする」のである。偉人と偉人でない者は分離されているかのように見える。ただし、この分離は一面的なものであり、両者の類似性をもエマソンは強調する。「代表者は、代表者であるばかりではなく、投票者でもある。似た者は、似た者によってのみ知られうる」とエマソンは述べている。すなわち、代表者も投票者の一員であるのであって、他の人間たちの一員である。つまり、天才が発揮している才能は他の全ての人びとも持ちうる。

では、天才が十全に発揮している才能とは何か。カヴェルが指摘するように、この能力とは、「自己信頼の能力」である。エマソンは、人間のうちに「魂のうちから外へと向かう」という性質を、人間の道徳として見出している。十全に自己を信頼できない人びとは「群衆」にすぎず、そこから抜け出すためには偉人との関わりを必要とする。とりわけ、エマソンによると、直接に技術や知識を授けるという意味での奉仕ではなく、他人の助力によって自己の発現がはじめて可能になるという人間のあり方が重要である。「私は一人ではできないことを、他人を通じてならできる」のであるし、「代理人（proxies）たちを通じて、正直に言ってわれわれは何倍もの働きができる」。それゆえに各人は「他人たちを、それも最たる他であるような人びとを探す」のである。このような態度を持つことに、偉人であるか否かの差異を認めることは無意味である。いかなる偉人であっても、よりすぐれた偉人、「最たる他であるような人びと」を探す。『代表的人間』第一章の末尾では、「よりすぐれた偉人が現れるために偉人が存在すると言えるかもしれない」ともエマソンは述べている。

したがって、「偉人を信じるのは自然なことだ」ということの意味を捉えなおさなければならない。人は、自己がよりよい状態にあるように導いてもらうことを目的として偉人を信頼するというよりはむしろ、偉人を信頼することによって自己の能力を発現するのであり、またそのことによって自己の信頼が可能になるのである。エマソンにしたがえば、各人の自己信頼を可能にすることこそが「偉人の効用」としてあげられる。

このように「偉人の効用」を思考することで、政治における統治の意味を問い直すこともまた可能になる。というのも以上のことを確認するならば、他者の信頼を通じた自己の信頼ということがなければいかなる民主的な統治も不可能なのではないか、という問いをエマソンが提示していると見ることができるからだ。エマソンは、いかなる制度が民主主義的であるのかという問題を検討することもなければ、民主主義の原則を掲げることもしない。ただし「偉人の効用」においてエマソンは幾人もの政治家の名を挙げ、彼らがいかに周囲の人びとに敬意を表し、またいかに周囲の人びとから敬意を表されるかを述べる。また、プラトンの『国家』のうち、統治者を選ぶ文脈におけるソクラテスの台詞「眼や他の感覚の助けなしに、真理と実在へと進むことができる人びとを選ぶ」[1]を引用しつつ、偉人を選ぶ活動がいかになされるかを論じる。統治は、なんらかの原則の遵守にあるのではなくて、代表的人間を信頼し、それによって自己信頼が可能になるところで行われるという政治観がここには現れている。[2]

カヴェルによるエマソンの読解――「道徳的完成主義」の系譜

エマソンが「代表的人間」という概念で論じようとしているのは、社会における人間のあり方である。カヴェルは、その著作『道徳的完成主義』において、「道徳的完成主義者」としてエマソンを位置づける。ただし、カヴェルは「完成主義」に定義を与えることもないし、また「完成主義」の語を使用するための「必要で十分な条件を列記した一覧表」も与えることはない。というのも、カヴェルにとって、「完成主義」とは「完成状態を含意しない」からである。

カヴェルにとってエマソン的完成主義の意義は、「偽装したあるいは頽落した完成主義に抗して闘う」点にある。「偽装したあるいは頽落した完成主義」はなんらかの理想を想定する。その卑近な例として、カヴェルは「自分を愛しなさい」というような本や、「完全な自己実現のチャンス」といったキャッチコピーを挙げる。いかなる形にせよ、なんらかの完成状態に人間が到達しうるという想定をカヴェルは誤りとみなすのである。とりわけロールズの『正義論』を引き合いに出しつつ、カヴェルは、なんらかの規則に適合しうる人間を想定することを退ける。カヴェルによれば、「民主主義を内部から批判するとき、完成主義のエマソン的ヴァージョンが不可欠である」のだ。
カヴェルにとって重要なのは、「自己の状態の一つ一つがいわば完結的なものだというエマソンの感覚」を「完成主義」という語が表しているという点だ。エマソンにおいては、「道徳」が義務論に属することはない。つまり、道徳は人びとが法や原理に従順であることを要請することはない。むしろ自己はその都度自己に対して信頼に足りうるなにものかを有しており、その点で完結しているが、同時に自己はみずからのみでみずからの完成に至ることはなく、常に未完成の状態にある。それゆえに自己はつねに他者としての偉人を求めている。[3]
ヒラリー・パトナムは、こうしたカヴェルの読解に依拠しながら、エマソン、ニーチェ、ミルに加え、ブーバー、ローゼンツヴァイク、レヴィナスを「道徳的完成主義」の系譜に位置づけた。[4] 彼らは道徳規則に対する順応主義を拒否するというのが、パトナムによる選択の理由の一つにある。「未達成ではあるが達成可能な自己」を目指し続けるという自己のあり方を、パトナムは「道徳的完成主義」の内実として提示する。私見では、エマソンのように「偉人」として歴史に存在した人物の名を具体的に挙げながら「代表的人間」を論じる仕方と、そのように名を挙げることなく他者との関係を論じるブーバー、ローゼンツヴァイク、レヴィナスの歩みは大きく異なる。とりわけ問題は「形而上学」の意味に関わるだろう。ただし、エマソンにおける「代表的人間」の問題が、歴史的偉人の意義の問題に限定されるものではなく、他者とは何かという形而上学的問題でもあるというパトナムの指摘については、検討する価値があるように思われる。

〈自然〉と人間

自己がその都度完結していること、かつ自己は人間として未完成の状態でありながら、常に他人との関わりを通じて自己を信頼することを望む終わりなき運動へと入っていること、これが、カヴェルがエマソンのうちに見出した「完成主義」である。

ところで、こうした「完成主義的」なあり方は、『代表的人間』第一章において、〈自然〉と人間の関係にもとづいていることに注意しなければならない。

『自然論』序文において、エマソンは、「哲学が〈私ではない〉と識別するすべてのもの、すなわち自然と人工の両方、すべての他人とおのれの身体——こうしたものは〈自然〉の名のもとに分類されなければならない」と述べていた。R・ジェルダードはこの箇所を引用しながら、初期エマソンにとって〈自然〉とは「現象としての世界」であり、「意識の顕在化によって引き起こされたもの、いや顕在化した意識そのもの」であると説明している。[5]〈自然〉との関係のもとで自我と他者の関係を思考する試みは、早くからエマソンの思索の中心にあり、長いあいだ彼の関心を占めてきたといってよいであろう。他人やおのれの身体を〈自然〉のもとで捉えるという〈自然〉観は、『代表的人間』においても引き継がれる。『代表的人間』第一章においてもエマソンは、人びとの代表者となるべき人間は「まさに自然から、もしくは自然の一部から生まれてきた」と述べているし、人間が内側から外側へと向かって自己発現するさまは「しゅろの木」に例えられ、偉人が必要とされる場所で人の役に立つさまは川と運河に見立てられる。さまざまな生物や物質が人間に利用されることなく「なお隠されたまま待機している」様子は、エマソンにおいては、人間がいまだ個人の能力を発揮しておらず、それゆえに個人化されていないことと同じことであるし、「磁石」は人を惹きつける偉人と同じことを意味している。次の引用を見ても、〈自然〉がエマソンの思想において人間と対置される概念ではないことは明らかである。

あなたはあなたであり、私は私であり、そしてわれわれもまたわれわれのままである。というのも、自然は万物がみずからであり続けることを望むからだ。個体はすべて世界の端々に至るまで、成長して〔他の個体を〕排除し、〔そして他の個体を〕排除して成長しようとしており、またこうした存在者の法則をあらゆる他の生物に課そうとしている。自然は地道に各々を他のすべてから守ることを目的としている。(*Representative men*)

〈自然〉へのこうした着目から見て取ることができるのは、エマソンが、自然において「万物がみずからであり続ける」あり方と、「あなた」や「私」、そして「われわれ」のあり方を異なったものとは考えないということ、そして、「みずからであり続ける」ということには「他」との関係において――この関係の一つには「排除」が含まれる――生じる「成長」が含まれているということである。「成長」の内実についてはこの引用のすぐあとで次のように説明される。

過度に影響されてしまうことを恐れる必要はない。より寛大な信頼も構わない。偉人に仕えるのがよい。(*Representative men*)

「みずからであり続ける」ことは、偉人を信頼することでみずからが変化することによって可能になることである。むしろ「別人になるのがよい」とさえエマソンは述べ、「やむことなく前へ!」と続ける。そして、変化を通じたこのような自己の維持は、顕微鏡で見ることのできる「単細胞生物」の細胞分裂においても、「あなた自身」が「プラトン主義者」や「キリストの僕」、「デカルト主義者」などになる過程においても生じているという。ただし、「偉人の効用」末尾にあるように、エマソンは、自然を利用できる状態にするのは人間であると述べている。エマソンの観点においては、自然の能力の発現を可能にするものが人間であり、「代表的人間」なのである。

以上のエマソン読解は、「代表的人間」との関わりにおいていかに自己が変容しうるかを思考するきっかけを与え、そして「代表的人間」の社会における意義を確認する契機となる。こうした読解は「政治」の意味を思考するさいの参照軸としても有効なものとなりうるだろう。

註

1　プラトン『国家』五三七D。

2　哲学史的に見れば、こうした政治観はプラトンの『国家』以外にはクセノポンの『キュロスの教育』を挙げることができる。「なにはともあれ、人びとは彼に衷心からしたがっていた」（『キュロスの教育』第一章）というように、制度よりもむしろ統治者と人びとの関係を政治の出発点に据える哲学的思考の系譜を無視することはできないだろう。本論集と関わるところでは、たとえばジャン＝フランソワ・レイ『レヴィナスと政治哲学――人間の尺度』（法政大学出版局、二〇〇六年）を挙げることができる。

3　こうしたカヴェルの読解に関して、エマソンを誤読しているという批判もある。Joseph Urbas は、論考 "How Close a Reader of Emerson Is Stanley Cavell?" (2017) において、カヴェルがエマソンの引用を行うさいの省略や不正確さを一つずつ指摘した。

4　ヒラリー・パトナム『導きとしてのユダヤ哲学――ローゼンツヴァイク、ブーバー、レヴィナス、ウィトゲンシュタイン』（佐藤貴史　訳、法政大学出版局、二〇一三年）を参照した。

5　リチャード・ジェルダード『エマソン入門――自然と一つになる哲学』（日本教文社、一九九五年、四九頁）。

［付記］本報告は、JSPS 科研費（若手研究）20K12793の助成を受けた成果の一部である。

コラム3

フランツ・ローゼンツヴァイクと第一次世界大戦
――『ヘーゲルと国家』から『救済の星』へ

佐藤　香織

一九二一年、大著『救済の星』が出版された。著者であるフランツ・ローゼンツヴァイクのもう一冊の著書である『ヘーゲルと国家』はその前年の一九二〇年に出版されている。ただし『ヘーゲルと国家』は一九〇九年から一九一二年にかけて、当時フライブルク大学で教鞭をとっていた歴史学者マイネッケのもとで執筆された博士論文を元にしている。最初の著書と次の著書の執筆の間に著者の思考は大きく変化していた。『ヘーゲルと国家』の関心は、ヘーゲル自身の政治哲学の形成および一九世紀までのドイツの近代国家としての歩みにあった。しかし、『救済の星』において見ることができるのは、ヘーゲルのものとは全く異なる体系の創設である。

『ヘーゲルと国家』執筆中から『救済の星』の着想を得るまでの間に、ローゼンツヴァイクに二つの思想上の転機が訪れたと言えるだろう。第一の転機は、彼のヘーゲルに対する見方の変化である。この転機の兆しは、博士論文執筆中には既に垣間見えていた。ローゼンツヴァイクはマイネッケの歴史学の方法に関心をいだき、博士論文の主題としてヘーゲル研究を選ぶ。彼の博士論文は無条件にヘーゲル哲学を称揚するものではなかった。『ヘーゲルと国家』はヘーゲルについての綿密な草稿研究であるとともに、哲学と哲学者の生きる時代の関連を問うている。ローゼンツヴァイクは、ヘーゲルが提示する国家概念がいかに普遍的なものを目指そうと、その発生の段階において一八世紀の政治思想に規定されていたこと、また、ビスマルクによるドイツという国家がヘーゲルの思考していた国家とは別様に形成されたことを示す。ローゼンツヴァイクが見いだしたのは、ヘーゲルが提示する「国家の概念」と「国家の現実」の相克である。ただし、この論文はなおヘーゲルの歴史哲学の展望を示していた。ところが、博士論文の執筆中にいだいたヘーゲルの歴史概念に対する疑念は消えることがなかった。ヘーゲル哲学からの乖離の結果、戦後「今日であればもはや書かなかったであろう」[1]書物としてこの論文は出版される。そして、一九二三年には彼がヘーゲルについて書き始めた頃からヘーゲルの思想が「有害である」[2]と考えていたと打ち明けるに至る。

第二の転機は、人間の精神生活における宗教の地位についての思考を開始するきっかけとなった出来事である。もともとドイツの同化ユダヤ人家庭に生まれ育ったローゼンツヴァイクは、成長過程においてとりわけて深い宗教経験を持つことはなかった。しかし、大学でプロテスタントに改宗したユダヤ人の同輩たちと出会い、彼は「宗教」という主題について深く考えていくことになる。ローゼンツヴァイクの目には、キリスト教が西欧の文化すべてにおいて支配的な立場にあり、ユダヤ人はキリスト教徒になることができる、と映っていた。こうした現実に直面して、彼自身がみずからの宗教的アイデンティティを問うことになった。とりわけ、彼自身にキリスト教への改宗を考えさせ、大戦中にユダヤ教とキリスト教の関係について手紙で激論を交わすことになるオイゲン・ローゼンシュトックとの出会いは彼の人生にとって重要なものとなる。一九一三年七月七日、ローゼンツヴァイクはローゼンシュトックとの議論のなかでキリスト教への改宗を決意した。従兄弟であるロドルフ・エーレンベルクへの手紙によれば、ローゼンツヴァイクのとっていた歴史相対主義の立場がキリスト教の信仰の力強さによって揺らがされたという。しかし、同年の十月、ローゼンツヴァイクは改宗の決意を翻し、ユダヤ教徒にとどまるという新たな決意をなした。そのきっかけとなったのは、シナゴーグにおいて受けた啓示である。彼は改宗の前に、十月十一日にユダヤ教の大祭であるヨム・キプールのため、シナゴーグを訪れている。彼はそのときに啓示を受けた。この経験は彼にとって、ユダヤ人としての実存、そして個としての人間の実存を思考する契機となった。普遍的なものに吸収されることなき「個」としての人間のあり方についての思索、そしてキリスト教とユダヤ教の両者についての思索は『救済の星』の中核をなすことになる。

ところで、これらの思想上の転機は第一次世界大戦の前夜から大戦中にかけてローゼンツヴァイクの独自の哲学的思考の形成を促すことになるが、大戦と彼の思想との関係を直接的な仕方で示すものではない。ローゼンツヴァイクは「私にとって、戦争は決して一つの時期を意味してはいない。一九一三年にあまりにも多くを体験したために、既に一九一四年は、私にさらに感銘を与えるために世界の没落を特段もたらすはずはなかった」[3]とすら述懐している。また、ローゼンツヴァイク自身が表明しているように[4]、歴史を対象とする『ヘーゲルと国家』とは異なって、『救済の星』は哲学の書であって戦争の歴史を直接参照するものではない。それでは、ローゼンツヴァイクは大戦とどのように関わっていたのであり、この戦争は『ヘーゲルと国家』の著者から『救済の星』の著者への移行期にあったローゼンツヴァイクに何をもたらしたのだろうか。

一九一四年九月、第一次世界大戦の勃発の後ローゼンツヴァイクはベルリンの赤十字軍に入り、すぐに看護士としてベルギーに移動した。一九一五年には正規軍に入隊し、同年カッセルで砲兵としての訓練を受ける。一九一六年から終戦近くの一九一八年九月にマラリアに罹患するまでの期間は兵士としてバルカン半島を拠点とする軍に属していた。両親や友人への多数の書簡、政治に関する論文の多く、そして『救済の星』の原核」（一九一七年）はバルカン半島で書かれた。『救済の星』は一九一八年八月に書き始められ、わずか六ヶ月後の一九一九年二月に完成した。

この期間に書かれたローゼンツヴァイクによる論稿のうち、戦争についての思索を含む

「地球――世界史の空間論についての研究」に触れてみたい。この論稿は一九二二年に出版されたが、書かれたのは一九一七年である。ローゼンツヴァイクはそのなかで第一次世界大戦に至るまでの世界史を総括的に論じている。しかし、その視点は歴史研究のものにとどまることなく、領域と歴史についての哲学的考察を含んでいる。とりわけ、彼は、時代を生きる証言者としての立場から、「回顧的な視点」を持って戦争の歴史を捉え返そうとしている。

論稿は領域についての考察から始まる。

最初の境界線とともに人間は土地を占有した。あらゆる世界史はこの最初の境界線の延長にすぎないし、私の土地、あなたの土地、そして彼の土地の所有の永続的な侵害にすぎない。世界史は、「それ（ドイツ語ではEs; 未分化であり、誰のものでもないあるものを示す）」から分化していない混沌からの、「私」と「あなた」の数々の関係の常により意味深い形成なのである。限定された最初の「私」と、同様に限定されて最初の「われわれ」となった「私」の拡大が歴史の最初の契機を描くのと同じように、限定なき最後の「われわれ」と、同じように最終的な「私」に至るまで全く限定されない「われわれ」の深化は歴史における最後の段階である。[5]

序文におけるこの文章で、ローゼンツヴァイクは、領域と世界史の問題の背後にある人間同士の関係に言及している。無論、領域をつくるということは単に空間を分けることを意味するのではない。領域の画定によって政治権力の及ぶ範囲もまた画定されるからである。人間同士の政治的関係に、ローゼンツヴァイクは二つの逆方向に働く運動を読み取る。第一に、限定されていない土地を区切りみずからの所有物とするさいの分離の運動、第二に、区別された領域を広げ、領域を統合して「われわれ」の所有物とし、最終的に限定しえないほどに領域を拡大することを目指す運動である。彼は、世界史を「土地を歴史的に閉じた空間である『世界』となすこと」[6]とみなす。このとき、彼は一つの時代から別の時代への変遷をもたらす運動から世界史を理解しようとしている。世界史は、人間による領域の分離と再統合の絶えざるくりかえしによって成り立つのである。

この論稿の本論部における政治史の具体的分析は、ほぼ近代の国民国家の到来の意義を問うためになされており、ヨーロッパとは何かという問いと結びついている。領域が単に空間を切り取ったものではないとすれば、「ヨーロッパ」という言葉もまた単に切り取られた空間を意味するのではない。「ヨーロッパ」は一つの概念としての意味を持つようになるのである。ローゼンツヴァイクは、パクス・ロマーナの時期から時代を下りつつ、第一次世界大戦に至るまで、陸地および海に設けられた境界の問題を中心とした諸国家の形成を論じていく。そのさいに彼は、国家として成立してゆくフランス、スペイン、イギリスの分析に始まり近代の各世紀に中心的な役割を果たしたヨーロッパの国々、そしてアメリカ、アフリカやアジアへのヨーロッパの進出にも目配りしている。それぞれの節において、彼は、ヨーロッパをヨーロッパたらしめているものが戦争の歴史であること、そして、近代以降ヨーロッパが時代ごとの特徴を持ちつつ国民国家によって達成される領域の拡大によって特徴づけられてきたことを示す。他方で、共同体（Gemeinschaft）の均衡は、諸国家によって形成された連合（Staatengesellschaft）によってその意味を失っていくこともまた示される。領域の拡大は、「私」と「あなた」の区別であるよりもむしろ、「われわれ」の肥大化としての意味を持つようになるのである。ローゼンツヴァイクは、「世界大戦」もこうした「ヨーロッパ」という概念の普遍化の一部に位置づける。

しかし、ローゼンツヴァイクはこうした歴史の見方を確実なものとすることを留保する。

> どんな不動の領土も、一つの周囲しか形成しない統一を未だ実現していない。人間は未だ唯一の居住地のなかに集められてはいない。ヨーロッパは未だ世界の魂となってはいない。[7]

「ヨーロッパ」によって目指されてきた世界の領域の統一は現実のものとなってはいない、という指摘で終わる「地球」のこの結びの文をどのように理解すればよいだろうか。

同年に書かれた『救済の星』の原核」では、彼は、「本質」を問う哲学、普遍的なものを目指す哲学を明確な仕方で問いに付す。代わりに彼が提示するのは、「特異的なもの」の概念である。「この世界を支配する秩序の概念は普遍的なものではなく、始原（アルケー）でも終局（テロス）でもなく、自然の統合でもなく、ましてや歴史の統合でもない。そうではなく、特異的なものであり、出来事であり、始まりや終わりではなく、世界の中央なのである」[8]。「ヨーロッパ」から見られた「世界史」のうちでは語られ得なかった思考がローゼンツヴァイクを動かしている。そうであるならば、ローゼンツヴァイクが世界大戦のうちに確認したものは、彼が「伝統的」とみなしていた思考の瓦解ではないだろうか。そして、この瓦解についての思考を通して初めて「新しい思考」[9]が生じたのではないだろうか。

ローゼンツヴァイクは、『救済の星』の最初の数節から、「無数の死」というイメージによって「存在」に対する普遍的な「無」に還元されることない「個」についての思考を引き出す。すなわち、『救済の星』の最初の主題は、普遍性へと回収されることのない特異性についての問題、それも、「人間」の特異性の問題である。「個」としての実存から、「われわれ」が生じ共同体が形成される過程をどのように考えるか。『救済の星』全体のうちでこの問いは重要な役割を果たしている。この問いを、ローゼンツヴァイクは、「地球」で論じたような「これまでの歴史」とは全く異なる仕方で、すなわち、「普遍」を目的とすることのない仕方で思考しようとした。このように考えるならば、第一次世界大戦は、ローゼンツヴァイクの思考の形成過程における他の転機と別種の意味を与えるものではなく、大戦の前の個人的な経験からの着想を深める契機、そして、歴史家でありながら哲学者となりつつあったローゼンツヴァイクにとって彼の思考の変化を決定的で確実なものとする一つの契機であったといえよう。

註

1 Franz Rosenzweig, *Hegel und der Staat*, Verlag R. Oldenbourg, 1920, XIII.

2 Franz Rosenzweig, *Der Mensch und sein Werk, Gesammelte Schriften I, Briefe und Tagebücher, 2. Band 1918-1929*, Herausgegeben von Rachel Rosenzweig und Edith Rosenzweig-Scheinmann, unter Mitwirkung von Bernard Casper, Martinus Nijihoff, 1979, S. 889. 一九二三年二月四日、ロドルフ・ハローへの手紙。

3 一九一六年十月に書かれた、ローゼンツヴァイクのもう一人の従兄弟であるハンス・エーレンベルクへの手紙。Franz Rosenzweig, *Der Mensch und sein Werk, Gesammelte Schriften I, Briefe und Tagebücher, 1. Band, 1900-1918*, S. 242.

4 一九二〇年、『救済の星』の出版時、ローゼンツヴァイクは師マイネッケへの手紙の中で書いている。「私は（大学における教育の資格に完全に値する）歴史家から（大学における教育資格を全く持たない）哲学者になりました。……じきにフランクフルトのカウフマンから出版される『救済の星』の著者は、『ヘーゲルと国家』の著者とは別ものです」(Franz Rosenzweig, *Der Mensch und sein Werk, Gesammelte Schriften I, Briefe und Tagebücher*, 2, *op. cit.*, S. 680)。

5　Franz Rosenzweig, *Der Mensch und sein Werk, Gesammelte Schriften 3, Zweistromland, Kleinere Schriften zu Glauben und Denken*, Martinus Nijhoff, 1984, S. 313.

6　*Der Mensch und sein Werk, Gesammelte Schriften 3, op. cit.*, S. 314.

7　*Der Mensch und sein Werk, Gesammelte Schriften 3, op. cit.*, S. 368.

8　*Der Mensch und sein Werk, Gesammelte Schriften 3, op. cit.*, S. 132.

9　「新しい思考」は一九二五年に発表された論文の題名である。

［付記］本論考は、『戦うことに意味はあるのか――倫理学的横断の試み』（弘前大学出版会、二〇一七年）に収められた論考の表記を修正して再録したものである。

第6章　「戦争」に先行する「平和」

――レヴィナス『全体性と無限』における「平和」概念の二義性から

佐藤　香織

序

存在する者はみな利害関係にあるとともに利害関係をめぐる争いの状態に入っているのであり、平和とは争いの中断された状態であるという考えは、戦争に関する一般的な考えとして受け入れられている。国家や民族などの集団による、しばしば武力を伴う敵対的な政治的関係をさしあたり「戦争」と呼ぶさい、平和は戦争にもとづくというのである。たとえばホッブズにしたがえば、平和は戦争の部分的な概念でしかない[1]。つまり、平和が到来したかに見える状態――条約の締結や休戦状態――も実際には戦争の一状態であると考えられることになる。

しかし、ほんとうにそうだろうか。

レヴィナスは、主著『全体性と無限――外部性についての試論』（一九六一年）の冒頭で、「戦い

(*polemos*)」を万物の起源とみなすヘラクレイトスに言及している。レヴィナスが念頭においているのは、ヘラクレイトスの「戦い」の概念を分析することによって「存在」を「戦争」とみなすハイデガーの議論であろう。ハイデガーは、存在者が生じるためには相互の分離と統一がなければならないということを指摘していた。[2] 存在することを「戦争」の状態にあることと同義であるとみなす場合、平和は単に見かけ上のものにすぎないということになる。レヴィナスが問いに付すのは、存在することの本義を戦争に見いだすこうした思考である。さらにレヴィナスは、諸国家間の平和は戦争を基盤としているという思考についても疑念を呈する。たとえばこうした考えに抗して、レヴィナスは「戦争の結果生まれた諸帝国の平和なるものもまた戦争に立脚している」(TI, 6) と述べることから出発しつつも、戦争にもとづく平和とは異なる意味での「平和」[3]について語りだそうとしている。[4] 平和が戦争の部分概念であるという考えとは逆に、レヴィナスは「平和」が戦争から独立した意味をもつと考え、さらに、「平和」を戦争に先行する概念とみなすのである。[5]

しかし、レヴィナスによる「平和」の定義は必ずしも自明ではない。というのも『全体性と無限』において「平和」という主題は異なる二つの文脈のもとに現れるからである。第一に、この著作の第三部において、「平和」は「対面」という出来事にもとづく言語的関係に存するとレヴィナスはみなす。「戦争」に対する「平和」の先行性についての議論もこの部分に属している。第二に、「善性としての存在、〈自我〉、多元性、平和」という副題を持つ同書の結論部の最終節において、彼は第四部の中心的なテーマの一つである「繁殖性 (fécondité: 生殖、多産性)」の問題と「平和」を結びつけている[6] (TI,

342)。この箇所でレヴィナスは新たなものの創出および諸世代を介した関係の分析を通じて思考される「無限の時間」を「平和」として論じている。

こうしたレヴィナスの記述を踏まえ、解釈する側も選択を迫られる。一方で、前者の文脈に即したうえでレヴィナスの思想全体のうちに『全体性と無限』序文および第三部の議論を位置づけ、ホッブズとレヴィナスを対置する立場がある。[7] 他方で、結論部の文脈を考慮する議論は、メシアニズムに関わる語彙に依拠しつつ、レヴィナスの思想における政治的なものと宗教的なものの不可分性に関する問いへと向かう。[8] では、『全体性と無限』という著作においてこの二つの文脈に登場する「平和」をいかなる内実をもつものとして捉え、整合的に解することができるのだろうか。こうした問いは依然として残っている。

この問いを踏まえ、本章は『全体性と無限』における「対面」および「繁殖性」にもとづいて論じられる「平和」の内実と両者の関係を明らかにすることを目論む。まず、『自由と命令』（一九五三年）を分析しながら、レヴィナスにおける「平和」が自我の「自由」の創設に由来していることを確認する（第一節）。次いで、『全体性と無限』においてレヴィナスが考察する「対面」の議論を再検討する。この分析において、「平和」という問題が基づく時間論的視座の問いを提起する（第二節）。最後に「繁殖性」に関する時間の問題から「平和」の意味を考察する（第三節）。

一 「平和的対立」の内実――『自由と命令』

レヴィナスにおいて「平和」という問題が「倫理」と「政治」の区別と深く関わっていることは、レヴィナス研究としては初期の一九八〇年代の前半に既に指摘されており[9]、現在まで幾度も論じられている。まず、レヴィナスの思考において「倫理」が「政治」から区別されること、そして「平和」が政治上の問題に還元されえない「倫理」に属することは、いかなる意味を持っているのかをあらためて確認し、本章が立脚する地点を定めることから議論を始めたい。

レヴィナスが「倫理」と「政治」の関係に着目しつつ「平和」をめぐる独自の思考を明確に論じはじめたのは一九五〇年代である。『自由と命令』[10]（一九五三年）において彼は、圧政から政治的秩序を区別し、政治的秩序がいかにして生じるのか、という問いに立ち向かう。ピエール・アヤが述べるように、正しい国家が有する理性的秩序が圧政および戦争に取って代わることは、「活動と自由の問題の政治的解決である」（LC, 11）ということをレヴィナスはこの論文において強調している。ただし、レヴィナスは自由の保証と平和の維持の根拠を政治的秩序に求めることをしない。レヴィナスは、政治的秩序とその条件を区別するさいに「政治」から「倫理」を区別することが必要であると考える。

この論考の最初の段階において、自由は自律から考えられる。命令が、「一箇の意志に働きかけること」、すなわち自らとは他なる意志主体を動かすことに存しているのに対して、自由は、「ある行為を蒙ることを拒絶すること」（LC, 30）に存する。自由は、他律的であることを拒む意志として捉えられるのだ。だからこそ、説得の言葉を聞こうとしないものをいかにして説得するか、という問いが生じる[11]。

プラトンによるこうした問いの提示にレヴィナスは強い関心を向ける。ただし、プラトンがこの問いに与えるであろう、説得されるべき人の内なる理性に訴えるという解決の仕方には懐疑的である。意志の能動性としての自由はつねに理性への訴えかけによって説得されるわけではなく、しばしば暴力的な仕方で打ち負かされてしまうからである。

暴君による圧政下の状況を考えてみよう。たとえ暴君によって虐待されているとしても「思考の自由」は保つことができると述べる人もいるかもしれない。しかし、こうした状況において「思考の自由」は被支配下での抵抗として生じるにすぎない。また、人は圧政の恐怖に直面して、服従を受け入れてしまうことがある。「服従が服従することの意識であることをやめるとき、服従が性向となるとき、真の他律性が始まる」(LC, 32)。こうした状況に置かれた主体の自由は圧政に屈することになる。その一方で、圧政の主体としての暴君は「あたかも自分一人しかいないかのように」(LC, 37)、すなわち、あたかもみずからに外的なものが不在であるかのように存在する。たしかに圧政下においても暴君が外的な存在者のみずからへの従属を求めるという関係が生じてはいる。しかし、暴君は他人を自由な人格として承認することがない。レヴィナスにしたがえば、暴君の行為は物への働きかけ、すなわち労働へと還元される (LC, 37)。レヴィナスは、こうした暴君の見せかけの孤独を自由と呼ぶことを拒否するのである。[12]

能動的自由の限界に対して、レヴィナスは人間に内的な理性ではなく、法や制度といった外的な秩序に訴えることによって自由が保証されると考える。「自由はみずからの外部に理性の秩序を構築することに存する」(LC, 33)。政治的秩序は暴君による自我中心主義の肥大化から自由を守る。「自由の至上の営為は自由を保証することにある」(LC, 34)。このことから、成文法あるいは制度は「自由の条件としての命令が政治的形態のもとでまとう姿」(LC, 34)であることが帰結する。能動的意志が外的な秩序に従うことに存しているという逆説的な事態は、非自由として退けられることはない。政治的秩序は人間の自由を保証し、誰にでも妥当しうる普遍性を目指すという意味において「非人称的な理性」(ex. LC, 35, 47)によって構築されている。

しかしながら、このような「非人称的な理性」を起点として自由が生じるとはレヴィナスは考えていない。法や制度の秩序のなかで、互いに自由な主体どうしが向き合っている。しかし、自由の生起という事態は主体どうしの自由の衝突に先立っているのではないか。レヴィナスはこのような問いをたてた(LC, 36)。彼によれば、「対面」は自由な主体どうしの対立を意味するのではなく、自他のあいだには諸力の敵対関係とは異なる関係が生じている。

私が言いたいのは、この対立が、私の自由と衝突しつつあらわになるのではないということだ。この対立は私の自由に先立ち、私の自由を作動させる対立である。私がそれに対して対立するところのものではなく、私に対してみずから対立するところのものなのだ。(LC, 39)

レヴィナスは、自由の起源を理性的秩序に見ることをしないが、逆に理性的な政治的秩序の起源を自由な諸存在者どうしの対立の調停に見ることもない。レヴィナスが問題とするのは、自由と理性的秩序のこうした関係の条件となる「意味」である。彼に従えば、「私が他の存在たちと合理的世界を構築するに先立って、その存在たちは一箇の意味（sens）を有している」（LC, 45）。「意味を有する」ということとはどういうことなのか、ここで考えてみよう。

レヴィナスは、提示された記号が指示されたものの内容を表すということに意味の原初的なあり方を認めてはいない。また、彼は「意味を有する」ということを主体による「意味付与作用（Sinngebung）」に還元することをしない[13]。記号を用いるためには、記号がどのような指示体系のうちに位置づけられているのかということに対する理解が必要である。また、言語による指示が成立しているとき、或る語や文が有意味であることを保証するのは文法体系である。これらの意味において、言語は全て有意味である。しかし、語や文の有意味性はそもそも誰かが誰かへと言葉を差し向けることを前提としており、対話へ参入するように誘う呼びかけに導かれている。「表出（expression）[14]」は、誰かについて語るのではないし、共存に関する情報でもない。表出は、知識に加えて或る態度をとらせるものでもない。表出は、誰か或る者に話しかけるよう誘うのだ」（LC, 42）。「呼びかけ」に応答することは、みずからにとって外的な存在者に従うことであるために、レヴィナスはこの「呼びかけ」を「命令」と呼ぶ。しかし、この「命令」は自我の自由を制限することも、何らかの行為を強制することもなく、呼びかけられた者を「対話」へと招く。呼びかけられた者が「呼びかけ」に応じることではじめて自由な主体どうしとして互いが言葉を交わしうる。

こうして、人間的関係において原初的な「意味」が生じるとレヴィナスは考える。この「意味」は、諸々の意味を保証する法や制度に依拠することはなく、法や制度に先行し、それらを有意味なものたらしめる。人は法や制度に従うよりも先に「対話」へと相手を導く言説としての「呼びかけ」(LC, 42)に応答している。それゆえレヴィナスはこの「呼びかけ」を「理性に先立つ理性」と名付ける。また、「呼びかけ」が自我の自由に先立ち自我の自由を作動させる自他関係を彼は「平和的対立」(LC, 39)と呼ぶ。「対立」が「平和」であるのは、単に「対立」が暴力を伴わないからではなく、「対話」によって創設される関係が「政治的なもの」を可能にしているからである。こうして彼は政治的および理性的秩序が要請される根拠を「倫理」に見いだす。

『自由と命令』の発表以降、レヴィナスは政治に還元しえない人間的関係として「倫理」を提示し、後年に至るまで「政治」と「倫理」の関係についての思考を紡いでいく。[15] 諸著作に共通して、レヴィナスは政治の領域における諸概念を可能にする条件としての「倫理」を「平和」とほぼ同義とみなしつつ探求する。自他関係は根源的に「平和」であるというレヴィナスの主張を『全体性と無限』の読解を通じてさらに検討したい。

二 「対面」における「平和」

1 「対面」の根源的性格

『全体性と無限』が、自他の直接的関係すなわち「対面」を根源的な「平和」と呼ぶのは、[16] どのような意味においてであろうか。同書第三部B第二節「顔と倫理」でのレヴィナスの言葉を確認しよう。

戦争は平和を、アレルギーなきあらかじめの〈他者〉[17]の現前を前提している。戦争は出会いという最初の出来事を記すことはない。(TI, 218)

レヴィナスが論じる「アレルギーなき関係」は、〈他者〉の排除にもとづくことなき関係である。自我による掌握を逃れゆくとともに自我に対して働きかける〈他者〉の意味作用が「対面」において生じている。よく知られているように、レヴィナスはこの意味作用を「顔」と呼んだ。先に、『自由と命令』の分析において、自由は「対面」における「呼びかけ」の聴取によって創設されることを確認しておいた。換言すれば、自由はその起源において他律的であるという逆説的な事態が生じている。[18]レヴィナスは『全体性と無限』において、自我の自由の創設の他律的あり方を「責任」概念を導入しつつ語り直す。ここで述べられている「責任(responsabilité)」はしばしば「応答可能性」と訳され、「対面」という出来事において〈他者〉との関わりへと不可避的に入っている自我のあり方を示す。[19]「責任の次元」において「自由が不可避的に要請される」(TI, 219)。レヴィナスによれば、応答しないことは不可能であるにもかかわらず、「呼びかけ」に応答することは、自我の自由が損なわれることを意味しない。応答の不可避性は、応答の内実にかかわらず呼びかけに対するいかなる自我のふるまいも応答となりうることに存している。[20]また、「呼びかけ」が自我の非自由な状態をもたらすことがないのは、まず「呼びかけ」は応答することで生起する自由を自我に与えるからである。すなわち、「応答」は自由な主体として自我が成立するための条件とみなされる。

「責任」という概念を導入しつつレヴィナスがこの箇所で述べていることは、『自由と命令』における自由についての議論の延長上にある。両著作において、〈他者〉の自我への呼びかけと自我の〈他者〉への応答が〈他者〉による自我の自由の創設を示している。言い換えるならば応答の主体としてこそ自我は自由な主体たりうる。「平和」についての思考は、自由の条件としての「責任」を思考することから始まる。

2 「死」の存在論的側面

自我論の乗り越えとして、そして政治的秩序を導くものとして提示される「平和」は、具体的関係の謂いである「対面」において生じる。しかし、ここまでの整理には時間的な論点が欠けている。すでに確認したように、レヴィナスにしたがえば、「対面」はあらかじめ分離された者どうしが向き合っていることについてではなく、自我が〈他者〉から分離され、自由な存在者として創設されることについて述べられる。すなわち「対面」はある出来事を指し示しており、それゆえ何らかの時間構造のうちにある。[21]

また、自他の言語的関係が「対面」に基づいているというレヴィナスの主張からも、『全体性と無限』において「対面」が時間の問題に属していることは明らかである。レヴィナスは、「対面」を起点とす[22]

る自他の言語的関係についての議論のなかで、言語を対象の主題化作用とみなす。こうした対象の主題化の作用は自我の時間意識を前提としている。レヴィナスは以下のように述べる。「対象についての意識、つまり主題化は、自己からの隔たりにもとづいており、この隔たりは時間以外のものではありえない」（TI, 230）言語を介した自他関係においては、〈他者〉からの自我の分離だけではなく、指示する自我による指示される対象の主題化が要請されるのであるが、こうした働きは自己のみずからとの隔たりから生じる時間意識なしには生じえない。というのも、自己の時間意識とは、「いまだない」と現在の間の隔たりを意識する意識であって、この隔たりの意識が、いまだ主題化されていない対象の主題化を可能にするからである。したがって、自他の言語的関係においては、時間意識を有する自我が対象を言語のうちで分節化し、対象は言語を介して〈他者〉へと向かう、といったことが絶え間なく生じている。

このことから、「対面」および言語記号を介した自他関係は時間的な側面から捉えられるということが帰結する。「対話」は、運動としての性格、それも、先立ってなされた「迎え入れ」を前提とする時間的性格を有するのである。したがって、応答の責任は〈他者〉による「呼びかけ」の都度に〈自我〉に対して生じる出来事であるということになる。ただし、レヴィナスによれば、「責任」は「引き受けられるに応じて増大していく」（TI, 274）のであり、しかも増大していく「責任」を自我が果たし終わることはない。つまり、「責任」は「無限責任」なのである。[23] それでは、いかなる時間のうちで無限責任の運動が創出されるのか。

この疑問を考察するために、『全体性と無限』において自他関係が「時間」の問題へと開かれる場面に着目したい。第三部C第四節「意志と時間、そして忍耐」のなかで、レヴィナスは、死すべき時間的存在者である人間の「未来」への関わりを自他関係として論じる。自我の自由は、自我が死すべき者であるかぎり奪われる可能性のもとにある。自我は自由を剥奪されるという未来に脅かされつつも、その未来を先延ばしにしつづける。「自由であること、それは暴力の脅威のもとで自分自身の失墜を予防するための時間を有することである」(TI, 265)。自我は自由であることを延命することで時間的存在者となる。

しかし、自由の剥奪という、自我にとっての「悪(mal)」を先延ばしにすることのできないような「特別な状況」(TI, 265)もまた生じる。自我は「身体的と言われる苦痛(souffrance dite physique)」を被るさい、みずからの意志によってこの苦痛を逃れることはできない。未来において生じるはずの自由の剥奪という事態が、現在において、主体の意志に反して到来してしまっているのである。それゆえ、苦痛に対して自我は極度に受動的である。この極度の受動性にもかかわらず、苦痛を被る自我はなお死に至るまでの時間を有している。したがって、時間をもつこと、言い換えるならば時間意識をもつことにおいて、苦痛のなかでも自我は自由である。すなわち、自我は苦痛を被ることを通して、自由の喪失と自由の維持の両方を経験している。「苦痛によって、自由な存在は自由であることをやめるが、非自由と化したこの存在は依然として自由である」(TI, 266)。

苦痛を被り、死を待つのでありながら、自由な意識でもあるという〈自我〉の二義的なあり方をレヴィナスは「忍耐(patience)」と呼ぶ。「忍耐」は「被ることの受動性であるが、制御そのものである」(TI, 266)。忍耐する自我はみずからによって死に至ることも、みずからのために死に至ることもない。苦痛において自我は受動的なのであるから、みずからにとっての「他なるもの」によって存在している。苦痛は自我の意志とは無縁のところから到来する。こうして、自我は「忍耐」において自我中心性を失うことになる。しかし自我は忍耐のうちで、苦痛を経た後の死とは異なる未来を希望として有している。忍耐する時間において、自我が「苦痛」を介して死に至る時間とは異なる時間へと参入する可能性が開かれる。

「忍耐」を論じるさいにさらに注意を払わなければならないのは、「死」の二義的なあり方である。レヴィナスは「死」の二義性の問題を『時間と他なるもの』(一九四八年)の時期にすでに論じていた。彼がマクベスの最期を引用する(TA, 60)ことからもわかるように、質料として存在する自我に到来するという「死」の側面は無視されてはいない。「死」は、一方で身体的苦痛の延長上にあり、〈自我〉をその終わりへと至らしめる。しかし、他方で、レヴィナスは、ハイデガーの議論に依拠したうえで彼に抗しつつ「死」の新たな存在論的側面を切り開く。「死」を単に生命の終わりと捉えるのではなく、存在論的な出来事と捉える点において、レヴィナスはハイデガーの議論を引き受ける。しかし、レヴィナスはすぐさま、「死」を「他なるもの」とみなすこと、そして自我の「死」を〈自我〉[24]と「他なるもの」との関わりとみなすことによって、〈同(le Même)〉であることに存するのではない〈自我〉のあり方を開きつつ、ハイデガーの議論を離れる。[25]ここで確認したいのは、「死」によって〈自我〉が「他なるもの」と関係することが可能になる、ということで開かれる「多元性」の意味である。

私の孤独は死によって確証されるのではなく、死によって破られるのだ。すぐに言っておくが、それゆえに実存は多元的なのである。この場合、複数性は実存者の多様性のうちにはなく、実存することそれ自体のうちに現れる。(TA, 63)

〈同〉でありつづける自我はみずからの自由を失う瞬間に〈同〉ではなくなる。すなわち、或る意味において「死」が自我に到来する。しかし、「死」の到来による〈同〉としての自我の喪失とともに、新たな時間への〈自我〉の参入が始まる。自我の「死」はみずからを維持することで〈同〉でありつづける仕方とは別の仕方で〈自我〉が実存することを含意している。「死」のこうした多元的なあり方を思考することは、『全体性と無限』の議論と矛盾しない。だからこそレヴィナスは、『時間と他なるもの』でなしたように、『全体性と無限』でもまた、死を論じる文脈において新たなものの産出に関わる「繁殖性」の次元を後に分析することを予告していく。[26]

それでは、「繁殖性」についての議論は「平和」論としてどのような意味を持つのであろうか。次節においてこうした問いを検討することで「繁殖性」の議論を再評価する。

三 「繁殖性」と「平和」

1 「エロス」と「繁殖性」

「繁殖性」がいかに「平和」論と関わるのかという問題に先立って、レヴィナスの「エロス」論に触れておく必要がある。レヴィナスは、「補習手帳」、『実存から実存者へ』『時間と他なるもの』『全体性と無限』において、「女性的なもの」「エロス」と言った「性」についての議論に導かれる形で「繁殖性」という概念を導入している。[27] レヴィナスの諸論考において、「エロス」が含意する「性」の二元性および「繁殖」が含意する実存の複数性は、「対面」において示される他人との関係とは様相を異にする自他関係として提示される。『全体性と無限』の第四部においてレヴィナスは、人格どうしの間で対面において可能になる言語的関係と「愛」を区別している（TI, 284）。「愛」または「エロス」とは「女性的なもの（le féminin）」との間に結ばれる身体を通じた接触、つまり「愛撫（caresse）」の関係を意味している。「愛撫」とは視覚に依存せず「触れる」という仕方で、形の把握に先立って質料に触れることを意味している。レヴィナスは〈他者〉の「不在」こそが「他者」の「現前」であるという「他者」の性格を認める（Cf. TA, 83）。この「不在の現前」は「形として捉えられることの不可能性」と「質料として感じられること」の同時性として理解されなければならない。こうした観点から見た場合、「官能」の分析において明らかになるのは、形相なき「質料」へと向かう自我の実存の仕方である。

「女性的なもの」の「把持不可能性」は時間の問題と関わっており、それゆえ「可能なものの彼方の範疇」として位置付けられる。レヴィナスは、自我の権能を超えるものを「いまだない」という時間的観点から捉え「可能なもの（le possible）の彼方」と呼んだ。「可能なものの彼方」という概念がエロス論において果たす役割の重要性は、レヴィナスが『全体性と無限』に先立って、一九五九年に「可能なものの彼方」と題された講演を哲学コレージュで行なっていることからも推測することができる。

まず、レヴィナスは自我の自己への結びつきが維持されるあり方を、「瞬間」の分割であるような時間意識から捉え、未来の自我の存在論的意味を「可能なもの」のうちに見出す。

時間が意識であるのは、まさしく時間がたえず瞬間を分割し、それゆえ存在するものが依然として決定的ではなく、私にとっては依然として未来であるからである。ある瞬間は、別の瞬間と結合して一つの現在を形成するわけではない。現在の自己同一性は、瞬間を一時停止する無尽蔵の多数の可能なものへと分割される。（*Œuvres 2*, 307）

「可能なもの」についての議論のうちに見られる自我の実存の時間構造は、一九三六年の論考「逃走について」における「快楽の追求」とその「挫折」において既に検討されていた。「逃走について」と同時期、レヴィナスはルイ・ラヴェルの『全的現前』に寄せた書評において、ラヴェルが「瞬間」を時系列の構成要素とみなすことを否定し「現在としての現在」という意味を与えることで、「現在」を復権させたことを評価している。同時にレヴィナスは、ラヴェルにおいて、「時間の絶頂、自由の条件としての現在の復権」が「数学的真理の非人称的な冷徹さと実に深く結びついた永遠」とみなされることに危惧を抱く。レヴィナス自身は、「快楽」によって自己の外へ脱出する試みと、自己の外への脱出の「挫折」という出来事のうちに「瞬間」の回復を見出すとともに、自己同一性を維持する自我の権能として、無数の「可能なもの」の可能性を見出すのである。したがって、「可能なものの彼方」とは、現在の瞬間が自我の自己同一性を担うという考えに基づくことのない時間の次元を意味するということになる。

『全体性と無限』に至って、自らに同一的なものと「可能なもの」との関係は、「私」と「子」の関係を思考する際に再考されることになる。

子との関係——それは、他なるものであると同時に私自身でもある子を切望することである——は官能のうちであらかじめえがかれており、子自身のうちで達成される。(TI, 298)

レヴィナスは「官能」に関する議論のうちに既に「子との関係」を見出している。〈自我〉が「存在」からの解放を求める過程において、未規定の他性を求める限り、「逃走」は挫折するのであった。こうした自己同一的な〈自我〉の実存の仕方に抗してレヴィナスが思考しようと試みるのは、「逃走」の欲求とその挫折を経た自己同一的なあり方に至ることのない〈自我〉の実存を——「可能なものの彼方」で——思考することである。こうした実存の仕方が可能なとき、この実存は、未規定の他性を求めていたのではなく、実は〈他者〉と関係していたのだということになる。「女性的なもの」はこのようにして「繁殖性」の議論のうちで要請され、「官能」のうちには、既に「子との関係」が刻印されていることになる。むろん、レヴィナスが「繁殖性」の議論を行う際には、生物学的な意味での「繁殖性」が必ずしも問題なのではない(Cf. TA, 15, 87, *Œuvres* 2, 140, TI, 277, 312)。たしかに、「繁殖性」とは、生物学的な意味における親と子の関係を含意してはいるが、自我の存在論的構成として「繁殖性」の議論を読解するならば、レヴィナスの主眼はむしろ、「繁殖性」という概念の導入によって主体を同一的なものとしてではなく、多元的なものとして思考することにある。したがって、レヴィナスの議論の章立ての順番と、レヴィナスが議論に内的に与える順番はここでは逆のものとなっている。『時間と他者』および『全体性と無限』の章立ての順番に反して、「繁殖性」の側から「エロス」に関する議論が思考されているのである。

2「存在範疇」としての「繁殖性」

「繁殖性」[28]の議論は「他なるもの」と関係する〈自我〉が「いかに私でありつづけうるか」(TA, 85)という問いから始まる。レヴィナスは「死」を自我の自由の失墜として論じていた。自由である自我は「権能(pouvoir)」を持つものでもある。「権能」によって自我は外的な諸対象を観念に転換する。自我は諸対象を観念として表象し、みずからに対して現前させることができる。それゆえ「権能」は「自我の観念に解消される定めにある世界内での現前」(TI, 299)と定義される。自我は権能を持つことによって、すなわち「他なるもの」を自我へと回収することによって自同性を保つ。[29]「死」はこうした自同性の喪失であり、権能を持つ自我の終わりである。権能を失うことで自我は「自己へと不可避的に回帰する自我」(TA, 85)ではなくなる。しかし、彼は「死」を介してなお「〈自我〉が〈自我〉であり続ける」状況を探る。いまやレヴィナスは、生物学的事態としての繁殖に汲み尽くされない「繁殖性」の構造を探ろうとしている（TA, 87 / TI, 312）。「諸可能事に対する権能には還元不能な」（TI, 300）未来との関係から「繁殖性」を思考する。

一方でこの「繁殖性」には、質料として〈自我〉が存在することに関する問題が含意されている。「子（enfant, fils）」[30]は、自我の死後にもなお自我の産出したものとして存続する他の個体の存在を指している。

他方で「繁殖性」は「子を産む」という営みの質料的側面に限定されない独特な存在論的含意を有している[31]。「繁殖性」は、他なる個体の産出という出来事を含意するのみではない。というのも、「繁殖性」の議論によってレヴィナスが提出しようとしているのは、不断の自己同定に存する自我とは異なる〈自我〉のあり方だからである。

レヴィナスは「父」と「子」の関係の分析を通じて、「息子に対する父の外部性、多元論的な実存すること」（TA, 87）を引き出す。「父」とはみずからと異なる存在者を産み出す起源たる存在者の謂いであり、「子」とは「父」によって産み出された存在者の謂いである。「死」と「繁殖性」を通じて、「私〈自我〉は～である」の「である」に時間的な二重性が挿入される。自我はまず、自由な自我、「権能」をもつ自我であり、「子」の起源としての「父」である。すなわち、自由の剝奪、権能の失墜とともに「死」を迎える自我である。他方で、〈自我〉は「父」によって産み出され新たな時間を生きる〈他者〉[32]すなわち「子」である。〈自我〉は新たな時間に入ることによって〈他者〉として主観性を維持する。「実存することはそれ自体二重化される」（TA, 88）。それゆえ、「私はある意味において私の子である」

(TA, 86, cf. TI, 310) という表現は背理ではなく、二重の時間における〈自我〉のあり方を示している。[33]自我が「子」を産出することとは、未来において〈自我〉が新たな〈自我〉となることである。〈自我〉は、自らとは異なる存在となり続け、いわば「子」となり続ける。このことは、「子」を産み出す存在である自我が瞬間ごとに「死」を迎えることに裏打ちされている。[34]

「エレア派的な」存在の観念に従うならば、〈自我〉がみずからの産み出した〈他者〉でもあることを描きだすことはできないだろう。[35] レヴィナスによる「繁殖性」についての議論は、「エレア派的な」存在の構造とは異なる存在の構造を示している。〈自我〉は〈他者〉であるということについて論じることは、〈自我〉の存在の二義性を見いだすことなのである。「死」を通じてなお同じ〈自我〉であるということが、「エレア派的」ではない存在の観念、言い換えれば「繁殖性」における〈自同性〉に含意されている。「繁殖性」は、特殊な意味における〈自我〉の存在様態である。[36] 最終的に、レヴィナスは、「繁殖性」に「〈自我〉と自己との関係」(TI, 343) という輪郭を与えている。

以上から、「繁殖性」は生殖という側面を持ちつつも、「〈自同的なもの〉の二元性を含んでいる」(TI, 300) ということが理解される。〈自同的なもの〉とは、一方で、「権能」をもち、絶えず「他なるもの」を同化することで自我である存在者を指す。こうした意味での〈自同的なもの〉は「死」に際して自我であることをやめる。他方で、〈自同的なもの〉は〈他者〉であることによってなお〈自我〉たる存在者を示している。

3 「無限の時間」と〈自我〉

『全体性と無限』において、レヴィナスは序文から一貫して、「無限の観念」は、「無限」が有限者の思考を溢れ出る運動のうちに存していると考える。「このように思考をはみ出すことで、まさに無限の無限化が生起する。」(TI, 10) 彼によれば、「無限」はあらかじめ措定された存在者ではなく、自我の権能を超えゆく運動として生起するのであり、そうした「無限」が自我に対して観念として到来する。自我の思考を溢れ出る「無限」の「迎え入れ」(TI, 12) は自我にとって「不可能な要求」(TI, 12) である。こうした「不可能な要求」に応答することの意味を明らかにするのが、彼が『時間と他なるもの』において述べ、『全体性と無限』において維持した「繁殖性」の時間なのではないか。〈他者〉でありつつもなお〈自我〉であるという〈自我〉の存在様態をレヴィナスが「無限の存在」(TI, 300) としていること、また彼が「繁殖性」について論じながら「無限の時間」を考察していることについて、検討したい[37]。

無限の存在、言い換えるなら不断に再開する存在、不断に再開するがゆえに主観性を欠くことのできない存在、このような存在が繁殖性という様相のもとに生起する。(TI, 300)

死すべき存在である自我は有限である。しかし、「繁殖性」において〈自我〉は無限に存在する。「無限に存在すること」とは、「常に起源にとどまりつつも、みずからの実体を何の障害もなく刷新していく自我として生起すること」（TI, 301）であるとレヴィナスは説明している。起源としての自我と新たに産出された〈自我〉を繋ぐものは、「権能」ではない。つねに新たに「他なるもの」を産出するということ自体が〈自我〉の新たな意味での自同性を可能にする。レヴィナスは「繁殖性」に〈自我〉の存在様態を見いだすことで、自我の「死」を虚無に帰するのではなく、〈自我〉の「死」を介した「未来」を開く。「繁殖性は老いを産み出すことなく歴史を継続する」（TI, 301）ということの内実がこうして理解される。〈自我〉は予期によって汲み尽くし得ない「未来」においてみずからを再開する時間を生きている。「繁殖性」が「死に対する勝利」（TA, 85）であるのはこうした意味においてである。

　レヴィナスは「繁殖性」の時間の議論において、「子」として生起する〈他者〉の――〈自我〉の刷新に関わりその意味における自同性の創出に伴う――無限なあり方、すなわち、〈自我〉を絶えず超出する〈他者〉の無限を論じる。〈自我〉はみずからに対する〈他者〉でありながら、なお〈自我〉でありつづけるのだ。権能を持つ〈自我〉の未来――〈自我〉の可能性としての未来――とは異なる〈他者〉の未来を絶えず再開することで、「繁殖性」は無限に〈自我〉を生起させる。「無限に存在することが生起する場としての時間は可能事の彼方に赴く」（TI, 314）。「繁殖性」の本義は〈自我〉を不断に産出することに存しているのであり、〈自我〉は絶えずみずからを超出する〈他者〉でありつつもなお〈自我〉である。このことは、〈自我〉の刷新的なあり方としての「無限化」という運動に「繁殖性」が存していることを示してもいる。「無限」が観念に常に到来しうるということは、〈自我〉であることが絶えざるみずからの刷新に存していることなしに生じえない。「繁殖性」という時間のもとで、父子関係と呼ばれる〈自我〉と〈他者〉の関係が生起している。したがって、「繁殖性」は〈自我〉の無限的なあり方に関わるだけではなく、〈他者〉の「無限」を思考することをも可能にしていることになろう。こうして、「無限化」という運動が〈自我〉の存在の仕方であることを確認しうる。

4 「無限の時間」と「平和」

最後に、「対面」における責任主体としての〈自我〉について、この「無限化」についての議論から再考することで、「平和」の意味を検討したい。「対面」に関する議論において、レヴィナスは〈自我〉に呼びかける〈他者〉が「無限」であると論じている。[38] レヴィナスは第一に〈他者〉の企図の〈自我〉に内在する思考への翻訳不可能性から〈他者〉の無限なあり方を認める。ただし、〈他者〉の無限性を単に〈自我〉による〈他者〉の内包不可能性として捉えるのであれば、自他の間に生じる「対話」の内実が失われてしまうだろう。なぜなら、「呼びかけ」への「応答」は〈他者〉との言語的関係の条件であり、「対話」の開始を告げているからである。「倫理的関係」は「言説を支える」(TI, 213) のであり、「言説」は「本質的に超越的でありつづけるものとの関係をなす」(TI, 212)。はじめの「応答」によって、〈自我〉は言説に参入するが、対話において、〈他者〉は「自分を包摂していた被措定項から離れてしまっている」(TI, 212)。自我が言説の意味内容を把握したと思っても、その把握もまたつねに〈他者〉によって問い直される。先に確認しておいた「対話」の時間的性格は、絶えざる無限化の運動として生じている。

「対話」による自他関係と「繁殖性」による自他関係は、議論が生じる背景を明確に異にしている。「繁殖性」の議論においては身体性および情動性の契機が含まれ、それゆえに〈他者〉の多義性が生じているのに対して、「対話」の問題領域においてはことさらに言語を介する自他関係が取り上げられる。他方で、「対話」の時間的性格は「繁殖性」の「未来」についての議論と類似した構造を持っており、両者の関係が問われうる。「繁殖性」と「対話」の関係についての問いは、とりわけレヴィナスが「繁殖性」の議論において、「善さ」に言及するときに生じる。「無限の時間」とは、「諸世代の非連続性を貫くより善きものである」（TI, 301）。彼は、父子関係として論じられる〈自我〉に「善さ」という倫理的な価値づけを与える。

> 超越——他者に対して——顔と相関的な善さは、より深い関係、つまり、善さに対する善さを基礎づける。繁殖性を産出する繁殖性が善さを達成する。（TI, 302）

注意すべきであるのは、「顔」によって述べられる〈他者〉との関係、すなわち「対面」の問題が「繁殖性」の議論の中に挿入されていることである。レヴィナスによれば、〈他者〉と〈自我〉との「対面」という関係、すなわち「顔」と相関的な「善さ」は、「善さ」を産み出す「善さ」を基礎づける。「善さ」は〈他者〉との対面において生起する〈自我〉のあり方について述べられるものであった。彼は、「善さ」それ自体を規定するのではなく、産出の運動において「善さ」が生じると解している。[39] つねにみずからを超出し、みずからが〈他者〉であるような〈自我〉（「繁殖性」の時間の〈自我〉）は、〈他者〉と「対面」する〈自我〉に他ならない[40]。このことは、「対面」を——「平和」を——可能にする時間として、レヴィナスが「繁殖性」を考えていることを意味してはいないだろうか[41]。すなわち、「対話」の時間的性格は「繁殖性」の分析によって得られた〈自我〉のあり方に支えられているのであり、だからこそ、「繁殖性」自体が「平和」をもたらす時間として描かれているのではないか。

実際、レヴィナスは、「繁殖性」の時間において「善さ」が生起するということを、戦争および戦争の不在の条件としての「平和」の根源性の最終的な意味として提示している。

平和は、自我から発して〈他〉へと向かう関係、つまり欲望ならびに善さにおける自我の平和でなければならない。善さにおいては、自我は現出すると同時に自我中心性なしに実存する。道徳性と現実性との収斂を確信する自我、言い換えるなら無限の時間を確信せる自我を起点として、平和は思い描かれる。繁殖性を介した無限の時間、それが自我の時間である。（TI, 342）

この文脈において、「平和」とは〈自我〉がその自我中心性を失いつつも〈自我〉を出発点として〈他者〉と関係することであると述べられる。レヴィナスが『全体性と無限』の序文で「戦争」を「現実」として位置付けていたことを思い起こそう（TI, 5）。戦争のうちでは道徳性と現実性が乖離する、と彼は述べていた。「現実性」は過去をはらみ、過去にもとづく「現在」に存しており[42]、あるべき「道徳」と対立する。それに対してレヴィナスは、〈他〉が無限に〈同〉を超えゆく時間のうちで〈他者〉との関係を提示することによって、「現実性」と「道徳性」とを収斂させる。〈同〉の「死」と新たなものの到来の運動の両方を含意する「繁殖性」においては、現在と来たるべきものの到来の間に凝固した乖離が生じない。「平和は必ずや到来するという確信」(TI, 6) は、「繁殖性」の時間構造に存しており、こうした「確信」はみずからを刷新する〈自我〉によって抱かれるのである。こうして、「繁殖性」が「平和」の意味を担うことが明らかになる。言い換えるならば、〈自我〉が〈他者〉であるような二重の時間の創出に「平和」が存することが明らかになる。

結

本章は、『全体性と無限』の「平和」論を検討することで、自他関係の起源を探るレヴィナスの思考に寄り添うとともに、そうした関係を可能にする独特な時間性の構造を明らかにしてきた。「対面」についての議論の中核としての「責任」と、「繁殖性」の問題における「無限の時間」の意味がいまや結びつく。「対面」は戦争および戦争の調停としての平和を含む自他関係の起源である。一方で、〈他者〉への「応答」の不可避性を明確にすることで、「対面」は根源的な「平和」であるというレヴィナスの議論が成り立っている。他方、「繁殖性」は、こうした「対面」の「平和」を可能にする「無限」の時間の創出を担っている。「繁殖性」の議論における「無限」の時間が〈自我〉の多元的な存在の仕方を可能にしており、「応答」する「責任」主体としての〈自我〉もまた、こうした時間のうちに生起するのである。

『全体性と無限』後のレヴィナスは、『全体性と無限』において〈自我〉と〈他者〉の時間的隔たりについて論じていた事柄を別の仕方で論じるようになる。しかし、彼の後期の時間論は「繁殖性」を別の仕方で論じたものに他ならないと考えることもできるのではないか。このことについては、別の機会に論じたい。

凡例

以下のレヴィナスの著作については、本文中で略号をもちいてページ数のみを示す。

AT: *Altérité et transcendance*, Fata Morgana, 1995.

AV: *L'au-delà du verset : lectures et discours talmudiques*, Les Éditions de minuit, 1982.

DL: *Difficile liberté. Essais sur le judaïsme*, troisième Edition, Albin Michel, 1976.

EDHH: *En découvrant l'existence avec Husserl et Heidegger*, J.Vrin, Collection bibliothèque de la philosophie, 1967(2002).

EI: *Ethique et infini*, Fayard, 1982.

HS: *Hors sujet*, Fata Morgana, 1987.

LC: *Liberté et commandement*, préface de Pierre Hayat, Fata Morgana, 1994.

TA: *Le temps et l'autre*, Fata morgana, sixième edition, Quadrige, 1979(1996).

TI: *Totalité et infini. Essai sur l'extériorité*, Martinus Nijhoff, Poche Essais, 1961, 1971(1990).

註

1　「戦い（*polemos*）」を万物の起源とみなすヘラクレイトスに言及する際に、レヴィナスはハイデガーの『形而上学入門』の第二章第一節「『存在』という名の文法」も念頭に置いていることだろう。ハイデガーは、存在者が生じるためには相互の分離と統一がなければならないということを指摘し、ギリシア語における「ロゴス（ことば）」の意味を「とり集め（Sammlung）」に見いだしたうえで、ヘラクレイトスにおける「ポレモス」を「ロゴス」と解釈した。また彼は「存在」に存する根源的な「闘争（Kampf）」と「人間的な仕方による戦い（Krieg）」を区別した。このとき、「ポレモス」は「根源的な闘争」であると考えられている（Martin Heidegger, *Gesamtausgabe II. Abteilung: Vorlesungen 1923-1944, Band 40, Einführung in die Metaphysik*, Klostermann, 1953(1976), S. 66)。

2　こうした思考は政治哲学において広く認められている。「……戦争の本性も、実際の闘争にあるのではなく……闘争への明らかな志向にある。そのほかのすべてのときは、平和である」（ホッブズ『リヴァイアサン』第十三章、*The English works of Thomas Hobbes*, Vol. III, p. 113)。戦争と平和の関係についての哲学史的な理解については、以下を参照。Christopher W. Morris, «Guerre et Paix», dans: *Dictionnaire d' éthique et de philosophie morale, tome 1*, sous la direction de Monique Canto-Sperber, PUF, 1996, pp. 799-808.

3　以下、レヴィナスが用いる意味で本章が「平和」という語を用いるとき、「」を用いて表記する。

4　『全体性と無限』における「戦争」概念は二義的である。序文においてレヴィナスは「戦争」は「純粋な存在をめぐる純粋な経験」という形で生起すると述べる（TI, 5)。そうした観点からは「戦争」と「全体性」は同一視される。しかし、第三部においてレヴィナスが「戦争」を人間同士の対立構造を示すものとして論じるとき、「戦争」は「全体性に対して外部的な諸存在のあいだの関係」（TI, 246）であったこと、「戦争」を「全体性」とみなす見方が実は不可能であったことが証される。

5 別の箇所で「平和」は「倫理」とも呼び直され、「倫理」が「戦争」に先立つということが述べられる。「倫理的関係は、諸々の自由の対立、戦争——ヘーゲルによれば戦争が歴史を創始します——に先立つものです」(DL, 34)。

6 本章では扱わないが、『全体性と無限』序文における、「歴史の彼方」の「平和」としての「終末論的なもの」(TI, 7)については、「死」と「繁殖性」についての分析を起点としての考察が可能であろう。

7 Cf. Jean François Rey, *La mesure de l'homme. L'idée d'humanité dans la philosophie d'Emmanuel Levinas*, Michalon, 2001, pp. 201-216.

8 Cf. Jacques Derrida, *Adieu. À Emmanuel Levinas*, Paris, Galilée, p. 165ff.

9 「非常に若くしてレヴィナスは戦争と平和という問題に直面する。平和の維持は、彼にとっては、軍事的、政治的、経済的な問題ではなくて、倫理的な問題のように思われる」(Stephane Strasser, "Emmanuel Levinas", in: *The phenomenological Mouvement*, edited by Herbert Spiegelberg, Matrinus Nijhoff Publishers, 3. Ed., 1982, p. 613)。

10 「自由と命令」は、まず『形而上学・倫理学雑誌』に一九五三年に発表され、「超越と高さ」(一九六二年)とともに一九九四年に一冊の本として出版された。

11 レヴィナスが念頭においているのは、プラトン『国家』の冒頭(三二七C)における、ポレマルコスとグラウコンの会話である(LC, 35-36)。

12 レヴィナスは、実際には「暴君」は物としてみなされるのではない人間的他者との関係を必要とすることを認めている。「暴君」は、自由である他人が「あたかも」自由ではないかのようにその意志を屈服させることによって「暴君」たりうるのである。同時期にあたる一九五四年には、レヴィナスは「暴力」について以下の内容を述べたノートを残している。

暴力――自分がたった一人であるかのように行為するとき？　いや、一人の他者が――しかも自由なものとしての他者がいなければならない。暴力は二元性を前提とする。たった一人であること――自由でも、非自由でもない。（Emmanuel Levinas, *Œuvres 1, Carnets de captivité suivi de Écrits sur la captivité et Notes philosophiques diverses*, Volume publié sous la responsabilité de Rodolphe Calin et de Catherine Chalier, Imec / Grasset, 2009, p. 420）

このノートは断片であり前後の文脈をもたないが、「暴君」の表面上の孤独と、「暴君」が自由な他者に依存していることの両義性を含む暴力概念を示唆している。

13　「意味付与に先立つこの意味」こそ、レヴィナスが自由な諸存在者の間に見いだすものである(LC, 45)。ただし、後述するように、意味が単に法や制度に先行しているのではなく、それらを条件づけていることを強調することが重要である。

14　自我による対象の構成から成る「表象（représentation）」と他者の側から現れる「表出（expression）」はレヴィナスにおいて厳密に区別される。

15　後年において彼は「平和」についての思考をさらに展開する。その際、彼は『自由と命令』で行った、人間的関係の政治的秩序に対する先行性という主張を維持しつつも、「比較しえないものの比較」という問いに取り組む。「対面」における〈他者〉との直接的関係が「第三者」の参入によって絶えずかき乱されるという問題が彼の「平和」についての思考の中心となる。『存在するとは別の仕方で、あるいは存在の彼方へ』（一九七四年）においてレヴィナスは、「近き者にも、遠き者にも平和を」（『イザヤ』五七章十九節）という章句を引用しつつこの問題を論じていた(AE, 245)。「政治は後で!」(一九七九年)においては、「平和」は「単なる政治的な思考を超え出る概念」(AV, 228)として思考される。さらに、論考「人間の諸権利と他者の諸権利」(一九八二年)では、敵対しうる複数の自由意志によって同意された釣り合いに先立つ「平和」、そして「単なる非攻撃性ではない」「平和」が提示される(HS, 185)。論考「平和と近さ」(一九八四年)でレヴィナスは、ヨーロッパの歴史を再考するなかで「平等主義的で正しい国家」の源泉を問いただしつつ、「倫理」と「政治」の交錯を問題化する。

16 「対面」と「平和」という論点について、『自由と命令』および『全体性と無限』はほぼ同じ態度をとっている。ただし、『全体性と無限』においてレヴィナスは、『自由と命令』とは異なり、「歴史のうちで実現される非人称的理性の存在論」(TI, 342)において諸人格が不在であることを糾弾する。

17 本章においては、"Autrui"、"l'Autre"をそれぞれ〈他者〉、〈他〉と訳す。〈他者〉と〈他〉については主に、〈他者〉が自我に対して現れる人格的他者、すなわち他人を示し、〈他〉が〈同〉として捉えられた自我に対する「他なるもの」の他性を示すものと理解する。

18 『全体性と無限』においては、〈他者〉との関係における自由の創設が「他律(hétéronomie)」として明示される(TI, 88)。

19 「顔」が要求する責任についての議論は、横地徳広「E・レヴィナスと場所のエティカ——〈汝、殺すなかれ〉再考」(吉川孝、横地徳広、池田喬編著『生きることに責任はあるのか——現象学的倫理学への試み』所収、弘前大学出版会、二〇一二年、一一一~一三八頁)を参照。

20 ここで述べる「呼びかけ」および「応答」は必ずしも発声に依拠しない。また、「拒否」や「無視」も「応答」となりうる。レヴィナスは論文「存在論は根源的か」(一九五一年)で人間どうしの関係における「挨拶」の特権性を認めている。「人間的なものに対するどんな態度のなかにも、挨拶が——たとえそれが挨拶の拒否であれ

——存在する。」(*Entre nous. Ecrits sur le penser à l'autre*, Grasset, 1991, p. 19)

21　レヴィナスは、「呼びかけ」が自我に新たなものをもたらす「教え」であることにも注目しつつ「対面」を時間的なものとして論じている。「無限の観念を授かる存在……この存在が実存することそれ自体、教えを不断に授かること（あるいは時間）なのである」（TI, 223）。

22　「人が語ること、伝達される内容は、この対面のおかげで初めて可能となる。この関係において、他者は知られる以前にすら対話者として勘定されるのである」（DL, 21）ともレヴィナスは述べている。

23　渡名喜は、「無限責任」は現象学的に理解されるべきものであるという立場から、「顔という思考対象に対応する志向性のあり方」であると解釈する（渡名喜庸哲『レヴィナスの企て——『全体性と無限』と「人間」の多層性』勁草書房、二〇二一年、四〇〇頁）。

24　以下、みずからを維持することで〈同〉である自我のあり方と特に区別して、〈他〉との関わりに入っていくことで〈同〉であるという自我のあり方を便宜的に〈自我〉と表記する。ただし、既に論じたように、自由な自我は他律的なのだから、最終的には両者のあり方に差異はないことになる。

25　ディディエ・フランクは、このことを以下のようにまとめている。『実存一般の不可能性の可能性』として死を了解するハイデガーとは逆に、レヴィナスは、一切の可能性の不可能性と、可能性が能力（…できるということ）に還元されるとすれば、もはや〈…できない〉という能力を死の内に見る」(Didier Franck, *Dramatique des phénomènes*, PUF, 2001, p. 151)。

26　TI, 267. 本章には関わらないが、「死」から自他関係を導く議論については、『時間と他なるもの』と『全体性と無限』の間に無視しえない差異がある。レヴィナスは、一九四〇年代後半には「エロス」を自他関係の問題の中核として論じていたが、『全体性と無限』では「倫理」と「エロス」を峻別する。

27　渡名喜は、『全体性と無限』第四部における「エロスの現象学」を「捕囚期の「体系構想」において示された「救済の弁証法」の成就、すなわち、そこで提示された「性的な二元性」を通じた「時間のドラマ」の完成を見せるものだ」（渡名喜、四一九頁）という立場を示している。なお、これまでの研究において「繁殖性」の問題は「平和」の問いとして直接的に論じられることが少なかった。その理由は、「繁殖性」という概念が孕む困難にある。レヴィナスにおいて「繁殖性」についての議論自体は『全体性と無限』以降は表向き消失する反面、「倫理的なもの」と「政治的なもの」との区別は先鋭化される傾向にある。また、「繁殖性」についての議論は、「平和」についての議論としてよりもむしろ、「女性的なもの（le féminin）」との関連において論じられることが多い。Cf. Gérard Bensussan, «Fécondité d'Eros. Équivoque et dualité», dans: *Lire Totalité et Infini d'Emmanuel Levinas, Études et interprétations*, rédigé par Danielle Cohen-Levinas, Éditions Hermann, 2011, pp. 91-106; Paulette Kayser, *Emmanuel Levinas: la trace du féminin*, PUF, 2000; Jean-Luc Thayse, *Eros et fécondité chez le jeune Levinas*, L' Harmattan, 1998. 本章も、「女性的なもの」と「繁殖性」の結びつきを軽視することは決してできないと考えつつ、『全体性と無限』における「平和」は「繁殖性」についての思考ぬきには成立しえない議論であることに焦点を当てる。

28　本節では、「繁殖性」の議論のうち『全体性と無限』第四部と『時間と他なるもの』に共通する部分を分析する。「繁殖性」についての議論はレヴィナスの捕囚時代に準備され戦後発表された『実存から実存者へ』（一九四七年）および『時間と他なるもの』に遡り、『全体性と無限』の議論には戦後諸著作で書かれた文章の重複が見られる。また、『全体性と無限』第四部の「繁殖性」についての議論の一部は、論文「多元性と超越」（一九四九年）をほぼそのままの形で取り上げている。そのため、『全体性と無限』の「繁殖性」について論じる場合には、まず、『全体性と無限』の記述とともに一九四〇年代後半の議論を考慮することが必要である。さらに、この戦争直後の議論が、言語的関係の分析にもとづく「倫理」に支えられている『全体性と無限』においてふたたび取り上げられたことの意義を検討することもまた必要である。

29　この意味での自同性は、繁殖性における二つの自同性のうちの一つにすぎない。

30　「繁殖性」は「他者を生み出す」ということの含意において質料的な側面を有している。本章が扱うことをしない「女性的他者」との「愛撫」という感性的経験を介した他者との関わりがとりわけ「質料性」という問題に関わっていることからも、感性的経験の問題は新たな局面を開いているということが読み取れよう。この論点に関しては、檜垣立哉「生殖と他者――レヴィナスを巡って――」（実存思想協会編『実存思想論集XXII　レヴィナスと実存思想』所収、二〇〇七年、二九～五〇頁）を参照した。また、檜垣は「逆向き幽霊としての子供――デリダに対抗するレヴィナス」（『現代思想』、二〇一二年三月号、青土社、一四七～一五七頁）において、デリダの「幽霊」の議論とレヴィナスの「繁殖性」の議論を交差させる。

31　本章は、レヴィナスが「父性」「息子」という語を選択したことにまつわる、とりわけフェミニズムの立場から提起される問題を取り上げることはしない。

32　「自我の繁殖性は、それに相応しい存在論的価値をもつものとして評価されるべきだが、これまで一度もそのようなことはなされなかった」(TA, 87)。

33　「子との関係」は「〈他〉との関係」と言い換えられる (TI, 300)。すなわち、「繁殖性」の概念においては、「子」の他性が問題となっている。ただし、父子関係に存する「繁殖性」は「人間と人間との関係」(TI, 343) としてのみ生じる。父子関係とは、「他者 (autrui) でありつつも……自分であるような異邦人との関係」(TI, 310) である。

34　『全体性と無限』において、「繁殖性」は「形式論理学では予期しえない構造」(TI, 299) として述べられることになる。

35　こうした〈自我〉の捉え方は、「私」の連続性を「なんらかの原因が私をいわば再度この瞬間に創造する」(AT,

VII, 49）ことに見いだすデカルトの「連続的創造」説に近いと言えよう。

36 『私は〜である』という表現は、ここではエレア派的もしくはプラトン的な意味とは異なる意味を有している」（TA, 86, 310）。このエレア派批判において念頭に置かれているものとしては、プラトン『ソピステス』および『パルメニデス』におけるものが考えられる。レヴィナスは一九四〇年六月に捕囚される以前、ソルボンヌにおけるジャン・ヴァールのセミネールに出席していた。レヴィナスの捕囚直前の講義への出席は確認できていないが、一九三九年から一九四〇年にかけてヴァールは『ソピステス』の講義を行っており、四月二七日から五月十八日にかけてはパルメニデスおよびエレア派批判についての部分を扱っている。また、レヴィナスは当然ながらヴァールの著作『プラトン「パルメニデス」研究』（Jean Wahl, *Étude sur le Parménide de Platon*, Vrin, 1951, Première édition, F. Rieder, 1926）を読んでいたことだろう。この問題については今後の課題としたい。

37 レヴィナスは、「繁殖性」を「存在論的範疇」（TI, 310）と呼ぶ。

38 「繁殖性」の時間はメシア的時間とも呼ばれよう。メシア的時間においては、「過去」も「未来」もすべての時間が「現在」のうちにおいて一挙に現れる。『全体性と無限』出版と同時期、ユダヤ知識人会議で行われた発表で、レヴィナスはタルムードの解釈を行いつつ「メシアの到来はどの瞬間にも生じうる」（DL, 45）と述べた。レヴィナスにおけるメシア的時間という主題に関しては、たとえばローゼンツヴァイク『救済の星』第二部を参照することが有効であろう。ただし、レヴィナス自身が、『全体性と無限』の結論の手前で、彼が論じる時間構造をメシア性の問題系のもとで論じることは「本書の枠組みを超え出る問題であろう」（TI, 318）と述べている。すなわち、少なくとも『全体性と無限』において、レヴィナスは「メシア的時間」をめぐる語彙に頼ることなく哲学的概念として「繁殖性」を思考しようとしている。しかし、哲学的概念としては主要な立ち位置を得るものと考えられてこなかった「繁殖性」概念を哲学史的に位置づける作業もまた困難を極める。「繁殖性」を論じる際に、レヴィナスは、ヘーゲルの家族論およびシェリングの『世界の暦年』にも言及するが（TI, 299）、それらに対する立ち入った考察をなしてはいない。本章の範囲では、レヴィナスとユダヤ教、あるいはレヴィナスとドイツ観念論という主題に立ち入ることをせず、『全体性と無限』で述べられる「繁殖性」の議論を再構成したい。

39　Cf. TI, 256.　本節が対象としているのは、その内容をより詳細に説明する第三部B「顔と倫理」第一節「顔と無限」である。

40　ジャン＝ミシェル・サランスキはその論考「『全体性と無限』の諸地平」のなかでレヴィナスの歩みにカントの第二批判との親近性を見て、次のように対比している。カントにおいては、「当為の根本的な定式（定言命法の定式）は確かに詳述され、異議が唱えられてきたが、それでもなお考えなければならないのは、善が、存在の次元で、倫理の普遍的で合理的な厳格な要請を選択する者へと回帰するのはどうしてかという問題である」（合田正人編『顔とその彼方──レヴィナス『全体性と無限』のプリズム』所収、知泉書館、二〇一四年、九頁）。同様にレヴィナスは、「主体を有限性や存在の地平への幽閉から救い出すものが何かを見定めようと企てている」（同上）。

41　「対面」における〈他者〉と「繁殖性」における〈他者〉との関係については『全体性と無限』で明示的に論じられていない。この点に関して、本章においては、〈他者〉の両義性と自他関係の多様性を指摘するにとどめたい。レヴィナスは「対面」を「存在の根源的生起」とみなしている（TI, 341）。「繁殖性」と「対面」の根源性は、「対面」における〈自我〉の生起の構造において対立することがない。

42　「繁殖性による存在との隔たりは単に現実のうちで開かれるものではない。この隔たりは現在そのものに対する隔たりである。ここに言う現在とは、その数々の可能事を選択する現在であると同時に、すでに実現されある意味では老いた現在の謂である。それゆえ、この現在はすでに決定された現実性のうちで凝固し、すでにその数々の可能事を犠牲にしている」（TI, 314）。

［付記］本論考は、JSPS科研費（若手研究）20K12793の助成を受けた成果の一部である。また本論考は、『戦うことに意味はあるのか――倫理学的横断の試み』（弘前大学出版会、二〇一七年）に収められた論考「レヴィナスの平和論とその時間構造――『全体性と無限』における繁殖性」を大幅に加筆修正した改訂版である。

第7章　米国公民権運動と新たな日常的共同

――政治学とは別の仕方で

横地　徳広

序

本章で批判的検討をほどこす「スマート・パワー（smart power）」の定義を確認しておきたい。ジョセフ・S・ナイ・ジュニアの主著『スマート・パワー』（*The FUTURE of POWER*, 2011, 以下、*FUTURE* と略記）によれば、スマート・パワーは、「強制と支払いというハード・パワーと、説得と魅力というソフト・パワー」（*FUTURE*, p. xiii）を「組み合わせ、さまざまな文脈において効果的な戦略を立てる能力」（*FUTURE*, p. xiv）と規定されていた。つまり、プラグマティックなホーリズムにおいて働く能力である。本章では、このスマート・パワー概念を構成する契機三つ〈A〉ソフト・パワー、〈B〉ハード・パワー、〈C〉これら二つを組み合わせて目的を達成する戦略という観点から一九五六年の米国公民権運動における「非暴力的抵抗（nonviolent resistance）」（*STRIDE*, p. 71）の分析をまずは試みる。

ただし、この米国公民権運動においてスマート・パワーが使用される仕方を見るに、それは、ナイが彼の米国民主党的なグローバリズムにもとづいてアメリカ合衆国政府に求めるスマート・パワーの大国主義的な使用法と異なる部分があり、ここからナイのスマート・パワー概念それ自体を批判的に検討し、これと対照しつつ、米国公民権運動の独自性を解き明かすことが可能になる。これが本章の見立てである。

非暴力的抵抗はそもそもマーティン・L・キング・ジュニアが一九五六年公民権運動を主導するさいに練りあげた手法であった。本章でこの手法をまずはナイの政治学的観点から分析できるのも、『スマート・パワー』に先立つ『リーダー・パワー』(*The Powers to Lead*, 2008, 以下、*Lead* と略記)のなかで彼がキングのことをこう論じていたからである。

キング牧師は、警察の横暴に直面しながらも、非暴力を通じて鮮やかにソフト・パワーをもちい、「彼の敵対者たちがもつ資源を反転させた」。彼最高のスキルは、「説得力あるコミュニケーション技術であった。たしかに支援者たちに与える金銭や現物報酬はもちあわせていなかったが、しかし、彼には誉れある目標が一つあった」。彼はこの目標を効果的に使い、最初は異なった方法で公民権問題に取り組んでいた多様なグループに共有される意義を広め、その魂に吹きこんでいった。〔中略〕キング牧師は、制度的枠組みを壊すよりむしろ、これを改善する方法をもちい、社会変革が必要だという感情をいっそう幅広く結晶化させることができた。（*Lead*, p. 130f.）

このように「集団のアイデンティティ」（ibid.）を刷新してまとめあげたキングの手腕に注目してナイが指摘するところ、「効果的なリーダーシップに必要とされるのは、私がスマート・パワーと呼ぶ、ソフト・パワーのスキルとハード・パワーのスキルとの混交態である」（*Lead*, p. xviii）。キングの政治的手法である非暴力的抵抗をスマート・パワーの観点から本章で考察する所以は、まずもってはナイのキング理解にある。とはいえ、本書の考察は最終的にナイの米国民主党的なグローバリズムの立場から示された大国主義的なスマート・パワー使用法をそれなりにカント的な仕方で「批判」するに至る。

考察の手がかりとなるのは、一九五六年にバス座席の「人種差別（segregation）」を撤廃したアラバマ州モンゴメリー市でのバス・ボイコット運動についてキング自身が記したレポート『自由への大いなる歩み』（*STRIDE TOWARD FREEDOM*, 1958, 以下、*STRIDE* と略記）である。前掲書には、一九五五年のローザ・L・Mc・C・パークス逮捕にさいしてキングがバス・ボイコット運動の「計画と戦術」を仲間と相談し（*STRIDE*, p. 32）、それを完遂するまでのプロセスが記されている。

ナイの議論にそくし、ここで一九五六年公民権運動にそなわるスマート・パワーの契機三つを指摘しておく。それぞれ〈A〉善意のアメリカ市民や傍観者たち、さらには人種差別論者に対して「人種的正義」（*STRIDE*, p. 20）という社会的価値の**魅力**を伝え、[1]その制度的実現を**説得**しえたソフト・パワー（cf. *STRIDE*, p. 211）、〈B〉バス・ボイコットによる経済制裁と「法律の制定や裁判所の命令」

(*STRIDE*, p. 20) による法的強制というハード・パワー、〈C〉両者を組み合わせて人種的正義の制度的実現という目的をめざしたキングの抵抗戦略であった。とりわけ抵抗戦略の核をなすのは、キリスト教言語で語られた他者への愛と、モーハンダース・K・ガンディーにならう非暴力とである。[2] とはいえしかし、一九五六年公民権運動が成功した秘訣として本章で最終的に確認されるのは、次のことである。つまり、キングが采配した、その公民権運動のスマート・パワーは、米国民主党的グローバリズム戦略を策定したナイの大国主義的な使用法[3]からは決定的なズレをふくみ、いわば「生活者」の観点から使用されていた。ここに見出せるのは、多様な住民の日常的共同をまなざす広義の「知慮(*phronēsis*, prudence)」である。[4]

本章における議論の進行を示す。まず第一節「力の諸形態と文脈的知性」では、わけてもモンゴメリーのバス・ボイコット運動においてもちいられたソフト・パワーとハード・パワーの具体相を確かめ、両者を組み合わせて使用法を決める「**文脈的知性**(contextual intelligence)」(*Lead*, Chap. 4) の働きを考察する。次に第二節「相互尊重の日常へ」では、一九五六年公民権運動でそのハード・パワーが制限された仕方を確かめるが、この制限に見出されるのは、キングが多様な住民の人格的関係を日常的に構築し維持することを目指した理由である。つづいて第三節「非暴力と愛」では、「非暴力的抵抗は運動の手法として現われ、かたや愛は統整的理想となっていた」(*STRIDE*, p. 71f.) という一文を導きの糸に、正義としての愛によってキングが非暴力的抵抗という実践を統整していたことを明らかにする。また第四節「生ける範型とキング」では、彼の動向に注目していた同時代人ハンナ・アレントの政治思想を手がかりに、キングがいわば〝生ける範型〟となる仕方でアフリカン・アメリカンたちは一九五六年公民権運動への参与意識を形成していたことを確かめる。最後に第五節「主従関係なきリーダーシップ」では、ナイの「リーダー」概念とは異なるアレントのそれを一九五六年公民権運動に参加したアフリカン・アメリカンたちに見出す。

こうしてスマート・パワーの観点から一九五六年公民権運動における非暴力的抵抗の分析を行なった結果、変革を求める人びとが他者の流血を回避しながら、社会制度を新たにしえた抵抗戦略に政治哲学の光があたり、それゆえにこそ、スマート・パワー概念の見えやすくなったネガのうちに、一九五六年運動成功の秘訣が見出されるはずである。ネガとは、白黒のフィルムで陰陽が逆転した画像のことであった。

一　力の諸形態と文脈的知性

ナイがスマート・パワーの観点から規定した戦略概念を確認する。こうまとめられていた。

最終的に関心があるのは資源ではなく結果なので、状況と戦略にもっと注意を払うべきである。力を変換する戦略は十分に注目されていないが、これは決定的に重要な変数である。戦略は目的と手段をつなぐものであるから、それぞれの状況にあってハード・パワーとソフト・パワーという資源をうまく組み合わせることがスマート・パワーへの鍵となる。(*FUTURE*, p. 10)

このようにスマート・パワーを形成するソフト・パワーとハード・パワーの戦略的な組み合わせが一九五六年公民権運動の進展とともに変化していく様子を本節で確かめる。着目すべき運動の構成要素は、①バス座席の人種差別がアメリカ合衆国憲法に反することを訴えた法廷闘争、②バス・ボイコットによる経済制裁、[5] ③バス・ボイコット運動に参加したアフリカン・アメリカンへの非暴力教育である。

さて、一九五六年公民権運動開始のきっかけとなった事件は、キングの演説とその解説がまとめられた『良心への呼び声』(*A CALL TO CONSCIENCE*, 2001, 以下、*CALL* と略記)に確かめることができる。それは、ローザ・パークスが一九五五年十二月一日、「市バスで席を立ち、或る白人に譲ることを拒んだという理由で」逮捕された事件であった(*CALL*, p. 1)。この逮捕を受けて次のような会合がもたれたことをパークスは回想している。

> ジョーン・ロビンソン夫人と、彼女とは別に、私たちのコミュニティに設置されていた女性政治会議の地区ごとの黒人女性リーダーたちは、私が逮捕された晩に会い、裁判の日である十二月五日に〔バス〕ボイコットを呼びかけると決めた。私は、人種隔離法を犯した罪で執行猶予つきの有罪判決を受け、罰金十ドルに加えて法廷費用四ドルの支払いを命じられた。これは、私たちの法的戦略と一致するものであり、こうして私たちは上級裁判所に提訴して人種隔離法に挑戦することが可能になった。
> (*CALL*, p. 2)

パークスの裁判が行なわれた五日の午後、牧師たちも「モンゴメリー改善協会（the Montgomery Improvement Association）」を結成し、キングを「その初代会長およびスポークスマン」に選出していた（*CALL*, p. 2）。その五日夜には、「第一回モンゴメリー改善協会大衆集会」が開催される。「そこではボイコット戦略について活発な議論が行なわれていた」（*CALL*, p. 3）。集会の掉尾を飾ったのはキングの演説である。パークスが記すところ、「私たちのボイコットは愛国的な抗議であり、アメリカン・デモクラシーの伝統にまったく沿ったものである、そう彼は群衆に語った」（*CALL*, p. 3）。このとき、キングは「アメリカン・デモクラシーの偉大な栄光」のうちに「正義を求める抵抗権」を認めていたが（*CALL*, p. 9）、「決定的な重要性」が見出されたのは、「非暴力の原則を尊重すること」と「イエス・キリストの教えにもとづいて私たちの抗議を行なうこと」の二つであった（*CALL*, p. 3）。こうしてモンゴメリーのバス・ボイコット運動は、キリスト教的な愛を理念に、非暴力の手法で米国社会に諸人種間の正義に適ったバス乗車制度の日常を実現すべく開始されたわけである。

ここで丁寧な検討を要するのは、バス・ボイコット運動の非暴力的抵抗にそなわるハード・パワーの単純ではないあり方である。ナイが記すところ、ハード・パワーの具体例として人びとが思い浮かべやすいのは、「戦闘や威嚇」といった「軍事行動」である（*FUTURE*, p. 25）。そうであるかぎり、一九五六年公民権運動における非暴力的抵抗のうちにハード・パワーを見出すことに対しては、疑問がいだかれるかもしれない。非暴力的抵抗は軍事行動ではなかったからである。

しかしながら、非暴力的抵抗の具体化であったバス・ボイコット運動の目的が「バス会社を倒産させることではない」にせよ、ボイコットによってバス会社が「損害を受けるであろう」ことは確かであった（*STRIDE*, p. 39）。「ボイコットは経済的圧力を示し、ネガティヴなものに満ちた泥沼にひとを放置する」（*STRIDE*, p. 39）。それゆえキングは、パークス裁判の五日夜に第一回モンゴメリー改善協会大衆集会で次のように語っていた。

愛の傍らにはつねに正義がある。私たちは正義の手段をもちいているだけなのだ。私たちは説得の手段をもちいるのみならず、強制の手段をもちいなければならないことがわかるようになった。（*CALL*, p. 12）

アフリカン・アメリカンの集団的な乗車拒否によるバス会社への経済制裁もまた「強制の手段」であり、たしかにハード・パワーの一つだが、ただし、事情は複雑である。力は単独で存在しているのではなく、主張の異なる諸グループに大小さまざまにそなわる力が相対的関係を形成するからである。こうしたなか、バス・ボイコット運動は人種差別という「悪しき制度」に対する「大衆的非協力運動」であることの正当性を有していた[6]。「私たちの関心をとらえていたのは、バス会社を倒産させることではなく、正義を機能させることであった」（*STRIDE*, p. 39）と述べてキングが強調したのは、一九五六年公民権運動の正当性を保証する人種間正義である。バス・ボイコットという非暴力的抵抗にふくまれた経済的なハード・パワーは、こうして正当性の魅力というソフト・パワーを伴いつつ（cf. *FUTURE*, p.

13)、差別的日常への異議申し立てを行ないえた。

ナイ『リーダー・パワー』を参考に、以上の考察をさらに進める。前掲書の第四章「文脈的知性」では、政治学と経営学の観点から、その文脈的知性をなす五つの契機が挙げられていた。つまり、「リーダーたちは諸文脈（contexts）が織りなす幅広い多様性のなかで仕事をしなければならないが、文化、力という資源の配分、フォロワーのニーズや要望、時間的切迫、情報の流れという五つの次元は、文脈的知性の直観的スキル（intuitive skill）にとって特に重要である」（*Lead*, p. 91）。

文脈的知性は諸学で議論され、なかなかややこしい概念だが、「直観的スキル」がこのように強調された文脈的知性を哲学史の文脈にさしもどして確認する。

文脈的知性はプラグマティックなホーリズムにおいて働くが、このホーリズムは、「事柄にかんする知（*epistēmē*, knowing that）」をそれなりにふくみつつ――認識も行為である――、社会的行為から道具の使用、身体所作までの多種多様な「実践知（practical knowledge, knowing how）」から織りあげられている。[7] こうした実践知を『インテンション』（一九五七年）で考察するガートルード・E・M・アンスコムはアリストテレス『ニコマコス倫理学』の知見を独自の仕方で取り込んでいたが、ハイデガーの『ニコマコス倫理学』解釈で明らかにされたように、知慮が「実践的推論」を采配するさい、「目配り的洞見（die umsichtige Einsicht）」が全体を見通し、そのなかで「実践的直知（*nous*）」が閃いて状況のアスペクト知覚を遂行した。[8] このことをふまえて言えば、とりわけ文脈的知性の直観的スキルは、諸文脈全体を見渡して重要事を見抜く目配り的洞見として働くわけである。

現代哲学の観点を強調して言い換えよう。氷の論理空間から日常言語の大地にもどった『哲学探究』のルートヴィヒ・J・J・ヴィトゲンシュタインから、米国分析哲学を代表するウィラード・v・O・クワインへの系譜をふまえて野家啓一が充実させた、いわゆる「意味のホーリズム」のうちに根源的な行為性を見出すなかで吟味されるべき概念、つまり、プラグマティックなホーリズムの観点から吟味されるべき概念こそ、[9]文脈的知性であった。もちろんキング自身がプラグマティストだったと言いたいのではなく、「なされたこと（*pragma*）」のホーリズムという意味に注目すると、[10]米国公民権運動のスマート・パワー戦略を決定した文脈的知性の成り立ちが解き明かされうるという話である。

その要点を指摘すると、われわれ人間は、パトスやロゴスの文脈、身体の基礎動作、食生活や睡眠などの日常的文脈、法、経済、政治、行政の社会的文脈など、数え切れないほどに多様な文脈を生きているが、これにのみこまれて茫然とするどころか、自分にとっての重要事をわれわれは個々別々の行為とそのプラグマティックな文脈にそくして見抜いているということである。

一九五六年公民権運動に与かったキングやアフリカン・アメリカンがその文脈的知性をもちいて見抜いていた重要事は、差別なき日常であった。

ここで着目すべきは、文脈的知性がスマート・パワーの使用法を決める点である。ナイいわく、「特定の状況においてハード・パワーとソフト・パワーを適切にどう組み合わせるべきか、このことをリーダーたちが理解したいなら、文脈的知性が必要である」（*Lead*, p. 141）。アリストテレス的な知慮概念の系譜にあるこの文脈的知性は、実践的推論にあって状況のアスペクト知覚を遂行する実践的直知をふくみ、ナイ的に言えば、こうした状況理解のなかで「潜在的なフォロワーたちのニーズや要望が変化していくさまを把握する能力」（*Lead*, p. 100）をもふくむ。

もちろん、米国公民権運動においてキングとアフリカン・アメリカンのあいだに主従関係があったわけではない。また、そのソフト・パワーをトリック的に使用し、ハード・パワーを隠そうとしたのでもない。たとえば習近平は、中国国内の専制支配や国民弾圧、「一帯一路」における経済的他国支配から世界各国民が視線を逸らすよう、米国映画業界のいわゆる「ハリウッド」がそなえるソフト・パワーの掌握を試みたのも、ハリウッドを利用して中国のイメージを形成するためであった。[11] 米国公民権運動はそうした仕方でソフト・パワーを使っていない。

文脈的知性の働きは直観的であった。すなわち、スマート・パワーが発揮される諸文脈を見渡し、諸文脈に共通する重要事や文脈ごとの重要事を見抜きながら、ソフト・パワーとハード・パワーの組み合わせ方を探り、戦略を見極めるわけである。文脈的知性のこうした働きをふまえ、ナイがリーダーとフォロワーの関係を論じた箇所で提示した問い、「魅力や協力にそなわる力を損なわずに反抗を打ち破るには、ハード・パワーはどのようにもちいられるといいのか」（*Lead*, p. 100）をまずはナイ的に確かめておこう。この問いで述べられている「反抗」を米国公民権運動がおかれた状況のうちに見出せば、それは人種差別論者がキングたちにくりかえした妨害行動のことである。こうした人種差別論者のふるまいに対して非暴力的抵抗という手法を選んだキングは、ハード・パワーの使用に根本的な制限を課したのであり、したがって彼独自の仕方でナイの問いを熟慮していたのとそれなりに同じであった。なぜそれなりかと言えば、ハード・パワーの根本的な制限は、新しい日常的共同を実現するために必要な行動の持続的制限をめざして試みられ、これは、ハード・パワーを隠すためにソフト・パワーを配置するスマート・パワーの大国主義的使用法とは発想が原理的に異なっていたからである。一九五六年公民権運動の史実をふりかえりつつ、以下で、そうした点を具体的に確認する。

一九五六年十二月二〇日に連邦最高裁判所からバス座席の人種差別を禁じる「命令書」がモンゴメリー市に到着すると、翌二一日から今度はバス・ボイコット運動が中止されることとなる（cf. *STRIDE*, pp. 160-162）。すなわち、バス会社に対する経済的制裁はとまり、一九五六年公民権運動のハード・パワーにはさらなる制限が加えられたわけである。そもそも彼はバス会社の倒産を**目的**としてはいなかったし、それどころか、バス・ボイコットが招くそうした帰結にみずから批判を向けていたほどである(cf. *STRIDE*, p. 52f.)。ここで、ナイが「広報外交」を説明した言葉を参考にしたい。

> 反対意見や自己批判があることでかえってメッセージへの信頼が高まり、反対意見に寛容であろうとすることで〔政策にもとづいて構築される〕社会に引きつける**魅力**を或る程度は生みだせる可能性がある。政策への批判は政府にとって厄介なものだが、とはいえ、社会をいっそう**魅力的な**輝きのうちに投げ入れ、こうしてソフト・パワーを生みだすのに役立つ。（*FUTURE*, p. 109）

この引用における「政府」の箇所に米国公民権運動を入れて読み返せば、ナイが見ていたはずのキングの抵抗戦略が見えやすくなる。キングは自己批判に開かれており、しかも一九五六年公民権運動にそなわるハード・パワーの使用制限にも開かれていた。このように**手段**の制限が実行可能であったのも、バス座席の人種差別撤廃という**目的**と非暴力の原則が明確であったからである。ナイ的観点から見ても、そう言える。

あらためてここで一九五六年公民権運動のソフト・パワーを確認する。それはまず、善意の米国市民や傍観者たち、さらには人種差別論者に対して人種間正義という社会的価値がもつ**魅力**のことであった。次に、これらの人びとにその正当性を**説得**して人種間正義を国内制度に反映させる力のことであった（cf. *STRIDE*, p. 211）。キングが記すところ、「非暴力的抵抗者（the nonviolent resister）は、反対者に物理的な攻撃を加えないという意味では受動的だが、一方で彼の心や感情はつねに活発であり、反対者の誤りを指摘してたえず当人を**説得**しようとしている」（*STRIDE*, p. 90）。このように非暴力的抵抗者たちは反対者への身体的暴力を拒否して一九五六年公民権運動のハード・パワーに根本的な制限を課していたが、それは米国民主党的なグローバル戦略を決定したナイの大国主義的発想とは異なり、多様なアメリカ合衆国民の新たな日常的共同を持続的に実現することを目指していた。この発想が生活者目線なのである。

非暴力の徹底は、そうした目的に導かれて一九五六年公民権運動の**魅力**を高め、人種間正義の制度的実現を訴えるキングら非暴力的抵抗者の説得する力を強めていった。

二　相互尊重の日常へ

つづいて、一九五六年公民権運動にあって経済制裁がハード・パワー戦略から外され、法廷闘争に特化されていく経緯をたどりつつ、「法律の制定や裁判所の命令」(*STRIDE*, p. 20) による法的**強制**というハード・パワーの内実をまずはナイ的観点から明らかにする。

最初に確認するのは、一九五六年三月十九日の出来事である。バス・ボイコットのさなか、「アラバマ州のアンチ・ボイコット法」(*STRIDE*, p. 138) に違反した廉でキングが裁かれる。これを解釈して彼はこう述べている。

それは、不正に対する非暴力的な抗議にわが民衆を参加させた罪であったたし、わが民衆の魂に尊厳と自己尊重とを吹きこもうとした罪であった。それは、わが民衆のために生命、自由ならびに幸福の追求という不可譲の権利を願う罪であったたし、何よりもまず、悪への非協力は善への協力とまさに同じ道徳的義務だということをわが民衆に確信させようとした罪であった。(*STRIDE*, p. 141)

注目したいのが、「生命、自由ならびに幸福の追求という不可譲の権利」という文言である。これは、トマス・ジェファソンの手による一七七六年七月四日の「アメリカ独立宣言 (United States Declaration of Independence)」に示された、米国人の基本的人権であった。[12] したがって一九五六年公民権運動の掲げる人種間正義の源泉は、米国建国の理念なのである。[13] キングは上記の不当逮捕を逆に利用し、一九五六年公民権運動こそ、米国建国の理念を継承する嫡子であることをふたたび世間と世界にアピールしていく。

こうしてアンチ・ボイコット法に対抗する法的措置をキングが語るに、「訴訟が連邦地方裁判所で起こされ、バスでの人種差別は、憲法修正第十四条に反するという理由にもとづき、その廃止が求められた」(*STRIDE*, p. 143)。この裁判の公聴会が開始されたのは、一九五六年五月十一日のことである。キング側の主張は、つまるところ、「隔離はするが平等(separate-but-equal)」という「プレッシー・ドクトリン」は、アメリカ合衆国憲法に保証された人種間平等にもとるということであった。[14] この裁判は、モンゴメリー市当局の上訴を経たのち、一九五六年十一月十三日に連邦最高裁判所で最終的な解決を得る。キング側の主張は正しかった。

「私たちは今回の判決を白人に対する勝利とみなしてはならず、正義とデモクラシーのための勝利とみなさなければならない」(*STRIDE*, p. 156)。

ここまでは、ナイ的観点からの一九五六年公民権運動の考察でも、それなりに明らかにできる。しかし、このように連邦最高裁判所でバス座席の人種差別撤廃が認められても、一九五六年公民権運動は継続されていく。というのも、この判決は、多様なアメリカ合衆国民によって日常的にずっと共有される、モンゴメリー市の実効的なバス乗車制度として実現される必要があったからである。連邦最高裁判所から差別撤廃の命令がモンゴメリー市当局に通達されるのは十二月二〇日のことだが、判決が下された十一月十三日からその日までのあいだ、キングは一九五六年公民権運動の新たな展開を準備する。それは、ソフト・パワー教育とでも呼びうる非暴力教育のことである。これが、アメリカ合衆国の多様な住民が安全に、だから、安心して持続的に共生する日常を可能にした。

何を教えられたのかと言えば、座席での人種差別が撤廃されたバスにアフリカン・アメリカンが乗るさい、白人乗客との無用な軋轢を回避するための「非暴力的手法（techniques）」（*STRIDE*, p. 156）である。これはたとえば、複数名でバスに乗車してアフリカン・アメリカンたちの冷静さを保つといったものである。また、かつて白人専用であった席にアフリカン・アメリカンが座るケースを想定し、白人役を相手に礼儀正しく対応するロール・プレイングもモンゴメリー改善協会大衆集会で活用された。こうした試みがなされたのも、一九五六年公民権運動のスマート・パワーは、ナイ流の米国民主党的グローバリズムではなく、新たな日常的共同の形成をめざしていたからである。

このような教育が重ねられるなか、十二月二〇日に連邦最高裁判所から「バスの人種差別撤廃という命令がついにモンゴメリーに到着した」（*STRIDE*, p. 160）。翌二一日からモンゴメリー市のアフリカン・アメリカンたちは、ふたたびバスに乗ることとなる。

> 私たちは、私たちを抑圧してきた人びとのことを理解し、裁判所の命令が彼らに加えた新たな調整に感謝しながら、裁判所の決定に応えなければならない。〔中略〕私たちは、白人と有色の人びとが利益と理解の真の調和にもとづいて協力することができるよう、行動しなければならない。私たちは、相互尊敬にもとづく人種差別撤廃（integration）を求めている。（*STRIDE*, p. 162）

法的強制はハード・パワーであり、それに最後まで頼っていては、分断統治などの政治技術を駆使する人びとによってネガティヴな感情の煽り合いが引き起こされかねない[15]。相互の尊敬によって人格的関係を築き、これが日常的共同となる必要があった。

キングのこうした思いとは裏腹に、クー・クラックス・クランを始めとする過激派の反動はむしろ激化し、一九五七年一月二八日の早朝には、キングの自宅をふくめた数か所にダイナマイトが仕掛けられる。「この爆弾投下によってコミュニティの人びとは、モンゴメリーが急速に無政府状態へと追いこまれたことがわかってきた」(*STRIDE*, p. 170)。この不穏な空気を察知して「市当局は本気で捜査を開始し、爆弾投下犯を逮捕して有罪に至らしめる情報には四千ドルの報奨金が出された」(ibid.)。一九五七年一月三一日、爆弾投下事件に関与した七人の白人が逮捕されて裁判にかけられる。これは、無罪判決という結果におわったが、しかし、無政府状態を望まない市当局は継続して過激派の動きを見逃さないようになる。反動の収束である。

キングはこう回想する。

頑迷な連中は最後の反抗を行ない、諸々の妨害が止んだのは突然だった。バスの人種差別撤廃はスムースに進んだ。二、三週間のうちに交通は正常にもどり、人種双方の人びとは、どこへ行こうとするときも、一緒にバスに乗った。(*STRIDE*, p. 172)

なぜ「突然だった」のか。

すべてが明らかになることがないかもしれない政治的真相にからむ難しい問題である。本章では、分断統治とメディア戦略の観点から、確認できるかぎりは確認しておく。

まずは分断統治について。

一方で州内や市内のクー・クラックス・クランら過激派は、キングらアフリカン・アメリカンとの対立を過剰に煽り、こうして州内や市内が無政府状態に陥りかねない危機を作る。州政府や市当局は、この危機を利用すれば、一九五六年公民権運動の外部から分断統治を強行できたはずである。あるいは、クー・クラックス・クランら過激派のパトロンが後のブラックパンサー党のような過激派をも組織し、州内や市内に投入していれば、キングらアフリカン・アメリカンがいくら冷静な対応を重ねたとしても、一九五六年公民権運動は、クー・クラックス・クランやブラックパンサー党的な存在という外部からの過激な賛成/反対の作為に引き裂かれていたかもしれない――分断統治で権力強化を狙う人びとによるヤラセ政治ビジネスである――。

他方、キングらアフリカン・アメリカンの観点から言えば、派手な運動は問題の認知を広め、米国中央政府の対応を呼びこむメディア戦略としては有効だが、もしキングらアフリカン・アメリカンが善人面に酔いしれ、その裏で自分たちの政治利権拡大を狙っていただけであったなら、その場合も一九五六年公民権運動は失敗していたはずである。とはいえ、キングらアフリカン・アメリカンが自分たちの利権漁りに陥らないで済んだのは、キングたちが多様な住民の差別なき日常という普遍的生を求めていたからである。

次にメディア戦略について確認すると、一九五六年公民権運動成功の理由がいっそう見えやすくなる。もし市内外、州内外、国内外の人びとが一九五六年公民権運動に注目していなかったのであれば、州政府や市当局が一九五六年公民権運動を頓挫させることくらい、たやすかったはずである。しかし、アメリカン・デモクラシーのソフト・パワーにもとづいて人種間正義の人類的普遍性を国際社会にアピールするキングらアフリカン・アメリカンのメディア戦略ゆえ、州政府や市当局の上位にある米国政府は、米国公民権運動から目を逸らすことができなかった。国際社会の注目下で、米国中央政府は人種差別を許容する州知事に対して圧力をかけ、州政府らによる米国公民権運動の弾圧や、運動のメンバーに危害を加える差別主義者の放置をやめさせる必要があったわけである。

一九五六年公民権運動は、米国中央政府のこうした動きを活用しうる構えをそなえており、その成果を日常的生における多様な住民の持続的共同として定着させることができた。それはもちろん、モンゴメリー市のアフリカン・アメリカンは、バスに乗ったさい、白人との不毛な衝突を避ける非暴力的技法をすでに身につけていたからである。

「白人たちは、私たちの態度がわかると、攻撃の準備をする理由や、あるいは身を固めて防御態勢をとる理由がなくなった」(*STRIDE*, p. 175)。ここに一九五六年公民権運動「成功の秘訣」がある。

そもそもアフリカン・アメリカンが差別なき日常を求めているかぎり、アフリカン・アメリカンが多様な住民と持続的に共存可能であることを、ありふれた日常生活において身をもって示していかなければばならなかった。日常を日常たらしめる平凡さゆえに見えにくいことだが、生の有り難さにそもそも裏打ちされた持続的共同の価値をキングらアフリカン・アメリカンはその文脈的知性で見抜いていたがゆえに、安全な共同存在をその身で証立てることができた。

連邦最高裁判所の判決が出たのちも、こうして紆余曲折は存在したが、モンゴメリー市におけるバス座席の人種差別撤廃はありふれた日常にしっかりと溶けこみ、これをもって一九五六年公民権運動の完遂となった（cf. *STRIDE*, p. 170ff.）。

三　愛と非暴力

一九五六年公民権運動の非暴力的抵抗では、ハード・パワーの制限とソフト・パワーの強化が戦略的に連動して「選好された結果を生み出す能力」（*FUTURE*, p. 7）であるスマート・パワーが高められていった。これは、前節で確認したとおりである。

本節では、「非暴力的抵抗は運動の手法（technic）として現われ、かたや愛は統整制的理想（regulating ideal）となった」（*STRIDE*, p. 71f.）という一文を導きの糸にキングの抵抗戦略を考察する。イマニュエル・カント『純粋理性批判』において「統整的原理（regulatives Prinzip）」として使用された「理念（Idee）」のことを思わせる書きぶりの一文だが、[16] キングがどの典拠からこの「統整的理想」という術語を入手してきたのか、あるいは彼の造語なのか、それは不明である。

ただし、それなりの手がかりはある。カント批判哲学の、いわゆる「統整的理念」を実践的に使用する米国思想の系譜を確かめると、十九世紀のアメリカ合衆国を生きて奴隷制に反対した思想家ラルフ・W・エマソン（一八〇三〜一八八二年）の「完成主義」に着目できるからである。[17]キングの蔵書は、二〇〇五年から母校のモアハウス大学におさめられているが、そこにはエマソン・テキストもふくまれている。[18]本来ならそのテキスト調査が必要だけれど、本章では、カントとエマソンの思想的関係に注目し、キングの考える統整制的理想の内実に迫りたい。

米国哲学界のなかで独特の哲学センスを見せるスタンリー・カヴェルはエマソンの完全主義をこう説明していた。

> 私が考えている完全主義とは道徳的生活の競争理論のことではない。それは、西洋思想に連綿と広がりながら、かつて人間的魂の状態と呼ばれたものに関心をもつ道徳的生活の次元や伝統のようなものである。あるいは完成主義とは人格的関係性に重責がある次元、自己とその社会が変容する可能性や必要性に重責がある次元のことである。[19]

カヴェルがこうしてエマソン思想を読み解くところ、その「道徳的完成主義」は統整的理念の実践的使用をふくんでいた。[20]

このエマソン思想をみずから引き受けるカヴェル自身の道徳的完成主義は、ヒラリー・パトナムが『人生ガイドとしてのユダヤ哲学』で説明するところ、完成主義であると同時に現実主義であった。だから、一方で「完成主義者」としては、「**原理や憲法に先立つ何か**が必要であり、これがなければ、最善の原理や憲法も無価値になると信じる」哲学者だが、他方、「現実主義者」としては『『不可能な』要求を視野に保持することによってのみ、自分の『達成していないが達成可能な自己』を求めて励みうることを理解する」哲学者である。[21] カヴェルがエマソン思想から引き継いだ、この道徳的な完成主義のうちには、カントの統整的理念が実践の現実で機能するさいの構造的特徴をわれわれは見てとれる。

エマソン完成主義の系譜に見られる、統整的理念がそうして機能する仕方をふまえれば、「非暴力的抵抗は運動の手法として現われ、かたや愛は統整制的理想となった」（***STRIDE*, 71f.**）という一文の意味はだいたいのところが明らかになる。大筋を言えば、キングたちの文脈的知性が一九五六年公民権運動の全体を「統整する（regulate）」さい、つねに念頭におかれ、その統整を導くのが愛の理想であり、こうした理想の統整的使用を通じて非暴力的抵抗は一九五六年公民権運動の手法として洗練されていったわけである。もちろん、多様なアメリカ合衆国民が相互尊重のもとで日常生活を送ることが愛の理想であり、それは地上で実現すべき人格的関係の持続的日常であった。

問題は、そうして統整される日常の具体的な中身である。キングらアフリカン・アメリカンたちは愛という統整的理想をわかちもてたからこそ、その公民権を拡大し、バス座席の人種差別を撤廃することができた、その構造が重要である。

ナイが考察するところ、「キング牧師が〝私には夢がある（I have a Dream）〟という演説中で表明した**ヴィジョン**は、アメリカン・ドリームとアフリカン・アメリカンの経験に深く根ざしていた」

(*FUTURE*, p. 75)。このヴィジョンが愛という統整的理想であった。「成功するヴィジョンは、フォロワーや利害関係者のさまざまなサークルにとって魅力がなければならない」(*Lead*, p. 75)。キングとアフリカン・アメリカンのあいだに主従関係はなく、そうしたなかでキングが示したヴィジョンは、多様な住民の差別なき日常を願うアフリカン・アメリカンの魂に響く魅力があった。こうしたヴィジョンが明確に提示された点では、一九五五年十二月五日の「第一回モンゴメリー改善協会大衆集会」の演説も〝私には夢がある〟演説と同じであった(cf. *CALL*, pp. 75-79)。

では、どんなヴィジョンが一九五六年公民権運動を方向づけていたのか?

ナイが説明するところ、「成功するヴィジョンは、持続可能であるために、或る集団が直面している状況の的確な診断を兼ねていなければならない」(*Lead*, p. 75)。二一世紀に生きるわれわれは、一九五六年公民権運動がバス座席の人種差別撤廃に成功し、それが持続していることを知っている。現代アメリカ合衆国でも、公共交通機関や公共施設での人種差別の撤廃は継続している。[22] したがって「諸々の目標を選んでヴィジョンのなかで区別するさい、リーダーたちは、答えを示すまえに問題を正しく理解できるよう、状況を分析しておく必要がある」というナイの指摘にもとづき(*Lead*, p. 75)、一九五六年公民権運動の特徴を①ヴィジョン、②目標、③問題、④状況分析、⑤答えにかんして以下で列挙していく。

まず第一に、キングが明示した①ヴィジョンである。キングはこの術語をもちいずに広義の目的という言葉で語り出しているけれど、彼が示したヴィジョンは、米国の独立宣言やアメリカ合衆国憲法の理念によって示された社会正義を、つまりは人種差別なき米国社会を、他者への愛によって実現するという内容であった。上述した第一回モンゴメリー改善協会大衆集会の演説でキングはこう語っている。

今夜、私が皆さんに申しあげたいことは、愛について語るだけでは私たちにとって十分ではないということである。愛は、キリスト教信仰の枢要の一つである。そこには正義と呼ばれる、もう一つの側面がある。そして正義は実に、分配における愛である。正義は、愛に反抗するものをただす愛なのだ。（*CALL*, p. 11）

「愛に反抗する」のは憎しみだが、ここで押さえておくべきは、愛という統整的理想は分配的正義をうちにはらみながら、一九五六年公民権運動にはらまれた**目的手段**連関の全体を整えて統べるヴィジョンとなっていたことである。キングがその文脈的知性で見抜いた、こうした**ヴィジョン**のもと、抵抗の手法は非暴力とされ、バス・ボイコットや法廷闘争が抵抗の最初の手段として選ばれる。

第二に、彼が示した②目標を確かめると、キングは、目標という表現ではなく、狭義の目的という言葉を使用しているが、その内実はバス座席の人種差別を撤廃することであった。

第三に、彼が把握した③問題は二つある。すなわち、人種差別論者が一九五六年公民権運動に向けた執拗な妨害行為と、長らく虐げられてきたアフリカン・アメリカンたちのネガティヴなパトス――妨害行為に対するアフリカン・アメリカンの激しやすさや、妨害をくりかえす権力者たちへの諦念とである。

つづいて第四に、キングが行なった④状況分析によれば、法の目が届くところでも閉じられるところでも、アメリカ合衆国憲法に反する人種差別がモンゴメリー市を支配していた。この支配構造を彼はモンゴメリー市当局との度重なる交渉のなかではっきりと見定めていった。

最後に、問題を解く⑤答えは、非暴力的抵抗によってモンゴメリー市に「隔離なき平等」という人種間正義の制度的実現をもたらすことであった。

①②③④⑤をまとめれば、アフリカン・アメリカンが多様な住民との相互尊重に根差しながら、モンゴメリー市のどこでも差別なく安全に公共施設を利用できる日常的共同の持続的実現が一九五六年公民権運動のなかで準備されていたということである。

この非暴力的抵抗をキングは、「非暴力の哲学」(*STRIDE*, p. 89)という名のもと、次のように説明している。

> 非暴力的抵抗は決して臆病者向けの**手段**ではないということを強調しなければならない。これは、あくまで抵抗である。**怖い**とか単に暴力的**手段**をもっていないという理由から非暴力的抵抗という方法をもちいるひとがいるならば、そのひとは真の非暴力者ではない。もしも**臆病**さが暴力に代わる唯一の選択肢ならば、戦ったほうがましだとガンディーがよく語っていた理由は、ここにある。
> (*STRIDE*, p. 90)

他者の流血を望まないがゆえに案出されたのが、非暴力的抵抗という手法であった。

「非暴力的抵抗者は、必要とあれば、暴力を甘受することも厭わないが、暴力をふるおうとすることは決してない」(*STRIDE*, p. 91)。

実際に人種差別なきバス乗車制度を実現したキングが一九五六年公民権運動をふりかえって述べる、この一文は明快でわかりやすい。とはいえ、なかなか難しい政治的問題が横たわっている。彼が言う「臆病さ」や「怖い」というパトスにまつわる政治的問題のことである。ここで少しく確認しておく。

本章では、それなりにカント的な仕方でスマート・パワーの使用法を問い、キングの場合とナイの場合を区別するが、これは同時に、キングとナイとでは文脈的知性の使用法が異なることを明らかにする試みをふくんでいた。実はこの構造が臆病さや怖さというパトスと自己了解の関係に反映している。

ここで参照したいのが、「日常性の認識者」[23]として「認識者と生活者とが、つねに一体となっている」ことに本領をもつ「モラリスト」の一人、ミシェル・ド・モンテーニュ(一五三三〜一五九二)の言葉である。

判断力は、どのような主題にでも通用する道具であって、どこにでも入りこんでいく。したがって、今している、この判断力の試み(essai)においても、わたしは、あらゆる種類の機会を用いるようにしている。自分に少しもわからない主題ならば、まさにそれに対して判断力を試してみて、その浅瀬に遠くから探りを入れて、それから、どうも自分の背丈には深すぎるようだと思えば、川岸にとどまるのだ。そこから先には進めないぞと悟ること（reconnaissance）は、判断力の効果のあらわれというか、判断力がもっとも誇りとする力のひとつなのだから。[24]

人間の本質とされる理性が、とはいえ、魂の不死、神の存在証明、世界の始まりについて推論を行なうと必ず間違ってしまう、そう喝破したカントは、こうして理性にできること／できないことの限界画定を試みたが、カントのそうした構えを先んじて取っていたと言えるモンテーニュの言葉である。わけても注目すべきは、判断力をもちいて「そこから先には進めないぞと悟ること」、つまり、自分の無能や弱さにかんする文脈的知性の閃きを得ることである。[25] このことをスマート・パワー論へと翻訳すれば、ハード・パワーとソフト・パワーにできること／できないことを画定しながら、両者を組み合わせる戦略は、いわば「戦略的判断力」によって策定される、モンテーニュはそう言うはずである。

アリストテレス的概念の知慮とこの知慮がはらむ実践的直知から、カント的概念である判断力とその現代的解釈までの概念的系譜は——本章第四節「生ける範型とキング」参照——、われわれが生きる現代世界の文脈的知性＝戦略的判断力として連綿とつづいているが、そうしたなか、「いわば乱世の極にあった、十六世紀フランスの社会のなかで、次々と立ち現われる現実をまえに、モンテーニュは逃げず恐れずその貧弱な、しかしそれを除いては、ほかに頼りにするものとてない、みずからの『判断力』を杖として、そろりそろりと向ってゆく」[26]。ここで注意を要するのは、「貧弱な」「杖」である判断力を頼りに、「乱世」の「浅瀬」から「探りを入れ」、「どうも自分の背丈には深すぎるようだと思えば、川岸にとどまる」点である。これは当然だが、蛮勇ゆえに恐怖心が麻痺し、「逃げず恐れず」に乱世の川中に飛びこむことではないし、慌てふためいて心を過剰な恐怖心で満たし、怯えに支配されたまま、安全に歩ける浅瀬さえ歩けなくなることでもない。[27]

モンテーニュが、フランス史に残る乱世でみずからの判断力を駆使したことは、自分の対応能力を超えた相手や状況を見定める、むしろ冷静さの表われであったし、もしくは自己了解にもとづき、能力の限界画定によって自分の無能と弱さを知る臆病さにそなわった賢さの発揮であった。臆病さにひそむ、冷静さ、賢さ、慎重さという「性格的徳」が発揮されるとき、危機察知は可能になるわけである。[28]

これに対して、たとえばブラックパンサー党的な存在とクー・クラックス・クランそれぞれが、あるいは左右の政治的立場それぞれが正義を声高に掲げて賛成／反対に分かれ、とはいえ、そうした騒動で自分たちの利権を互い強化する目的を共有していれば——両者に同一の資金提供者も想定できる——、それはつまり、ヤラセの政治ビジネスである。言い換えれば、淡々と常識的に日常を過ごしていく庶民たちを左右あるいは賛成／反対の両側から声高に煽りながら、正義を旗印にした非日常へと誘い出し、庶民たちの冷静さと常識を崩していく分断統治的な政治ビジネスである。こうして過剰なパトスが世間にあふれるとき、臆病に乱世から距離を取り、自分にできること／できないことの限界画定を継続して行ないながら、自分にできることを淡々と重ねていく賢さが見えにくくなってしまう……。[29]

「**怖い**とか単に暴力的手段をもっていないという理由から非暴力的抵抗という方法をもちいるひとがいるならば、そのひとは真の非暴力者ではない」「もしも**臆病さ**が暴力に代わる唯一の選択肢ならば、戦ったほうがましだ」とキングは述べて非暴力的抵抗の契機を語り出していたが、それはそのとおりであることは認めつつ、「臆病さ」や「怖い」という感情にまつわる政治的問題が一筋縄ではいかないことは、本章で指摘しておく。

以上のようにパトスにまつわる政治的問題を確認しておくと、暴力の拒否をキングが徹底した理由がいっそう見えやすくなる。人種差別に対してアフリカン・アメリカンがいだきつづける不満はとても強く、それが爆発すれば、瞬間的には行動の大きな原動力となるのかもしれない。しかしながら、それが無軌道に発散されては逆に弾圧の口実とされ、アフリカン・アメリカンは諸人種間正義に適う現実的な成果を手にすることができなくなる。

だから、「望まれた結果を手に入れるという意味での現実の力は資源が変換されて生みだされるのだが、こうした変換には適切に設計された戦略と巧みなリーダーシップが必要である」(*FUTURE*, p. 8)。このように「リーダーシップ」を発揮しながら、状況に合わせてスマート・パワー「戦略」を織りあげる目的手段連関の有機的な要を見抜く力は、ナイから文脈的知性と呼ばれていた。とはいえしかし、キングたちによって鍛えあげられた非暴力的抵抗のなかにはナイの理解とは異なる文脈的知性が姿を現わす。

キングが采配した一九五六年公民権運動のスマート・パワーは、ナイが取り込んだハーヴァード・ビジネス・スクール流の文脈的知性使用によって——この概念は本章の「結」で取りあげる——[30]、その戦略が吟味されたのではない。それゆえ、一九五六年公民権運動では、各国ローカルをターゲットにしたグローバル・メジャーのごときスマート・パワーの使用法が探られていたのでもなければ、これに応じたリーダーシップが探られたのでもなかった。

では、キングの文脈的知性と一九五六年公民権運動のリーダーシップはいかなるものであったのか。次節では遠回りをし、アレントの「リーダー」概念を手がかりに以下のことを明らかにする。つまり、キングの文脈的知性は、多様なアメリカ合衆国民が差別なき日常的共同を持続的にわかちもてるよう、〝範型と分散のリーダーシップ〟が機能するスマート・パワーの使用法を探っていた。

四　生ける範型とキング

一九五六年公民権運動の成り立ちを明らかにする本章でアレント政治思想を参照できるのには理由がある。アフリカン・アメリカンの高校生九名が白人専用の「リトルロック中央高校」へと転校したときの混乱、つまり、いわゆる「リトルロック事件」をめぐって、アレントは一九五九年に小論「リトルロック考（Reflections on Little Rock）」（以下、Little Rock と略記）を記しており、このなかで彼女独自の政治思想的観点から、一九五六年公民権運動を肯定的に解釈していたからである。もちろんこの小品は、「リトルロック・ナイン」と呼ばれた高校生たちが親の意志で転校したというアレントの誤解に発しており、しかし、実際は高校生本人の意志であったが、こうした錯綜ゆえ、とても読み解きにくいものになっている。それにもかかわらず、そこには一九五六年公民権運動の哲学的意味を明らかにする手がかりがふくまれている。

彼女は、「バス」や「ビジネス街のホテル、レストラン」など「公的サービス」における人種差別は、キリスト教用語で「躓きの石」を意味する「スキャンダル」であり、廃止されるべきだと指摘しつつ（Little Rock, p. 207）、リトルロック事件についてこう述べている。

何十年ものあいだ完全に無視されたあと、南部の人種差別を消し去ることにむかった最初のステップが、人種差別のもっとも非人間的で、もっとも顕著な側面から始められなかったのは、実に不運なことである。（Little Rock, p. 207）

「もっとも非人間的で、もっとも目立つこの側面」とはバスやレストランなど公的サービスでの日常的な人種差別のことである。同じ南部でもモンゴメリー市ではキングたちが一九五六年公民権運動で成果をあげていたから、リトルロックでもそうした人種差別から撤廃していくべきであったとアレントは考えている。同時に、リトルロック事件にまつわる混乱はアフリカン・アメリカンと白人の対立をあおって為政者が支配を強化する分断統治を狙ったものであることを彼女はしっかりと把握していた。[31]

分断統治の構造理解はキングがすでに有していたものであり、あるいはアレントは、キングたちの多彩だが、一貫した非暴力的抵抗を見聞し、公民権運動の崩壊を狙った分断工作が行なわれていることを知ったのかもしれない。

こうしてアレントがリトルロック事件を論じた一九五九年までに、彼女はすでにリーダーシップ概念の考察を行なっていた。一九五〇年代半ばに原稿が準備され、刊行されていれば彼女の主著となったはずの『政治（学）入門』（*Einführung in die Politik*）のなかでのことである。[32] 本章では、そこからキングとアフリカン・アメリカンにかかわる同時代的な部分を取りあげる。

ナイは主従間の力関係を本質としたリーダーシップ概念を提示していたが、これに対してキングは、一九五六年公民権運動に参加するアフリカン・アメリカンら住民から見れば、もちろん主従のヒエラルキーにおける主人ではなかった。そうではなく、アレントが論じるような分散型リーダーシップの「範型」であった。本節では、範型の問題を取りあげ、リーダーシップの分散型は次節で考察する。

さて、一九五〇年代のアメリカ合衆国を生きたキングとアフカリン・アメリカンたちであったから、奴隷廃止論者ラルフ・W・エマソンの『代表的人間』（*Representative men*, 1850）を読んでいてもおかしくはないが、[33] そうした範型という考え方は、『代表的人間』に六〇年ほど先立つカントの三批判書にあって「範型的（exemplarisch）」や「実例（Beispiel）」といった概念を通じて語り出されていた。これらはアレントが独自の「政治的判断力」論を彫琢するさいに参照していたものである。

まずは実例概念から確かめると、一九六五年にアレントがニュー・スクール・フォー・ソーシャル・リサーチで行なった「道徳哲学の諸問題（Some Questions of Moral Philosophy）」講義（以下、Moral と略記）でこう説明されている。

われわれが今日カントについて議論していることから出発して私は、キケロやマイスター・エックハルトを経由した問いがいっそう明確になることを望んでいる。その問いは、**われわれは誰と一緒にいたいのか**というものである。私が提起を試みたごとく、正しいことと悪いことにかんするわれわれの決定は、仲間（company）にかんする決定であり、**われわれが生活するさいに一緒にいたい人びとにかんする決定**なのである。この仲間は諸実例（examples）を考えることで選ばれるが、亡くなった人物が実例になることもあれば存命の人物が実例になることもあり、実在の人物が実例になることもあれば虚構の人物が実例になることもある。過去あるいは現在の出来事が実例になることもある。（Moral, p. 145f.）

人種間正義とは何かを決定することとは、アフリカン・アメリカンら住民たちがキング「と一緒に（com）」政治的な「実践（*praxis*, action, Handeln）」行為を重ねていくという「決定」と同義であり、それは「われわれが生活するさいに一緒にいたい人びとにかんする決定」なのである。この決定は「政治的判断力」によって下されるが、カント『判断力批判』の第一部と第二部に独自の解釈をほどこしたアレントとその師ハイデガーが解釈するところ、アリストテレスが『ニコマコス倫理学』で論じた「知慮（*phronēsis*）」こそ、カントの「判断力」であった。本章では、知慮から判断力へのこうした系譜を手がかりに、文脈的知性と戦略的判断力の重なりを確認している。[34]

アレントは『政治（学）入門』でこう説明している。

ギリシャ人独自の理想はわけても政治的な素質にとって基準になっているが、そうした理想と基準が、政治的人間の洞察である知慮のうちにある（政治的人間はポリティコスであり、職業政治家（statesman）は古代ギリシャ世界に存在してさえいなかった）。この知慮は叡智（wisdom）とほとんど関係がなかったので、アリストテレスは哲学者たちの叡智と対比的に区別して知慮を明示的に規定しえた。政治的問題を見抜く、そうした洞見を通じて可能になるのが、取りうる視点すべてから、つまり、問題を見定めうる諸視点からもっとも広範に見渡すことに他ならない。アリストテレスにとって政治的人間の枢要徳であった知慮は、後続する十数世紀のあいだ、ほとんど言及されることもなくなる。われわれがふたたびその知慮に出会うのは、カントが共通感覚を判断力として論じるときである。共通感覚は〝拡張された思考様式〟と呼ばれ、明示的には〝どの他者の立場からも思考する〟能力として規定されている（『判断力批判』、§40[35]）。

このように「政治的問題を見抜く」「洞見を通じて」、「取りうる視点すべてから、つまり、問題を見定めうる諸視点からもっとも広範に見渡す」知慮をそなえたひとが「知慮あるひと（*phronimos*）」であった。この知慮あるひとを範型にしてわれわれは知慮を学び、身につける。アレントが以上のように規定し直した知慮とは、本章の言葉で言えば、まさしく文脈的知性のことである。

知慮の本質を知る彼女の目に、同時代のアメリカ合衆国を生きたキングの姿はどう映っていただろう？

彼こそ、文脈的知性をすぐれて発揮する知慮あるひとであり、アフリカン・アメリカンたちにとって生ける範型であることがあらわになっていたはずである。

そのキングにとって知慮あるひとの範型は、人種間正義と非暴力的抵抗のガンディーであった。キング自身は、アフリカン・アメリカンら住民にとって人種間正義と非暴力的抵抗の範型となっている。くりかえすが、これはキングをリーダーと呼んで主人扱いした主従関係ではなかった。

アレントは実例概念に注目して範型概念を次のように説明している。

カントいわく、「諸実例は判断力の歩行器である」（『純粋理性批判』、B174）が、それゆえ、彼は〝代表的思想〟を〝範型的思想（exemplary thought）〟の名で呼んでおり、この代表的思想は、個別なものが一般的な何かに包摂されえない場合の判断のなかにふくまれていた。われわれが依拠しうるのは、一般的な何かでなく、実例になる個別的な何かである。(Moral, p. 143)

内在的カント解釈とはずいぶん異なれ、[36]ここでは『判断力批判』の第一部の「情感的判断力」概念と第二部の「目的論的判断力」概念が重ね合わされながら、『純粋理性批判』と『判断力批判』において区別された二つの判断がアレント独自の仕方で検討されている。すなわち、「個別」の事例をカテゴリーという「一般」に包摂する「規定的判断力」に形成される判断と、そうしたカテゴリーが存在しないので、個別の事例を包摂すべき一般を探す反省的判断力をもちいて形成される判断の二つである。とりわけ反省的判断では、カテゴリーのような「一般的な何か」を頼れなくても、実例や範型的思想という「個別的な何か」に頼ることができる。[37]「諸実例は判断力の歩行器である」という一文にあってその判断力は『純粋理性批判』の「規定的判断力」のことを指しているので、特殊を包摂すべき普遍は規定的判断力に前もってすでに与えられていたが、しかし、これに対して「政治への手ほどき(Introduction into Politics)[38]」というアレントの言語的な実践(プラクシス)においては、ナチス・ドイツのように既存の普遍が壊れた場所でさえ、あるいは、参照すべき普遍がいまだ見出されていない場所でさえ、歩行器としての実例に頼りながら「政治的判断力」を鍛える仕方の手ほどきをしておかなければならないとアレントは考えていた。

たとえば「非暴力」という概念を説明するさい、その内実を伝えるのに長々と定義を述べて説明するよりも、ガンディーを実例に挙げると聞き手に理解されやすい。つまり、概念を体現する人物や出来事を話し手は例示したほうが聞き手に伝えやすい表現理解の構造が「ロゴスをもつ生き物」である人間にはそなわっている。このとき、人物や出来事は概念理解のための実例としてもちいられており、こうして或る実例を「選び出す(eximere)」ことで或る概念を他の事例へと媒介できるのも、その実例が「範型的思想」をふくんでいるからなのである(Moral, p. 144)。

アレントはこう述べている。

歴史科学や政治科学にはこうした〔選び出す〕仕方で到達された概念がたくさんある。政治的な美徳と悪徳のほとんどは範型的な個々人の観点から考えられており、アキレスは勇気の範型であり、ソロンは洞察（叡智）の範型であった。(Moral, p. 144)

だとすれば、モンテーニュは慎重さの範型と言えるかもしれない。ふだん思索にふける散歩道で獰猛な野犬を彼が見つけたさい、状況は一変し、そこは危険な道「として（als）」認知される。状況のアスペクト知覚である。円熟の知慮＝判断力をそなえたモンテーニュなら、手にした杖で野犬を追い払う「向う見ず」な行動はとらず、遠回りだとしても、野犬を回避するルート「として」、たとえば川の浅瀬を選ぶ。杖で足元を探りながら、着実に自分で歩ける浅瀬が逃げ道となるわけだ。この選択は、「勇気」という「性格的徳（*ēthikē aretē*）」を野犬への「恐怖」で失ったからではなく、その状況に適した性格的徳の「慎重さ」を発揮し、その場そのときの自分にふさわしい行為を選択したからである。[39]

キングは、と言えば、人種間正義と非暴力的抵抗の生ける範型であった。

つまり、アフリカン・アメリカンたちと一九五六年公民権運動を取り巻く困難な状況とその変化を見定めながら、知慮あるひととして文脈的知性を発揮し、一九五六年公民権運動にそなわるスマート・パワーの使用法を決めていた中心人物がキングであり、アフリカン・アメリカンにとって彼は、人種間正義と非暴力的抵抗への知慮をまねぶことができる、生ける範型になっていた。

しかも、キングが文脈的知性をもちいてアフリカン・アフリカンたちが生きる諸文脈を見渡し、非暴力的抵抗という手法を吟味するさい、「こうしたボイコットを通じて継続的で実際的な結果がたとえ手に入ったとしても、そもそも不道徳な手段は道徳的な目的を正当化するのか」(*STRIDE*, p. 38) とまで問いを先鋭化していた。[40] キングの回答は、以下である。

非暴力的抵抗者は、非協力やボイコットを通じて抗議を表現しなければならないことがよくある。しかし、こうした非協力やボイコットが目的それ自体ではないことを非暴力的抵抗者はわかっている。これらは、対立する人びとの心に道徳的な恥の感覚を目覚めさせる手段にすぎず、その目的は救済と和解なのである。(*STRIDE*, p. 90, cf. p. 38)

このようにキリスト教色の濃い宗教言語が選択され、一九五六年公民権運動をまとめあげる広義の目的が愛による「救済と和解」として提示されたのも、アメリカ合衆国におけるキリスト教の広範な浸透をふまえ、米国建国の理念をキリスト教言語で語り直すキングの言語戦略があったからである。アフリカン・アフリカンたちが歌うゴスペルを思わせるキングの言葉は、アフリカン・アメリカンの耳に届きやすいものであったろう。[41]

彼は、自分の言葉の聞き手が誰であり、この聞き手がどのような状況にあるのか、両者を明確に把握したうえで語り方を選択していた。[42] こうした言語戦略にもとづいて強調されたのは、「非暴力的抵抗者が打ち負かそうとしているのは悪なのであって、悪の犠牲にされた人びとではない」ということである(*STRIDE*, p. 91)。キングの目に悪の犠牲者と映っていたのは、白人の一部を占める人種差別論者のことであった。それゆえ「私たちは不正を打ち負かそうとしているのであり、たとえ白人たちが不正だと言いうるにしても、その白人たちを打ち負かしたいのではない」と述べて「人種的不正」それ自体を打破したい旨を明言する（STRIDE, p. 91)。非暴力的抵抗が一九五六年公民権運動の手法として選ばれた理由は、ここにある。

戦うべき相手は人間ではない。

したがって、物理的暴力は不要である。あるいは運動の参加者たちが自分から行使するどんな物理的暴力も、不正への攻撃ではなく、人間への攻撃となってしまうかぎり、徹底して回避すべきである。このような事情にキングは精通していたがゆえに、米国社会における人種的平等の実現という**ヴィジョン**のもと、人種差別論者との和解を語り出していた。

キングは加えて、こうした**ヴィジョン**のもと、キリスト教言語で他者への愛と憎しみからの解放とを呼びかけていく。「私が言う愛とは理解のことであり、救済する善意のことである」(*STRIDE*, p. 92)。愛は、アフリカン・アメリカンや一九五六年公民権運動に賛意をおぼえる白人だけでなく、人種差別論者に対する理解でもある。こうした理解が、人種差別論者を憎しみと恐怖から解放するとキングは考えていた。文脈的知性は多様な諸文脈を見渡し、諸文脈全体や文脈それぞれの重要事を見抜きながら、スマート・パワーの使用法を探る働きであったが、こうした文脈的知性の観点から見れば、政治、法、経済、倫理、日常的心理といった諸文脈がまざりあうなかで非暴力的抵抗の使用法が探られ、多様なアメリカ合衆国民の差別なき日常的共同が持続的に実現することがめざされていた。

最初に憎しみの問題から確認しておくと、「非暴力的抵抗者は、その反対者たちの打倒を拒否するだけでなく、反対者たちへの憎しみをも拒否する」と強調されていた（*STRIDE*, p. 92）。しかし人種差別論者の暴力は、長年のあいだ継続し、その受け手に憎しみの感情を醸成してきた。この憎しみが復讐の暴力を喚起し、憎しみの連鎖が形成されて暴力激化の悪循環と化していく。キングはこの仕組みを熟知していたので、非暴力的抵抗を一九五六年公民権運動の手法とし、憎しみとの絶縁を試みたわけである。「非暴力の中心には愛の原理が屹立している」（*STRIDE*, p. 92）。

当時から米国社会のマイノリティーであったアフリカン・アメリカンにとって非暴力的抵抗は、みずからの公民権を取り返すための現実的選択肢となりえた。大切なのは、多種多様なアメリカ合衆国民が日常的生において差別なく継続的に共存することなのである。キングは運動の参加者にこう伝えていた。

生活するなかで、ひとは憎しみの連鎖を断ち切るのに充分な理性と道徳をそなえなければならない。
（*STRIDE*, p. 92）

これは、日常的生においてこそ、理解し実践すべき事柄であった。

座席での人種差別が撤廃されたバスにアフリカン・アメリカンが乗るさい、白人乗客との無用な軋轢を回避するため、ロール・プレイングなどを通じて礼儀作法や住民間協力などの非暴力的手法を身につけていたが、これは、法や政治の専門的文脈と対人心理という日常的文脈が重なり合うところで行なわれたものである。アフリカン・アメリカンたちはキングを生ける範型にして文脈的知性の使い方をまねび、みずからのそれを鍛えていったと言える。

次節では、こうしたソフト・パワー教育が実現しえた理由を確認する。

五　主従関係なきリーダーシップ

ナイが『リーダー・パワー』で説明するところ、「リーダーシップはリーダーたちとフォロワーたちのあいだの力関係であり、すでに見たように、**力は文脈に依存している**」(*Lead*, p. 85)。ハーヴァード・ビジネス・スクールのアンソニー・メイヨーとニティン・ノーリアが経営者の「リーダーシップ」を「創業者」、「マネージャー」、「リーダー」という三つの「原型」に区別して二十世紀百年間の歴史的事例を検討した著作『イン・ゼア・タイム』(二〇〇五年)を参照するナイは[43]、有名企業のトップに見出されたリーダーシップを念頭においているが(*Lead*, p. 87f., p. 171, note 8)、わけても「潜在的なフォロワーたちのニーズと需要が変化していくさまを把握する能力」は文脈的知性に不可欠の機能的要素であった。しかし、フォロワーの意味が「従者」であることを見ればわかるとおり、これではリーダーとフォロワーのあいだに主従間の力関係が生まれてしまう。固定的な主従間の力関係ではなくとも、関係者の入れ替わりのなかで主従間の力関係という構造自体は変わらない。

これに対して、キングとともに行動したアフリカン・アメリカンら住民は、キングを主人に選び、彼に従属したわけではなく、生ける範型であるキングの生き方と思想を理解し、そのうえでみずから考え、行動していた。その一つとして、ソフト・パワー教育による非暴力的手法の習得があり、あるいは政治、法、経済、倫理、日常的心理といった諸文脈のなかで重大事を直観的に見抜く文脈的知性を鍛えあげた。このなかで非暴力的抵抗は着手され、継続された。こうしたことが可能になった理由を哲学的観点から明らかにする手がかりは、キングと同様、人種差別を悪用した分断統治の仕組みを見抜いていたアレントのいわば「リーダー原論」のうちにある。それは、『政治（学）入門』でこう説明されている。

> 行為の自由は、新たに始めること、何かを始めることと同じだということを、古代ギリシャ政治の劇場内でもっともうまく描き出しているのは、おそらくアルケイン（*archein*）という言葉である。というのも、このアルケインは始める（begin）ことと導く（lead）ことの両方を意味していたからである。こうした二重の意味が明示しているのは、もともと〝リーダー〟という語がどんな人物のために使われていたのか、そのことである。つまり、何かに着手し、それを成し遂げるために手助けしてくれる仲間たち（companions）を探している人物が〝リーダー〟なのであった。こうして成し遂げること、つまり、何かを始めて終わらせることこそ、行為という言葉の語源であるプラテイン（*prattein*）が意味していたことである。[44]

「政治（学）へと導き入れること（introduction *into* politics）」の哲学的実践を書くことを通じて行な

うアレントにとって行為とはまずもって政治的行為のことであり、この政治的行為にあってアルケインは「始めること」と「導くこと」の二つを意味していた。だから、アレント政治思想の積極的主張にあってリーダーは、ナイのようにリーダーとフォロワーという構図で考えられているのではない。政治という自由を行使して何らかの政治的行為を始め、そうして自由を行使しながら、その自由を保っていく人間たちは誰もがリーダーである。しかも、その政治的行為を他者に委ねる仕方で他者をその政治的行為へと導くが、とはいえその他者は強制されているのではなく、みずからの自由においてその政治的行為をわがこととしてなしていく。"companion（仲間）"の語源は「共に（com）」「広がる（panis）」であったが[45]、そうして仲間を見つけ、その仲間と政治的行為をわかちもって成し遂げることこそ、アレントが強調する「プラクシス（行ない）」とその動詞形「プラテイン（行なう）」にはらまれた原義なのである。

では、一九五六年公民権運動にあって何がプラテインだったのか。

非暴力的抵抗こそ、そのプラテインであり、このプラテインに与かるひとは、原義から言って全員がリーダーであり、自分たちのプラテインを吟味する知慮あるひとなのである。

日常の細部に張りめぐらされた人種差別を一つ一つ消去していくためには、アメリカ合衆国憲法の理念である諸人種間正義と統整的理想である愛を日常的現実の隅ずみにまで浸透させる必要があったけれど、それは多様なアメリカ合衆国民たちが日々淡々と一緒にバスに乗り、公共の場をわかちもつ諸人種間正義の実践であった。こうしてありふれた日常が反復されるなか、非暴力にあらわれた相互尊重の精神は憎しみを打ち破り、憎しみ合いの連鎖から人びとを解き放っていく。

もちろん、そうして解放されるのはアフリカン・アメリカンだけではない。白人のなかにいた人種差別論者たちをも憎しみの連鎖から解き放つために、キングは人種差別論者がいだく恐怖の理解を試みてこう述べる。

> 罪悪感にとらわれた少数派の白人たちは、次のような恐怖のなかで暮らしている。つまり、もしニグロが権力を握るようになれば、積年の不正や非道に復讐するのに抑制が効かず、憐れみを忘れて行動することへの恐怖である。(*STRIDE*, p. 210)

それゆえ、「非暴力の道を通じてでなければ、白人社会の恐怖は取り除かれない」(*STRIDE*, p. 210)とキングは主張する。『自由への大いなる歩み』から五年後に出た彼の講演集『愛する強さ』(*strength to love*, 1963 以下、*strength* と略記)では恐怖論に一章が割かれていたが(*strength*, pp. 119-131)、その内容と大学時代に彼がたどった「非暴力への思想遍歴」(*STRIDE*, p. 84)を考慮するに(cf. *STRIDE*, pp. 78-89)、アリストテレス『弁論術』を目にしていてもおかしくはない。政治演説と法廷弁論の成り立ちが語られるこの書では、恐れられる相手と恐れる理由、恐れるさいの心理状態が析出されていた。[46]ここでその分析を補助線にして人種差別論者のいだく恐怖を説明すれば、人種差別論者に恐れられる相手は、みずから虐げてきたアフリカン・アメリカンである。つづいて恐れる理由は、アフリカン・アメリカンに対して長年のあいだ不当な人種差別を重ねてきたのが自分たち人種差別論者であり、この差別に対する復讐の可能性を感じていたことである。最後に、恐怖という心理状態が生み出された状況は、人種差別体制の弱体化とアフリカン・アメリカンの組織化が進んだことである。

こうして人種差別論者の恐怖を具体的に確かめると、キングが「白人社会の恐怖」を取り除くために「非暴力の道」が必要だと言った理由が見えやすい。一九五六年公民権運動が求めていたのは、人種差別論者への復讐ではない。だからキングは、「ニグロが白人に次のことを納得させなければならない」と述べる（p. 211）。すなわち、「ニグロがひたすら求めているのは正義であり、自分自身と白人のために正義を求めるのだ」（STRIDE, p. 211）。アメリカ独立宣言の理念から受け継がれてきた社会正義が、しかし、キング独自の愛概念に賦活されて米国社会の人種的平等というヴィジョンのなかで再生し、日常的生での持続的共生において多様なアメリカ合衆国民が安全と安心をわかちもてる。これが、米国公民権運動成功の鍵であった。

キングの見るところ、米国社会は建国のときから人種差別によって分断されつづけてきた。しかし、「愛、つまり、アガペは、こうして［人種差別によって］壊されたコミュニティをまとめうる唯一のセメントである」（p. 95）。人びとを憎しみの連鎖から解放して社会的関係を新たに結び直させるのが他者への愛であり、キングにとってそれは、非暴力的抵抗を通じて他者にその愛を伝え、人種差別の撤廃という社会正義をありふれた日常生活に貫徹する働きであった。キングはこう述べている。

アガペは、弱くて受動的な愛ではない。それは、活動する愛である。アガペは、コミュニティの維持と創造を求める愛なのである。(*STRIDE*, p. 94)

一九五六年公民権運動のおかげで多様なアメリカ合衆国民は、差別なき日々の安全な暮らしを「共にする(comunete)」ことができた。「コミュニティ」の語源は、この"comunete"であった。[47] クー・クラックス・クランの残忍な暴力やモンゴメリー市当局の不当逮捕といった人種差別は米国社会を分断して対立を激化させることを狙っていたが、アメリカ合衆国建国の理念にもとる人種差別に対してキングたちは諦めることなく非暴力的抵抗を試み、その理念を反映した米国社会の現実、つまり、人種差別なきバス乗車制度を新たに立ちあげることができた。人種間正義に適った日常を産み出して維持する愛が、キングの考えるアガペなのである。それは日常生活における自己他者関係の基調を織りあげる言葉であった。

本章の試みで明らかになったのは、一九五六年公民権運動にあって肝要の事柄は、それが日常的生での持続的共同を実現した点にあるということである。

結

まず本章の考察が得た消極的成果は、ナイの観点から見て次のようにまとめられる。

キングは、アメリカ合衆国におけるキリスト教の広範な浸透を鑑み、キリスト教の思想と言語を際立たせる形でアフリカン・アメリカンへの人種差別に抵抗する戦略を組み立てた。こうした抵抗戦略の目的は、バス座席の人種差別撤廃を通じて米国社会に人種間正義を実現することであり、しかし、白人との対立ではなく、白人と人種間正義を共有する仕方でその実現が目指された。

このために選ばれた手段が非暴力的抵抗である。

非暴力的抵抗はソフト・パワーとハード・パワーを組み合わせて展開されたが、ソフト・パワーは、①人種の別を越えて米国市民にキングが向けた説得と②米国公民権運動がもつ正当性の魅力とであり、ハード・パワーは、③座席で人種差別を行なうバスに対するボイコットの経済的制裁と④バス座席の人種差別拒否をめぐる法廷闘争であった。このとき、両者のバランスは米国公民権運動の進展にともなって変化し、つまり、法廷闘争での勝利を獲得してからはバス・ボイコットが中止されたように、目的の達成度に応じてハード・パワーの行使は抑止され、非暴力を望むキングたちがもつソフト・パワーの強調が米国公民権運動のなかで高まっていった。米国公民権運動の正当性が世界的に支持された所以である。

こうしてナイの観点からまとめることが可能な一九五六年公民権運動であったが、しかし、ナイのスマート・パワー論のポジをこのように明確化することで、その限界が見えやすくもなる。つまり、米国民主党のグローバル戦略を策定したナイが考えるスマート・パワーの大国主義的な使用は、自己利益と他者支配を効率的に最大化する「計算的理性（*ratio*）」に主導された文脈的知性によって、その使用法が探られており[48]、それゆえ、多様性を相互尊重する住民間の日常的共同への視線を欠く。というのも、ナイはハーヴァード式ビジネスで使用される文脈的知性を参照していたからである。[49]

ハーヴァード式ビジネスの「いっそう大きな問題は、たとえば、非公式経済のなかで現在生活する四〇億の人びとを取り込むべく、公式経済を拡張する仕方である」が、[50]もちろん「公式（formal）」とされるのはハーヴァード式ビジネスの側であり、グローバル・メジャーの側である。このハーヴァード式ビジネスは各国に移転可能な商品製造技術の共通性よりむしろ工場や店舗をおく地域の特性を見定め、それぞれ制度が異なる世界各地で**社会実験**を行なうが、このとき文脈的知性は、**社会実験**を通じて収益や利益率、市場支配の最大化を図る計算的理性に主導されている。[51]ハーヴァード式ビジネスの目的は——地元民が豊かで安全に暮らすための地域内需経済の長期的安定ではなく——、グローバル・メジャーの企業が「世界規模で健全な成長」を果たすため、その社員が「貪欲さ（greed）」や「アニマル・スピリッツ」を発揮して世界各地に進出し、収益や利益率、事業展開を最大化することであった。[52]果ては、災害や戦争ビジネスに便乗して各国にグローバル・メジャー支配の市場をねじこんでいく「ショック・ドクトリン」までをも駆使し、その最大化を図る。[53]

こうしたハーヴァード式ビジネスで確認されるように、「多くの起業家や経営者が同意するところだが、価値の創出と人材のモチヴェーション向上は彼らがなすべきことの核心である」。[54]たとえば自由財である水や準公共財である水道を商品化し、あるいはCO2排出量の上限をビジネス利権化して、これらの取引市場を形成して世界各地に広げることが「価値の創出」であり、「人材のモチヴェーション向上」はあらゆるものの商品化とその市場形成、市場開拓を狙う貪欲さやアニマル・スピリッツを養うことであった。[55]

このようなハーヴァード式ビジネスを手がかりにナイが彫琢した文脈的知性概念にあって、われわれ庶民の差別なき日常的共同と長期的安全、独立性を思いやる〝まなざし〟は閉ざされている――ハイデガーはそのアリストテレス解釈にあって、さまざまな「視（Sicht）」や「見ること（Sehen）」の働きに注目し、知慮のことを語り出していた――。この点を明らかにした本章は、とはいえ、ナイのスマート・パワー論に対する外的な非難ではなく、それへの内在的な検討から生まれたものである。

＊

次に本章で強調された哲学的考察の積極的成果は、ナイ的スマート・パワー論のポジに一九五六年公民権運動が成功した理由が見出されるのではなく、住民間でその多様性を相互尊重する日常的共同への視線に成功の秘訣があった点を明らかにしたことにある。「生活するなかで、ひとは憎しみの連鎖を断ち切るのに充分な理性と道徳をそなえなければならない」。キングがもっとも重視するこのことは、ナイ的スマート・パワー論で高らかに語り出された事柄のネガのうちに隠されていた。言い換えれば、ナイ的観点からスマート・パワー論のポジをいっそう明確にすると逆に見えやすくなるのはそのネガであり、本章ではここに、ナイが語っていないことを見出した。

一九五六年公民権運動は、ジーン・シャープの「カラー革命[56]」、「フラワー革命」のように作為的なデモクラシー・プロジェクトにおいて住民が一時的な熱狂に踊らされるのとは異なり、多様でありふれた住民が至極ありふれた暮らしのなかで、人種差別なく、安全に持続的共同をいとなむことを実現した。キリスト教の言語やイメージを使う情報戦略はあれ、差別されるアフリカン・アメリカンは人種差別の日常に疑念をいだいていたのであり、一九五六年公民権運動の結果、多様な米国庶民は、アフリカン・アメリカンとの差別なき日常の共有を生活者として持続的に確保することができた。もちろん、人種差別の撤廃は限定的ではあったけれど……。

キングとアフリカン・アメリカンたちの一九五六年公民権運動は、このようにありふれた日常をまなざし、その日常に根づく差別なき共同を導入し定着させた。その戦略よりも重視されるべきは、この戦略をそもそも成功させる地盤となったのは、一九五六年公民権運動が生活者のありふれた日常を大切にしていたこと、この点である。

＊

本章を閉じるにあたり、誤解を避けるため、現在の事象にそくし、いくつかのことを確認しておきたい。大量破壊兵器がないのにあると言って「イラク戦争」を始めた元アメリカ合衆国大統領のブッシュ・ジュニアは、その「テロとの戦争（War on Terror）」を「無限の正義作戦（Operation Infinite Justice）」や「不朽の自由作戦（Operation Enduring Freedom）」と呼んでいた。[57] 正義や自由という言葉の誤用である。こうした例は、愛や勇気、人道といった言葉にも見出せる。二〇二〇年代を生きるわれわれ現代人が直面している政治的言語の詐術である。

とりわけ現代日本人のわれわれにとって愛や正義という概念は、日本が明治期に近代国家の体裁を整えるために輸入した欧米概念の漢語訳だからであろう、われわれ庶民の生活実感とは縁遠い概念語と言えるかもしれない。[58] つまり、それはニュースの言葉であり、フィクションの言葉である。こうしたことにまつわる語感は、正義やデモクラシーをふりかざすカラー革命に対してわれわれがいだく違和感と通底している。デモクラシーを旗印にしながら、けっきょく住民の日常生活に混乱と貧困にもたらすだけのカラー革命は、グローバル・マネー資本やグローバル・メジャーが喜んで「ショック・ドクトリン」として利用するところであり、ありふれた庶民のありふれた日常を大切にした一九五六年公民権運動とはまったく異なっている。

一九五六年公民権運動にあってカラー革命にないのは、庶民生活の持続的な安全へのまなざしであった。

一九五六年の米国公民権運動をふりかえったキングは、「何よりも私たちの経験は、暴力をもちいずに社会変革がなされることを示した」と述べていた（*STRIDE*, p. 181）。この一文を模して本章をおえたい。

何よりもキングたちの経験は、暴力をもちいずに差別なき日常がわかちもたれることを示した。

凡例

本章では、現代米国社会では差別用語とされる表現「ニグロ（the Negro）」を Martin L. King Jr. の著作から引用した場合がある。彼の執筆当時は差別用語ではなかったことをふまえ、また資料的価値を鑑み、表現を残した。本文および引用文の、太字や下線による強調と〔〕による補足は、すべて論者による。原書中の italic type には、訳出にさいして傍点を付した。テキストの引用にさいしては、以下の略号をもちいた。

◎　Martin L. King Jr. の著作

STRIDE: STRIDE TOWARD FREEDOM, Beacon Press, 1958.

CALL: A CALL TO CONSCIENCE, Grand Central Publishing, 2001.

strength: strength to love, Fortress Press, 1963.

◎　Joseph S. Nye Jr. の著作

Lead: The Powers to Lead, Oxford University Press, 2008.

FUTURE: The FUTURE of POWER, Public Affairs, 2011.

◎　Hannah Arendt の著作

Little Rock: Reflections on Little Rock, in: *The Promise of Politics,* Edited and with an Introduction by Jerome Kohn, Schocken Books, 2005.

Moral: Some Questions of Moral Philosophy, in: *Responsibility and Judgment,* Edited and with an Introduction by Jerome Kohn, Schocken Books, 2003.

註

1　マックス・シェーラーの哲学的人間学で提示された諸価値のヒエラルキーについては、アルフォンス・デーケン『人間性の価値を求めて』（阿内正弘訳、春秋社、一九九五年）の四三〜八〇頁における明快な説明を参照。

2　キングは、ガンディー思想の受容についてこう語っている。「私は、長いあいだ探し求めてきた社会改革の方法を、ガンディーが……強調した愛と非暴力のなかに発見した」（*STRIDE*, p. 84f., cf. p. 90）。

3　大国主義的な使用法の別例を挙げると、習近平はナイのスマート・パワー論を参考に、人民元やハーウェイらITのハード・パワーと、孔子学院やマスク外交のソフト・パワーとを組み合わせ、習的中華思想を「一帯一路」で具体化しようとした。このあたりは、たとえば曽根康雄「人民元〝国際化〟の進展と限界」（『習近平政権第1期総括』所収、アジア研究所・アジア研究シリーズ、№100、研究代表者：遊川和郎、平成二八・二九年度研究プロジェクト「習近平政権の着地点」、https://www.asia-u.ac.jp/uploads/files/20190911111008.pdf）を参照。ただし、中国内では全体主義的な国民弾圧、中国外では他国の内需経済破壊、これらが習的中華思想の実質であった。

4　プラグマティックな解釈学的ホーリズムにおける知慮の働きを「視（Sicht）」や「見ること（Sehen）」に注目して考察した拙稿「ハイデガー『ソピステス』講義における「実践的推論」と「知慮」の解釈について」（日本現象学会編『現象学年報』所収、三四号、二〇一八年）を参照。

5　バス・ボイコットを可能にした代替的交通手段のロジスティクス、つまり、タクシー・プールの準備にかんしては以下を参照。*STRIDE*, p. 60ff.

6　*STRIDE*, p. 39.　キングの言語戦略が明示された箇所は以下である。

……正しいひとは、悪しき制度への協力を拒否する以外の選択肢をもたない。これこそ、私たちが行動することの本性だと私は感じた。このときからずっと、私たちの運動は大衆的非協力の行動なのだと私は思っていた。このときからずっと、私は『ボイコット』という言葉はめったに使わなかった。(STRIDE, p.39f.)

7　以下を参照。ガートルード・E・M・アンスコム『インテンション――実践知の考察』(菅豊彦訳、産業図書、一九八四年)、ギルバート・ライル『心の概念』(坂本百大、井上治子、服部裕幸訳、みすず書房、一九八七年)、Martin Heidegger, *Gesamtausgabe Bd. 19, Platon: Sophistes*, Marburger Vorlesung Wintersemester 1924/25, Vittorio Klostermann, 1992; Robert Brandom, *Tales of the Mighty Dead: Historical Essays in the Metaphysics of Intentionality*, Harvard University Press, 2002.

文脈的知性概念はナイが経営学から自身の政治学に取り入れたものだが、文脈的知性にかかわりそうな哲学的概念史を簡単にふりかえっても、アリストテレスの「直知(*nous*)」から中世スコラ哲学の「知性(*intellectus*)」を経て、近世の「理性(Vernunft)」と「悟性(Verstand)」の区別(カント)、現代の「理知性(intelligence)」と「知性(intellect)」の区別(ライル)へと至るまで変遷がある。このあたりの簡潔明瞭な見取り図として、坂部恵『ヨーロッパ精神史――カロリング・ルネサンスの残光』(岩波書店、一九九七年)を参照。

大小さまざまのコスモスが文脈として織り合わされる仕方にかんして、井筒俊彦はこう説明している。

> ……大は天体宇宙から、小は家、そしてその中間に村、都会、社会、国家、世界、自然など、エリアーデが名著『聖と俗』(ドイツ語書名)の中で言っておりますように、みなそれぞれの一つのコスモスであります。大小の違いはありましても、いずれも個別的に異なる多くの事物が、ある集体的網目構造として組み合わされて作り出す意味空間なのであります。(井筒俊彦『コスモスとアンチコスモス――東洋哲学のために』、岩波文庫、二〇一九年、二二一頁)

こうした説明をふまえ、ハイデガーの日常的概念「用在性」「物在性」に照らしながら、井筒が指摘するに、「我々の生活空間は目的的空間だ、ボルノウが言っていますが、たしかに、我々が現実にその中に生きている家という狭い空間を考えてみますと、その内部では全ての物が——少なくとも理想的、理念的には——きちんと整理されている」（井筒『コスモスとアンチコスモス』、岩波文庫、二〇一九年、二二一頁）。

8　「状況のアスペクト知覚」にかんしては、拙著『戦争の哲学——自由・理念・講和』（東北大学出版会、二〇二一年）の第四章「ハイデガー、ウォルトン、アリストテレス」と拙稿「カテゴリー、純粋直観、図式——全体性の諸相をめぐって」（東北哲学研究会編『思索』、第五三号、二〇二一年）を参照。「目配り的洞見」にかんしては、拙著『戦争の哲学』の第一章「全体主義から自由へ〈1〉——意味への問い」を参照。

9　Cf. Willard V. O. Quine, "Two dogmas of empiricism", in: *From a Logical Point of View, Nine Logico-Philosophical Essays*, Second Revised Edition, Harvard University Press, 1980. 併せて野家『物語の哲学』（岩波現代文庫、二〇〇五年）の第五章「物語と科学のあいだ」および第七章「物語り行為による世界制作」を参照。ヴィトゲンシュタインの後期哲学にもとづくプラグマティックなホーリズムにかんしては、終わりなき戦争ビジネスはなく、講和が可能な戦争の成り立ちを考察した拙著『戦争の哲学』の終章「生きている『戦争論』」を参照。

10　拙著『戦争の哲学』の§21を参照。Vgl. M. Heidegger, *Gesamtausgabe Bd. 19, Platon: Sophistes*, §80.

11　習中共政権のハリウッド支配によるハリウッドのチャイメリカン化は、元読売新聞ワシントン特派員の高濱賛「新型肺炎直撃でハリウッドは壊滅状態——反中気運の最中でも再生のカギは中国のカネとヒト」（二〇二〇年五月二日、JBpress、https://jbpress.ismedia.jp/articles/-/60370）を参照。「チャイメリカ」については、矢吹晋『チャイメリカ——米中結託と日本の進路』（花伝社、二〇一二年）を参照。加えて、武漢での新型コロナウィルス・パンデミックに対する習近平の初期対応が遅かったことを隠すため（「習主席指示でようやく本腰　新型肺炎で後手に回る中国政府の対応」、二〇二〇年一月二一日毎日新聞）、「マスク外交」というソフト・パワーの構築を狙った点は、「中国、マスク外交で影響力強化　重なる「一帯一路」、品質問題も」（二〇二〇年四月二〇日、時事通信）

を参照。「中国・武漢の感染拡大止まらず　初動の遅れ、国に責任転嫁も――新型肺炎」（二〇二〇年一月二八日時事通信）によれば、武漢市の「周先旺市長は国営中央テレビのインタビューで、情報公開について『伝染病に関し地方政府は国から権限を委託されて初めて公開できる』と述べ、国の判断の遅れを示唆」したが、つまり、習政権の指示がなければ、新型コロナウィルスへの全面的な対応は武漢市当局だけでは実行不可能な案件であった。この点は、併せて西村豪太「〈新型肺炎対策〉が中国で大きく出遅れた事情　習近平総書記の責任論押さえ込みに躍起」（二〇二〇年二月六日、東洋経済オンライン）を参照。またＮＡＳＡのチャイメリカン化にかんしては、米国司法省の以下の発表を参照。Senior NASA Scientist Pleads Guilty To Making False Statements Related To Chinese Thousand Talents Program Participation And Professorship | USAO-SDNY | Department of Justice. この後、習独裁体制の確立にゼロコロナ政策を利用した点は別稿にて論じる。

12　ただし、本田創造『アメリカ黒人の歴史　新版』（岩波新書、一九九一年）によれば、「人間はすべて平等に造られ、奪うことのできない一定の権利を創造主によって与えられ、そのなかには生命、自由および幸福の追求がふくまれる」と規定された「基本的人権を、全世界に表明した〔一七七六年〕七月四日のこの歴史的文書の作成過程で、南部のプランターは北部の商人の支持を得て、黒人奴隷貿易禁止の一条項を完全に抹殺してしまった」という事情があった（前掲書、四七頁）。アメリカ独立宣言を起草したジェファソンの「ジェファソニアン・デモクラシー」については、バーナード・クリック『一冊でわかる　デモクラシー』（添谷育志・金田耕一訳、岩波書店、二〇〇四年）の八九頁を参照。

13　本田『アメリカ黒人の歴史』によれば、「このバス乗車拒否運動を闘い抜いた黒人民衆は、白人がそれを人種の問題としてとらえていたのに対して、あくまで人間の尊厳の問題――この国の憲法の理念にもとづいて、すべてのアメリカ人が当然、享受すべき自由、平等、正義のために市民的権利の問題として受け止めていたのである。

この闘争が、まさに公民権運動と呼ばれる所以である」（前掲書、一七九頁）。

14 *STRIDE*, p. 144. プレッシー・ドクトリンとは、本田『アメリカ黒人の歴史』によれば、「黒人を白人から隔離しても、施設などが平等であれば憲法違反ではないと裁定した一八九六年の連邦最高裁判所の判決（プレッシー対ファーガソン対決）」のことである（前掲書、一六八頁）。

15 「分断統治」については、ゲオルク・ジンメル『社会学（上） 社会化の諸形式についての研究』（居安正訳、新装復刊、白水社、二〇一六年）を参照。

16 Immanuel Kant, *Kritik der reinen Vernunft*, Meiner, 1787(1990), A702f. / B729f.「統整的（regulativ）」という訳語については、山根雄一郎『〈根源的獲得〉の哲学　カント批判哲学への新視角』（東京大学出版会、二〇〇五年）に従う。

キングは、論文『パウル・ティリッヒとヘンリー・ネルソン・ウィーマンの思考における神概念の比較』（*A Comparison of the Conceptions of God in the Thinking of Paul Tillich and Henry Nelson Wieman*）で、一九五五年にボストン大学神学部から博士号を取得している。そこでは、「理想（ideal）」は「経験を解釈するさいの機能的なガイド」だというウィーマンの価値論の規定が取りあげられてはいた（同論文、四六九頁）。とはいえ、ティリッヒ神学とウィーマン神学の学的検討を重視してキングの積極的主張が控えられた博士論文なので、ウィーマン価値論のそうした参照がキング独自の理想概念にどれくらい影響があったのか、この点は不明である。キングの博士論文にまつわる諸事情やその内容については、菊地順「M・L・キングの神観念と人格主義思想——博士論文を中心として」（『聖学院大学総合研究所紀要』所収、第四六号、二〇一〇年）が詳しい。ティリッヒとアレントの関係にかんしては、註31を参照。

17 Cf. Stanley Cavell, *Conditions handsome and unhandsome: the constitution of Emersonian perfectionism*, The Carus

Lectures 1988, University of Chicago Press, 1990. 併せて本書の第五章、ラルフ・エマソン『代表的人間』序章「偉人の効用」に付された佐藤香織「解題」を参照。

18 蔵書情報にかんしてご教示いただけると幸いである。

19 Cavell, *Conditions handsome and unhandsome*, p. 2. この箇所は、米国言語哲学を代表する一人ヒラリー・パトナムが『人生ガイドとしてのユダヤ哲学』の註で二度ほど引用していた（Hilary Putnam, *Jewish Philosophy as a Guide to Life: Rosenzweig, Buber, Levinas, Wittgenstein*, The Helen and Martin Schwartz Lectures in Jewish Studies, Indiana University Press, 2008, p. 115, p. 116, cf. p. 59, p. 72f.）。カヴェル哲学の簡潔明瞭な解説については、荒畑靖宏「日常への回帰と懐疑論の回帰――スタンリー・カヴェル」（齋藤元紀、増田靖彦編著『21世紀の哲学をひらく――現代思想の最前線への招待』所収、ミネルヴァ書房、二〇一六年）を参照。キングが生きたころの米国思想界の動向については、伊藤邦武編『哲学の歴史8　社会の哲学』（中央公論新社、二〇〇七年）所収の伊藤「アメリカン・ルネサンス」（五七二～五七四頁）を参照。

20 『人生ガイドとしてのユダヤ哲学』のなかでパトナムは、エマソンの「完成主義」をカヴェルが解釈して独自に提示した「道徳的な完成主義」を借用し、レヴィナス倫理学の特徴を指摘していたが、パトナムが注目するのは、そのカヴェルが「ルソーとカントに変形した完成主義者を見出している」点であった（Putnam, *Jewish Philosophy as a Guide to Life*, p. 59）。Vgl. Kant, *Kritik der reinen Vernunft*, A321-332 / B376-389.

21 Putnam, *Jewish Philosophy as a Guide to Life*, p. 72. 併せて本書第五章の佐藤「解題」を参照。

22 ただし、不当逮捕の日常化という悲惨な現実が二〇一〇年代までのアメリカ合衆国には現われ、「刑務所という名の巨大労働市場」が成り立っている（堤未果『ルポ　貧困大国アメリカII』、岩波新書、二〇一〇年、第四章）。このため、民間刑務所での低賃金労働力としてアフリカン・アメリカンやヒスパニック、白人らの貧困層が不当逮捕によって狩り出されているのかもしれず（前掲書、一七四頁以下、一五八頁）、「ホームレス」までもが違法になる現状は、経済格差による新たな差別を生み出していると言える（前掲書、一八二頁以下）。いわゆる「アウシュヴィッツ」が大企業の工業団地を併設していたことが思い出される。

23 竹田篤司『モラリスト――生き続ける人間学』（中公新書、一九七八年）の二〇頁以下。

24 訳文は、モンテーニュ『エセー2』（宮下志朗訳、白水社、二〇〇七年）の二九六頁から借用した。

25 アレント『政治（学）入門』における、いわば「洞見的な判断力」にかんしては、拙著『戦争の哲学』の第二章「全体主義から自由へ〈2〉――一と多への問い」を参照。アスペクトにかんして文脈化／脱文脈化を遂行する想像力＝表象力としての超越論的構想力とアスペクトの「閃き」にかんしては、野家啓一『「理論負荷性」とアスペクト知覚」（『増補　科学の解釈学』所収、ちくま学芸文庫、二〇〇七年）および拙稿「カテゴリー、純粋直観、図式」を参照。

26 竹田『モラリスト』の九頁。

27 もちろんハイデガーの情態性概念を確かめればわかるように、怖さは、認識の混乱ではなく、怖がる自分、怖がっている状況、怖がられる他者の開示態であり、どの存在了解も情態的である。

28 性格的徳と知慮の関係にかんしては、拙稿「ハイデガー『ソピステス』講義における「実践的推論」と「知慮」の解釈について」の一九六頁を参照。

29 臆病さゆえに長いものに巻かれること自体は、逆に長いものに絞めつぶされない賢さの発揮であることがあるけれど、これに対して長いものには巻かれ、さらに自分が儲ければいいという近視眼的狡猾になる弱さもある。この弱さは、自分をメンバーとした長期的な日常的共同をみずから損なうことになり、弱さが悪く発揮されるケースである。他人との日常的共同を育てる賢さと連動する臆病さや弱さと、他人にネガティヴなことを押しつける狡猾さか、他人から何かを奪う狡猾さと連動する臆病さや弱さがあるということである。

30 註43および註48を参照。

31 cf. Little Rock, pp. 201-204.

ちなみにアレントは、キングが博士論文でその哲学的神学を研究対象としたティリッヒと古くからの知り合いであり、手紙の遣り取りもあった。ともにアメリカ合衆国への亡命者であったが、ティリッヒはドイツ人であり、フランクフルト大学時代にはアレントの最初の夫にして著者ギュンター・シュテルン(『われらアイヒマンの息子』を記した、のちのアンダース)の指導教官であった。この詳細については、アルフ・クリストファーセン、クラウディア・シュルゼ『アーレントとティリッヒ』(深井智朗、佐藤貴史、兼松誠訳、法政大学出版局、二〇〇八年)を参照。

32 『政治(学)入門』でアレントが論じようとしたこととその背景にかんしては、拙著『戦争の哲学』の第一章「全体主義から自由へ〈1〉」を参照。

33 エマソン思想にかんしては、本書第五章の佐藤「解題」を参照。

34 国家政策と戦争という文脈になるが、目的手段連関に注目して戦争の成り立ちを解き明かすカール・フォン・クラゼヴィッツ『戦争論』のプラグマティックなホーリズムにあって、いわば戦略的判断力は、ナポレオン・ボナパルドを具体例に提示されている。この点は以下を参照。Carl von Clausewitz, *Vom Kriege*, Erstes Buch, Drittes Kapitel: Der kriegerische Genius, Reclam, 1980.

35 Hannah Arendt, Introduction *into* Politics, in: *The Promise of Politics*, Edited and with an Introduction by Jerome Kohn, Schocken Books, 2005, p. 168.

36 Cf. Henry E. Allison, Kant's *Transcendental Idealism: An Interpretation and Defense*, 2004, Chapter 8; *Kant's Theory of*

Taste: A Reading of the Critique of Aesthetic Judgment, Cambridge University Press, 2008.

37　Hannah Arendt, *Lecture on Knat's Political Philosophy*, Paperback edition, the University of Chicago Press, 1989, pp. 140-144.

38　アレント政治思想における“Introduction”という語を訳すさいに「手ほどき」を強調する仕方にかんしては、渡名喜庸哲氏からご教示を受けた。記して感謝します。

39　拙稿「ハイデガー『ソピステス』講義における「実践的推論」と「知慮」の解釈について」の一九六頁を参照。）

40　実践的直知と知慮の関係については以下を参照。M. Heidegger, *Gesamtausgabe Bd. 19, Platon: Sophistes*, § 23. この節でハイデガーは、「人びとは目的を設定したうえで、この目的がいかなる仕方で、いかなる手段によって（*pōs kai dia tinōn*）達成されるであろうか」（アリストテレス『ニコマコス倫理学（上）』、1112b15、高田三郎訳、岩波文庫、一二二頁）という問いを取りあげていた。

41　ただし、キングの言葉はカルト宗教信者には届かない。それは、キリスト教カルトをカルト宗教たらしめる契機の一つは、キリスト教カルト信者が非カルト宗教信者とコミュニケーション不可能だという点にあることからもわかる。

42　アリストテレス『弁論術』（戸塚七郎訳、岩波文庫、一九九二年）の三二頁以下、一五八頁。

43　Anthony J. Mayo, Nitin Nohria, *In Their Time: The Greatest Business Leaders of the Twentieth Century*, Harvard Business School Press, 2005, pp. 351-353. 両名による文脈的知性概念の理解が簡潔に示されている論文として以下も参照。A. J. Mayo, N. Nohria, Zeitgeist Leadership, in: *Harvard Business Review, the October 2005 Issue*, Harvard Business School Press, 2005. この論文を例示しつつ、グローバル・メジャーがハーヴァード式ビジネスでローカルに進出するさいに文脈的知性が使用される仕方を論じた論考として以下を参照。Tarun Khanna, Contextual

Intelligence, in: *HBR's 10 Must Reads 2015: The Definitive Management Ideas of the Year from Harvard Business Review*, Harvard Business School Press, 2015.

44 Hannah Arendt, Introduction into Politics, in: *The Promise of Politics*, Edited and with an Introduction by Jerome Kohn, Schocken Books, 2005, p. 126, cf. p. 127.

45 語源については、南出康世編『ジーニアス英和辞典　第五版』（大修館書店、二〇一四年）の“companion”の項を参照。

46 アリストテレス『弁論術』の第二巻第五章「恐れと大胆さ」を参照（前掲書、一八五～一九三頁）。ただし本章では、超越論的哲学期のハイデガーが提示した「情態性（Befindlichkeit）」概念にもとづき、ハイデガー的なホーリズムの観点からアリストテレスの「恐れ」論を解釈している。Vgl. Martin Heidegger, *Sein und Zeit*, 17te Auflage, Max Niemeyer, 1927(1993), § 30.

47 “comunete”については、『ジーニアス英和辞典　第五版』の“community”の項を参照。

48 欧米企業が国内外でビジネス展開するさいに文脈的知性が使用される仕方の経営学的考察については、以下を参照。T. Khanna, Contextual intelligence. またミルトン・フリードマンを中心とした「シカゴ学派」の「フリードマニト」はさまざまなものに市場的価値を与え、市場原理に取り込んでいくが、このとき、計算的理性が効率至上主義を駆使していく様子については、宇沢弘文・内橋克人『始まっている未来——新しい経済学は可能か』（岩波書店、二〇〇九年）や中山智香子『経済ジェノサイド——フリードマンと世界経済の半世紀』（平凡社新書、二〇一三年）を参照。フリードマンとナイのレトリックを比較し共通性と差異を見出すことは、とても興味深い問題である。加えて、二〇二二年に始まったウクライナ防衛戦争でウクライナ政府と米国中心の西側支援国がもつ政治的正当性の観点から、ナイが考えるスマート・パワーの大国主義的使用とケーガン『パラダイスとパワーについて』のネオコン思想の関係をポジティヴに再評価する課題も指摘しておく。

49 Cf. T. Khanna, Contextual Intelligence, in: *HBR's 10 Must Reads 2015*. ラチオ論にかんしては以下を参照。Günther Anders, *Wir Eichmannsöhne: offener Brief an Klaus Eichmann*, C.H. Beck, 2002(1964).

50 T. Khanna, Contextual intelligence, p. 75.

51 T. Khanna, Contextual intelligence, p. 60f.

52 T. Khanna, Contextual intelligence, p. 60, p. 74.

53 中山『経済ジェノサイド』の十頁以下を参照。

54 T. Khanna, Contextual intelligence, p. 59.

55 とはいえ、それでは文脈的知性の解釈学的な可能無限性を問うどころか、計算的理性という一部からのみ文脈的知性を使用する合理的経済人の極限態を追求するにすぎない。では、「世俗内」存在として禁欲的に「天職(Beruf)」に従事するのは「神の召命」ゆえだとしても(マックス・ヴェーバー『プロテスタンティズムの倫理と資本主義の精神』、大塚久雄訳、岩波文庫、一九八九年、「訳者解説」、三九六頁)、その神が異教徒や異端の殺害を正義とみなすと考える場合、プロテスタンティズムの全体主義は、合理的経済人の極限態として、どういう姿をあらわにするのか。目先の貪欲を抑制することが、儲けつづけることの無限運動となり、貪欲が隠蔽されるなかでの姿が問われている(前掲「訳者解説」、三九四頁以下)。「労働者」の規律がメソジズムをふくむカルヴィニズムによって全体主義的に形成される仕組みは(前掲「訳者解説」、三八四頁、三九〇頁)、ベンジャミン・フランクリンが論じた諸徳のホーリズムと哲学的行為論という観点から経済的行為の表裏として解明される可能性がある。

56 ジーン・シャープ『独裁体制から民主主義へ――権力に対抗するための教科書』(瀧口範子訳、ちくま学芸文庫、二〇一一年）を参照。たとえば、アフリカ有数の豊かさを誇ったリビアは、オバマ政権メンバーが褒めあげた「アラブの春」後、戦乱がつづき、国民生活は地に落ちている。

57 Naval History and Heritage Command による解説 "Operation Enduring Freedom" を参照（https://www.history.navy.mil/browse-by-topic/wars-conflicts-and-operations/middle-east/operation-enduring-freedom.html）。併せてフガフガ・ラボ『ブッシュ妄言録』（村井理子訳、ぺんぎん書房、二〇〇三年）を参照。

58 このあたりの経緯は、柳父章『翻訳語成立事情』（岩波新書、一九八二年）を参照。

［付記］本章は、拙稿「アメリカ公民権運動の政治学――スマート・パワーの観点から読み解く」（戦略研究学会編『戦略研究15 サイバー領域の新戦略所収』所収、芙蓉書房出版、二〇一五年）をナイのスマート・パワー概念を批判する観点から論じ直した「アメリカ公民権運動と新たな日常的共存――スマート・パワー概念のネガを確かめつつ」（持田睦、横地徳広編著『戦うことに意味はあるのか――倫理学的横断への試み』所収、二〇一七年）の改訂版である。ナイの観点から米国公民権運動のスマート・パワーを明確にする試みについては、上掲の拙稿「アメリカ公民権運動の政治学」を参照されたい。

終　章　戦うことの是認？

――「戦うことに意味はあるのか」という問いについて

遠藤　健樹

本書『戦うことに意味はあるのか――平和の価値をめぐる哲学的試み』は、二〇一七年に出版された『戦うことに意味はあるのか――倫理学的横断への試み』の増補改訂版である。旧版が戦うことの意味を学際的な視点から問うものであったのに対し、増補改訂版は収録論文を入れ替え、また旧版から引き継がれた論文にも一定の修正を施すことで、哲学的アプローチをより強調したものに編み直されている。

＊

上記のとおり、もともと本書が問うていたのはもっぱら「戦うことの意味」についてであった。これに対し、今回サブタイトルで平和に言及したのは、さしあたって戦いが持ちうる意味や価値と平和が持ちうるそれとが密接に結びついているからである。戦いに積極的に身を投じようとする者からすれば、自分の携わる戦いにはしかじかの意味や価値があると思えるし、その場合、不用意に平和を求めることは現実から目を背ける惰弱さや不正の許容と見えるかもしれない。あるいは逆に、戦いのもたらした惨禍に苦しむ者からすれば、自分が巻き込まれている破壊と惨劇には一切の意味も価値も見出せないだろうし、そこには損なわれる以前の静穏を取り戻したいとか、かつて見たことのない恒久的平和を手にしたいという切なる願いもあるだろう。他者との闘争と平和裡の共生は裏表の関係にあって、ひとが何らかの意味づけをなし、何らかの価値を見出さざるをえない生や世界のひとつの様態なのであるから、常にともに問われざるをえないテーマということになる。

本論集に収められた諸論文は、執筆者たちなりの関心に従いながら、こうしたテーマに取り組んだ成果である。手がかりにされたのは、古代ギリシャから現代に至る実に様々な思想であった。たとえば、プラトン、ギリシャ悲劇、アウグスティヌス、エックハルト、ホッブズ、カント、フィヒテ、エマソン、ローゼンツヴァイク、シェーラー、レーヴィット、フェーゲリン、レヴィナス、そしてキング牧師をはじめ公民権運動に携わった人びとの思想などが取り上げられた。また、分析を通じて得られた知見は、多かれ少なかれ二〇世紀以降に生じた種々の戦いに関連づけられてもいた。史上はじめてシステマティックな大量殺戮が繰り広げられた第一次世界大戦、戦間期ヨーロッパにおいて激化したイデオロギー闘争、一度目の世界大戦に比べて壊滅の度合いにおいてより徹底的であった第二次世界大戦、戦後アメリカで一貫して戦われている人種差別をめぐる闘争などである。したがって、これらの諸論文は、分析対象にしても関連づけられる具体的な出来事にしても多種多様なものを扱っており、それぞれ照応しあいながら戦いや平和という現象の複雑さを浮かび上がらせているということになる。本論集を閉じるに当たって、以下では各論文の梗概をもう一度示し、初発の問い、つまり戦うことの意味、平和の価値について手短ながらいま一度考えを巡らせてみたい。[1]

*

第一章の信太論文では、戦いのなかで人びとが自分自身と敵対者に与える意味そのものというより、そうした意味が付与される可能性の条件、すなわち人間存在が戦いにおいて「生き残るもの」と「先に死ぬもの」とにそもそも分割されうることが論じられた。このような分割を生じさせるものは、カール・シュミットの言う「政治的なもの」という概念を参考に、「ポレモス的なトポス」と称される。政治的なものという概念は、人間集団を友と敵という二つの政治的単位に区分するカテゴリーであるが、それは人びとを二値的に区分する個別具体的な意味内実を問題とするのではなく、人間存在における根源的な敵対性を炙り出すものだからである。

これを踏まえると、第二章の遠藤論文は、根源的な敵対性が現実において具体化していくさいに、個々の闘争主体や闘争がどのように意味づけられていくのかを検討したものと解せるだろう。そこでは、エリック・フェーゲリンとカール・レーヴィットにおけるアウグスティヌス受容を手がかりにして、闘争が宗教的ドグマによって意味づけられ、過激化してしまうケースが分析されていた。

以上の二篇が、人間存在における根源的な敵対性とその具体化のありように注目したものであるとしたら、第三章から第六章までの各論文は、逆のことがら、つまり人間存在における根源的な共同性に注目しているように思われる。

第三章の横地論文は、マイスター・エックハルトとマルティン・ハイデガーの「無」に関する議論を検討し、それらに通底する論理を探っている。結果として浮かび上がったのは、通常であれば頽落状態にあるとされる日常生活にあって、ひとが何らかのささやかな物のもとで、本来的な状態にある他者とともに共同存在するに至る途であった。こうした日常生活への着目、「生活者」のあり方のかけがえなさに対する眼差しは、同じ執筆者による最終章の議論にまで引き継がれるだろう。

第四章の宮村論文もまた、人間存在に本来認められるべき人格的共同性、あるいは「連帯性原理」を積極的に提示しようとするものであった。すなわち、相互不信のような敵対状態にある人びとが社会契約を結ぶことではじめて法的状態に移行すると考えるホッブズ的＝カント的モデルと、個々の人格がその独自性を失わないまま互いに対して共同の責任を負うかたちではじめから連帯性を発揮しうるとするシェーラー的モデルが対置され、後者の意義が高く評価されたのである。

似通った発想は、第六章の佐藤論文が描き出すレヴィナスの平和論にも確認できるかもしれない。というのも、そこでは、暴君による圧政を抑止して人間の自由を保証する理性的な政治制度が論じられる代わりに、そうした制度が可能となる前提として、人びとのあいだで開かれている倫理的な「対面」・

「対話」の根源性が検討されたためである。これと関連して特に重視されたのは、対面においてひとが引き受けねばならない責任の無限性を、「繁殖性」概念との関係で考察することであった。

以上を受けて、第七章の横地論文を読むと、人間存在における根源的な敵対性と共同性との微妙な関係にかんしてなにがしかの示唆を得られるかもしれない。そこでは、多様な住民の日常的共存を可能にするプルーデンス、敵対者をも包み込む愛の実践により、抵抗のあり方が是正されうることが示されていたからである。こうした知見は、米国公民権運動における「非暴力的抵抗」の検討を通じて提出されている。

＊

以上のまとめが適切であるなら、本論集は一貫して、闘争や平和裡の共生に対して付与される個々の意味とか価値というより、むしろ人間存在を根本的に規定するものとしての敵対性や共同性に主たる関心を払っていたように思われる。敵対性と共同性のどちらに重きを置くかによって論者の立場は大きく異なるし、そこから引き出される見解も異なるであろう。こうした見解をテストするためにも、以下では試みに、敵対性に重点を置いた議論をあらためて示したい。すなわち、戦うことそれ自体の是認が持つ意義を強調してみたい。

戦うことの是認について論じるに当たって参考になるのは、やはり本書第一章で取り上げられたシュミットの議論である。シュミットは一九六七年の論文「価値の専制（Die Tyrannei der Werte）」で、新カント派における「形式的価値論」のみならず、シェーラーやニコライ・ハルトマンらの「実質的価値論」までを（恐らくは不当にも）一緒くたに扱い、これを退けていた。その論旨をまとめると、おおむね以下のようになる。すなわち、そもそも現行の価値論にとって、価値は存在するものでなく「妥当（Geltung）」するものであるとされるのだから、価値を定立し妥当せしめるための具体的な存在者が必要となる。しかるに、その存在者とは諸個人と見なすのが適当である。ところで、ある価値の定立は必ず反価値の定立を含むものでなければならない。これらのことからすれば、諸個人がそれぞれに価値定立と反価値定立を試み、みずからの価値に反する存在者に反価値のレッテルを張り合うことになる以上、帰結されるのは「諸価値・諸世界観の残忍な闘争、万人の万人に対する戦争」よりほかにない。[2]

このようにシュミットは、価値論が戦いを賦活して激化してしまうのを懸念していたわけだが、ここで注意すべきは、彼が戦いそのものを退けようとしていたわけではないということである。そうではなくて、彼はむしろ、戦いを個々の価値とは一応独立した存在論的なレベルで捉える視座を据えようと試みていた。言い換えるなら、人間がいずれにせよ戦うものであることを前提してかかるということである。そのうえで、戦いが不用意に激化しないよう、何らかの制度や思想的枠組みの力を借りて調整する方がはるかにましな結果をもたらす、と考えていたように思われる。以下では、ひとがいずれにせよ戦うものであると認めることを、存在論的な敵対性の「是認（Bejahung）」と呼んでおきたい。

一般的に言って、シュミットやシュミットに影響を受けた論者が平和についてなす主張は、存在論的な敵対性の等閑視こそが戦いを無節操なものにする、という逆説的な警告のかたちをとる。なぜなら、存在論的な敵対性の等閑視は、戦うことに価値を見出さないという価値論上の立場を採用することで可能となり、そうした立場を採用しない者に上記のごとき「残忍な闘争」を仕掛けるから、というわけである。それゆえ、価値づけから離れたところで敵対性をそれとして是認し、友敵のあいだに棲み分けのための分割線を制度上引くことが平和への近道と見なされる。このような警告はどこか好戦的な響きを持っているので、胡散臭さが拭いがたく伴うし、反論しようとすればさまざまな反論が可能であろう。しかし、ここには単なる好戦性のあらわれ以上の、傾聴すべき論点も含まれているのではないか。

敵対性に関わる身近な例として、学校教育の現場で対立する政治的主張を取り上げる場面を検討してみたい。[3] この場面では、教員は中立の立場をとるべきとされるのが一般的である。その理由は、学生や生徒による自発的・自律的な意見形成を妨げてはならないということに求められよう。意見のなかでも特に政治的意見は、各個人が採用するよき生のあり方を構成するため、影響力を持つ人間による公然たる特定意見への圧迫や、意見形成のそれとない誘導はできるだけ避けられねばならないのである。しかし、中立性への配慮が嵩じてくると別種の懸念も出てくる。一人ひとりの個人が中立性を追求するようになると、およそあらゆる政治的意見が中立的でないもの、バイアスのかかったものとして、ひとしなみに排除の対象になりかねない。この奇妙な事態は、任意の政治的意見が、それを受け入れない者から「自らとは異なる政治的意見」としてではなく、あくまで「バイアスのかかったもの」として捉えられる場合に起きる。そのさい、人びとは政治的であること自体を忌避している。こうした忌避は同時に、奇妙な抑圧をもたらすだろう。既存の権力関係に対する反対の声があれば、それは奇矯なもの、真剣に聞き届けるに値いしないものとして、はじめから存在しないかのように扱われ、単なる服従がそれとなく称揚されるからである。以上のようにして公民的生活が色褪せてしまうのを回避しようとすれば、ひとがよき生を賭けた戦いを辞さないものであることを、あるいは戦う者として異質なかたちで立ち現れてくることを、ひとたびは是認しなければならないはずである。

敵対者の不可視化を避けるという意味での闘争の是認は、本論集のなかで共同性をより強調するタイプの議論にとっても、ある意味では受け入れ可能であるように思える。たとえば、シェーラーの言うような人格的共同性・連帯性原理は、闘争状態にあった二つのアクターのあいだで社会契約が締結されるさいに、そうした契約が成立するための前提を提示するべく言及されていた。また、レヴィナスの言う倫理的なものもまた、暴政を抑止する政治制度が成立する前提として分析されはじめていた。いずれのケースも、闘争する者たちのあいだで生まれるいわゆる「暫定協定（modus vivendi）」の可能性の条件について論じたものと読むことができる。だから、ここでは本来、闘争する者の現前から話がはじまっているわけであるが、それが根源的なものとしてではなく派生的なものとして扱われているということになるだろう。筆者が指摘しておきたかったのは、闘争する者の現前が自明でなくなる事態があり、それはそれで極めて息苦しいのではないかということに過ぎない。暴力の連鎖を招かぬよう日常的共存が可能であると率先的に示し、非暴力の契機を導入したキング牧師らの試みについても、それがあくまで人種主義に対する非暴力的「抵抗」であったこと、あくまでひとつの闘争行動であったことを忘れえないのではないだろうか。

*

人びとのあいだでの和解の可能性が言及されるとしたら、ひとたびは敵対者の承認を踏まえたあとでなければならないのではないか。そのうえで、闘争が激化してしまうか、あるいは闘争それ自体が忌避される結果、敵対者を敵対者として承認しえなくなる傾きを抑制する方が賢明ではないか。以上が、戦うことの是認ということで言わんとしたことの内実である。そもそも、闘争をも辞さないほどに自分の相対している存在者を拒絶しようとすることがなければ、それを乗り越えて結ばれる和解や平和にも真摯さが欠けてしまうように思える。

もちろん、本論集で論じられたさまざまな素材をもちいることで、筆者の主張に反論することは可能であろう。たとえば、上で書いたような「敵対者を敵対者として承認しえなくなる傾き」は、共同性に強く依拠する立場からアプローチした方が、逆により細やかに描き出せるかもしれない（闘争のようなわかりやすい場面ではないところで立ち現れる他者の他者性に対して、繊細な感覚を持ち合わせているであろうから)。いずれにせよ、人間存在における根源的な敵対性と共同性の関係をどのように捉えるべきか、言い換えれば、戦いとは、連帯とは、対話とは何であり、それらをどのような関係のもとで理解すべきか、という問いは、世界規模での新たな戦争が兆しているかに思えるいま、間違いなく重要性を増してきている。こうした問いに読者自身が取り組むとき、本書がなにがしかの手助けとなれば幸いである。

註

1　以下ではもっぱら寄稿者の手になる論文のみを取り上げる。それゆえ、コラムとエマソン論考の翻訳である第五章については言及しない。

2　Carl Schmitt, *Die Tyrannei der Werte*, Duncker & Humblot, 2020. シュミット「価値の専制」『カール・シュミット著作集Ⅱ 1936-1970』(森田寛二訳、慈学社、二〇〇七年)。したがって、シュミットの「政治的なもの」にまつわる議論は、かなり荒削りではあるが、ドイツ哲学における価値論への批判という性格を持つ。こうした批判は、憲法体制に価値を読み込むことで、それを道徳化ないし政治化してしまう(ものと彼には思えた)戦後のドイツ公法学における一傾向を牽制するためになされた。具体的には、シェーラーやテオドール・リットの現象学的価値論から影響を受けた、公法学者ルドルフ・スメント(Rudolf Smend 1882-1975)の「統合理論」が念頭に置かれていたようである。これについては、R. Mehring, *Carl Schmitt: Aufstieg und Fall*, C. H. Beck, 2009, S. 519ff. スメント『憲法体制と実定憲法』(永井健晴訳、風行社、二〇一七年)。また、シュミットの価値論批判一般について

は、蔭山宏『崩壊の経験』（慶應義塾大学出版会、二〇一三年、三七五頁以下）。

3　以下の記述で不十分ながら参考にしたのは、バーナード・クリック「偏向について」『シティズンシップ教育論』（関口正司監訳、法政大学出版局、二〇一一年）。

あとがき

何を思うことなく絵に自分を浸し、耽溺し、
同時に絵に眼が愛でられ愛でられ、このことが満ちて世界となる、
そういう作品を拝借できまして、ただ嬉しいです。

表紙絵を貸してくださった、鉄道風景画家の松本忠さんにお礼を述べるさい、お伝えした一文である。

*

何年かに一作、弘前大学出版会から哲学論集をだしている。
そのおり、松本さんと連絡をとりあうが、今回は政治哲学論集ということもあり、やはりウクライナ防衛戦争に触れる。松本さんには、だから、われわれは冷静な思索を重ねるべく、冬景色の借用をおねがいしたい、そう申し上げた。
上述の一文をむけた、次の二作品である。

「冬晴れの温もりに」津軽鉄道　芦野公園―川倉（青森県五所川原市）
「真冬の色彩」只見線　会津柳津―郷戸（福島県柳津町）

連絡を差し上げてから、一日か二日をおいてだったか、お返事をいただく。ご夫婦で只見線開通の式典に参加されていたとのこと。松本さんがおっしゃるに、見事な秋晴れで、祝福ムードがより盛り上がった。福島第一原発事故から十年以上が過ぎての開通、本作メンバーも、松本さんに連なり、静かに寿く思いである。

＊

侵略戦争も、原発事故も、その土地に生きた人びとの命と、代々生まれ暮らした人びとが育んだエートスを奪う。侵略戦争がなければ、防衛戦争はありえないが、核のパワーポリティクスに応じることなしには国家的独立を維持できない地政学的環境下、日本は潜在的核保有国となった――本作メンバーが現世に生を受ける以前の話である。

いくつもの文脈、いくつもの事柄が絡み合い、何が大切なのかさえ見えにくくなっている。それゆえにわれわれは一つ一つを丁寧にほどきながら、考えなければならない。半ば私事になるが、本論集の信太論文「誰が死ぬのか――ポレモスとオイコスをめぐる試論」と拙著『戦争の哲学――自由・理念・講和』（東北大学出版会、二〇二一年）を併せ読んでいただければ、幸いである。

こうして簡単には何かを言いがたい錯綜した状況のもと、ウランだけではなく、プルトニウムをも扱う青森である。

その青森、津軽で豊かな水と食の源である岩木山。

増補改訂にさいして食事の世話にかかわる論考を加えたが（cf. 拙稿「無へと向かう日常的共同の気

遣いについて——エックハルトと超越論的ハイデガーのあいだで」)、弘前大学出版会が哲学論集を公刊してくださるかぎり、一度は松本さんが描く津軽富士で表紙を飾りたかった。

あらためて「戦うことに意味はあるのか」を問い、とはいえ、何を、どこをまなざすかも試行錯誤、それゆえ、「平和の価値」をめぐりめぐっての哲学的思索を幾度もくりかえすなか、本論集は、冬の岩木山を背にした津軽鉄道の表紙絵となった。

この機会をくださった松本さんに深謝します。

弘前大学出版会のみなさんには、二〇一二年刊『生きることに責任はあるのか——現象学的倫理学への試み』、二〇一七年刊行『戦うことに意味はあるのか——倫理学的横断への試み』につづき、たいへんお世話になった。的確にして丁寧なご対応に記して深謝します。

二〇二三年二月　横地　徳広

宮村　悠介（MIYAMURA Yusuke）
2011年東京大学大学院人文社会系研究科博士課程修了。博士（文学）。現在、愛知教育大学准教授。専攻は倫理学・哲学。
【論文】「個体であることの孤独について――人格の倫理学のために」（実存思想協会編『実存思想論集　精神分析と実存』、第31号、理想社、2016年）、「理想論の倫理学的射程――人格の倫理学のために」（日本カント協会編『日本カント研究』、第14号、知泉書館、2013年）、「M・シェーラーの徳理論と現象学的経験――カントと現代のあいだ」（『生きることに責任はあるのか――現象学的倫理学への試み』所収、弘前大学出版会、2012年）、【著作】『和辻哲郎の人文学』（共著、ナカニシヤ出版、2021年）、【翻訳】ゲルハルト・クリューガー「カントの批判における哲学と道徳（一）」（新潟大学人文学部哲学・人間学研究会編『世界の視点――知のトポス』、第10号、2015年）、ゲルハルト・クリューガー「カントの批判における哲学と道徳（二）」（新潟大学人文学部哲学・人間学研究会編『世界の視点――知のトポス』、第11号、2016年）。

＊横地　徳広（YOKOCHI Norihiro）
2007年東北大学大学院文学研究科博士後期課程修了。博士（文学）。現在、弘前大学准教授。専攻は哲学・倫理学。

【著作】『戦争の哲学――自由・理念・講和』（単著、東北大学出版会、2022年）、『超越のエチカ――ハイデガー・世界戦争・レヴィナス』（単著、ぷねうま舎、2015年）、『映画で考える生命環境倫理学』（共編著、勁草書房、2019年）、『生きることに責任はあるのか――現象学的倫理学への試み』（共編著、弘前大学出版会、2012年）。

■執筆者紹介（五十音順、＊は編者）

＊遠藤　健樹（ENDO Kenju）
2014年東北大学大学院文学研究科博士課程後期課程修了。博士（文学）。現在、北海道教育大学釧路校准教授。専攻は哲学・倫理学・社会思想史。

【論文】「世俗化テーゼと政治神学——カール・レーヴィットとカール・シュミットの対決」（社会思想史学会編『社会思想史研究』39号、2015年）。【翻訳】ヴィルヘルム・フォン・フンボルト「人間の言語構造の多様性と人類の精神的発展におよぼすその影響について——フンボルト / チョムスキー / レネバーグ」（共訳、『心の謎から心の科学へ 言語』、2020年、岩波書店）。

＊佐藤　香織（SATO Kaori）
2010年東京大学大学院人文社会系研究科博士課程修了、2013年パリ第10大学博士過程修了。博士（哲学）。現在、神奈川大学兼任講師。専攻は哲学・フランス現代思想。

【論文】「レヴィナスとユダヤ思想」（レヴィナス協会編『レヴィナス読本』、法政大学出版局、2022年）、「〈われわれ〉の存在論」（『個と普遍——レヴィナス哲学の新たな広がり』所収、法政大学出版局、2022年）、「ローゼンツヴァイクとレヴィナス——聖書を読むことと〈対話〉」（京都ユダヤ思想学会編『京都ユダヤ思想』、11号、2020年）、「「手」が創設する倫理——『この世界の片隅に』から考える人間と環境の関わり」（『映画で考える生命環境倫理学』所収、勁草書房、2019年）。

信太　光郎（SHIDA Mitsuo）
2009年東北大学大学院文学研究科博士後期課程修了。博士（文学）。現在、東北学院大学教養学部教授。専攻は近現代哲学。
【著作】『死すべきものの自由——ハイデガーの生命の思想』（単著、東北大学出版会、2011年）、【論文】「『2001年宇宙の旅』にみる「人間の条件」」（『映画で考える生命環境倫理学』所収、勁草書房、2019年）

戦うことに意味はあるのか［増補改訂版］
――平和の価値をめぐる哲学的試み――

2023年２月24日　初版第１刷発行
2023年６月30日　初版第２刷発行

編　者　佐藤香織・遠藤健樹・横地徳広
表紙絵（表・裏）鉄道風景画家 松本　忠

発行所　弘前大学出版会
〒036-8560　青森県弘前市文京町１
Tel. 0172-39-3168　fax. 0172-39-3171

印刷・製本　小野印刷所

ISBN 978-4-910425-04-7